权威·前沿·原创

皮书系列为
"十二五""十三五"国家重点图书出版规划项目

山西蓝皮书

BLUE BOOK OF SHANXI

山西资源型经济转型发展报告（2018）

ANNUAL REPORT ON RESOURCE-RELIANT ECONOMY'S TRANSFORMATIONAL DEVELOPMENT IN SHANXI (2018)

新时代高质量转型发展

主　编／李志强
副主编／顾　颖　崔海燕　李志伟

社会科学文献出版社
SOCIAL SCIENCES ACADEMIC PRESS (CHINA)

图书在版编目(CIP)数据

山西资源型经济转型发展报告.2018,新时代高质量转型发展/李志强主编.--北京:社会科学文献出版社,2018.8
　(山西蓝皮书)
　ISBN 978-7-5201-3145-2

Ⅰ.①山… Ⅱ.①李… Ⅲ.①资源经济-转型经济-研究报告-山西-2018 Ⅳ.①F127.25

中国版本图书馆CIP数据核字(2018)第167072号

山西蓝皮书
山西资源型经济转型发展报告(2018)
——新时代高质量转型发展

主　　编/李志强
副 主 编/顾　颖　崔海燕　李志伟

出 版 人/谢寿光
项目统筹/周　丽　冯咏梅
责任编辑/冯咏梅

出　　版/社会科学文献出版社·经济与管理分社(010)59367226
　　　　　地址:北京市北三环中路甲29号院华龙大厦　邮编:100029
　　　　　网址:www.ssap.com.cn

发　　行/市场营销中心(010)59367081　59367018
印　　装/三河市龙林印务有限公司

规　　格/开　本:787mm×1092mm　1/16
　　　　　印　张:18　字　数:271千字
版　　次/2018年8月第1版　2018年8月第1次印刷
书　　号/ISBN 978-7-5201-3145-2
定　　价/98.00元

皮书序列号/PSN B-2011-197-1/1

本书如有印装质量问题,请与读者服务中心(010-59367028)联系

▲ 版权所有 翻印必究

山西蓝皮书编委会

总 顾 问 薛延忠

特邀顾问 师　帅　贾锁堂　刘维奇

主　　编 李志强

副 主 编 顾　颖　崔海燕　李志伟

主要作者 （以姓氏汉语拼音首字母为序）

　　　　　常　涛　陈　瑞　崔海燕　冯晓晓　谷思雨
　　　　　顾　颖　和芸琴　贾君枝　贾丽丹　景保峰
　　　　　李　佳　李　泽　李　政　李智俊　李志强
　　　　　李志伟　孟慧霞　南　楠　裴飞霞　汝学斌
　　　　　王创民　王　琦　王群群　王兆宾　吴佳敏
　　　　　闫凤娇　杨晓雅　尤会杰　张琴清　赵卫军

主持单位 山西大学中国中部发展研究中心

支持单位 山西大学经济与管理学院
　　　　　山西大学管理与决策研究所
　　　　　山西大学资源型经济转型发展协同创新中心

主要编撰者简介

李志强 山西大学中国中部发展研究中心主任，山西大学经济与管理学院、山西大学管理与决策研究所、山西大学资源型经济转型发展协同创新中心，博士、教授、博士生导师。山西省质量技术监督局副局长，民建山西省第九届委员会副主委，第十三届全国人大代表，中共山西省委联系的"高级专家"，山西省政府决策咨询专家，国家社科基金项目通讯鉴定专家，教育部人文社会科学研究项目评审专家。主要从事制度理论、资源型经济转型、战略与创新管理、标准化研究等。主持国家级、省部级课题50多项，出版学术著作20部，发表论文140多篇，领衔提交第十三届全国人大一次会议议案2件、建议18件，近五年提交山西省政协大会及常委会发言、提案等50多件。先后获山西省社会科学研究优秀成果奖、山西省社会科学研究成果推广应用奖、山西省"百部（篇）工程"奖、山西省优秀科技工作者等省部级奖励18项。

顾　颖 太原师范学院经济系，教授、山西大学硕士生导师，山西大学中国中部发展研究中心特聘研究员，全国高等财经院校《资本论》研究会理事、山西省《资本论》研究会理事、山西省统计学会理事，主要研究方向为制度理论与经济改革、转型发展等。主持或参与国家级、省部级课题20余项，出版学术著作10部，发表学术论文40余篇。先后获山西省社会科学研究成果推广应用奖一等奖、山西省"十五"普通高校思想政治教育研究课题一等奖、山西省社科联重点课题研究优秀成果二等奖等省级科研奖励8项。

崔海燕 山西大学经济与管理学院、山西大学中国中部发展研究中心、山西大学资源型经济转型发展协同创新中心，博士、副教授、硕士生导师。主要从事消费金融、宏观经济、数量经济和统计学等方面的研究。主持或参与国家级、省部级课题10多项，出版学术著作1部，参编学术著作5部，发表学术论文20余篇。获山西省生产力学会"振东杯"一等奖、山西省"百部（篇）工程"二等奖、山西省社科联重点课题研究优秀成果三等奖等省级科研奖励。

李志伟 山西大学经济与管理学院贸易金融系副主任，山西大学中国中部发展研究中心，博士、讲师，中国大学生KAB创业培训高级认证讲师。主要研究方向为金融投资与区域经济发展。主持或参与国家级、省部级课题10项，参编教材及学术著作3部，发表学术论文12篇。获山西省社科联重点课题研究优秀成果三等奖等省级科研奖励3项。

摘　要

转型发展是一个阶段性演进的过程，每一个阶段的创始都蕴含一个新的起点。当前，世界正经历新一轮大发展大变革大调整，世界各国普遍呈现"在路口"特征，不稳定不平衡不安宁因素依然很多。中国经济进入高质量发展阶段，呈现"在路上"特征，在历史前进的逻辑中前进，在时代发展的潮流中发展。步入新时代，全面开启高质量转型发展新征程，山西要以习近平新时代中国特色社会主义思想为指导，坚定不移贯彻以人民为中心的发展思想，落实新发展理念，全力打好"三大攻坚战"，准确把握新一轮科技革命和产业变革趋势，推动质量、效率、动力"三大变革"，建设现代化经济体系，聚力推进"示范区""排头兵""新高地"建设，以质效大提升带动总量大发展，促成新一轮转型大发展。

《山西资源型经济转型发展报告》是全国第一部以"资源型经济转型发展"为主题，研究山西省国家资源型经济转型综合配套改革试验区建设的蓝皮书。综合研判当今世界和平合作、开放融通、变革创新三大潮流，适应更加开放条件下未来中国经济的高质量发展，我们确定"新时代高质量转型发展"为2018年度研究主题，对新时代推动山西高质量转型发展面临的新形势与新挑战、新思维与新动能、新路径与新举措等进行理论与实证分析，提出了兼具理论支撑和实践可行的政策建议。本书的出版将为资源型经济转型发展的理论研究与政策创新提供参考，具有重要的理论价值和实践意义。

本书由总报告、专题报告、案例研究和附录四部分构成。总报告在对2017年山西转型发展取得的新成绩进行阐述的基础上，提出要破解有效供给、效率发挥、动力转换三不充分以及区域发展、收入分配、经济与生态发展三不平衡问题，注重把握速度变化、结构优化、动力转换三大特征，抓住2018年、2020年、2022年三个关键节点，从供给、需求、配置、投入产出、分配、循环上推进六个提速，积极防范传统发展路径依赖、等靠要拖之风、新二元陷阱三大问题，聚焦质量变革、效率变革、动力变革、文化建设、民生保障、生态环保，致力提升山西发展竞争力、支撑力、创新力、影响力、协调力、生产力，持续促进山西主动转型、创新转型、深度转型、全面转型，积极推动新时代山西高质量转型发展。

专题报告一聚焦理念创新，致力提升山西高质量转型发展引领力，提出以产业跨界融合助力山西转型综改示范区建设，在国土开发格局、绿色生产、绿色消费、制度和政策创新上下功夫推进生态文明建设，从平台建设、服务模式、运行机制方面促进科技资源共享平台发展，多措并举提升高新技术企业自主创新能力。专题报告二聚焦质量变革，致力提升山西高质量转型发展竞争力，提出要加快提高装备制造业质量竞争力，以提高信息供给质量促进信息消费升级，顺应消费结构升级趋势，加快推进供给结构调整。专题报告三聚焦效率变革，致力提升山西高质量转型发展支撑力，从转型综改示范区潇河产业园区运行模式、建筑产业现代化园区发展、金融创新发展、旅游官方微博营销效果提升等视角探索产业优化升级的新举措。专题报告四聚焦动力变革，致力提升山西高质量转型发展创新力，通过深入分析科技创新成果转化存在的问题，提出加快推进科技创新的建议。案例研究持续跟踪转型综改工作，通过分析全省转型综改试点县工作进展情况，提出加快区域协调发展、可持续精准扶贫、人居环境和生态环境改善、重点民生项目建设等政策建议；以太原重型机械集团有限公司为例，提出打造一体化质量管理体系升级版、助力"太重制造"走向世界的发展思路与举措。附录精选收录书记省长谈山西高质量转型发展、专家学者建言山西高质量转型发展及大事记。

关键词： 新时代　高质量转型发展　资源型经济

Abstract

The transformational development is an evolution process with different phases and the beginning of each phase breeds a new starting point. The world today is faced with new big developments, transformations and adjustments. The economic situations in different countries are characterized by the feature of "at the crossroads", still with much instability, unbalance and alysmus, while the economic situation in China, which is advancing with the logic of the historical advancement and developing together with the tides of the new time's development, is featured by "on the road". In the new era, Shanxi, guided by Xi Jinping's thoughts on socialism with Chinese characteristics in the new time, is to start a totally new journey of high-quality transformational development directed firmly by the basic and central principle of "for the people", implement new development ideas, dedicated to win the Three Big Battles, grasp tightly and promptly the trends of new sci-tech revolution and industrial reforming, push the Three Reforms in the three aspects of quality, efficiency and impetus, establish modern economic system and highlight the endeavors in the construction of the Pilot Area, the Bellwether and the New Highland. To urge another new transformational development, Shanxi is to realize the total economy's big developments by promoting the economy's quality and efficiency.

As the first blue book in China to focus on the construction of the Comprehensive and Integrated Reforming Pilot Area for National Resource-reliant Economy's Transformational Development in Shanxi, the *Annual Report on Resource-reliant Economy's Transformational Development in Shanxi* provides continuous and insightful research results on the resource-reliant economy's transformational development. The three main themes of the world today are peace & cooperation, opening-up & communication and transformation & innovation. To facilitate China's high-quality development in a more opening environment in the future, the topic of the Blue Book 2018 is The High-quality Transformational Development in the New Time. Theoretical and empirical analysis is provided concerning the new situations, new challenges, new thinking, new impetus, new approaches and new measures to promote the high-quality transformational development in Shanxi. Policy-making suggestions with theoretical foundation and practical feasibility are also proposed. The publishing of this book, with theoretical value and practical significance, is expected to provide reference for the theoretical research and policy-making innovations for the resource-reliant economy's transformational development.

The book consists of the general report, the special reports, the case study and the appendix. Based on a summary on the new accomplishments of Shanxi's transformational development in 2017, the general report outlines the main problems and proposals for actively promoting Shanxi's high-quality transformational development. The problem of the Three Inadequacies in supply, efficiency and impetus switching is to be addressed. The Imbalances in the Three Areas of regional development, income distribution and economy-ecology coordination are to be solved. The Three Features of speed change, structural optimization and impetus switching should be highlighted. The opportunities of the Three Key Nodes should be grasped, namely the year of 2018, 2020 and 2022. Accelerations in the Six Areas of supply, demand, allocation, input-output, distribution and circulation should be promoted. The Two New Traps should be avoided, namely, traditional path dependence and negative work styles such as passive waiting, relying totally on others, requiring working conditions and drags in reforming. Shanxi should focus on transformations in quality, efficiency, impetus, cultural construction, people's livelihood ensuring, ecological and environmental protection in an effort to promote Shanxi's development competitiveness, supporting capability, innovative ability, influence, coordinating ability and productivity, which will continuously and vigorously push Shanxi's active, innovative, through and comprehensive transformation.

The Special Report One focuses on the concept innovation for promoting Shanxi's high-quality transformational development leading capacity. The idea of industries' trans-boundary integration is proposed to facilitate the construction of

Abstract

integrated reforming pilot area for Shanxi's transformational development. The ecological civilization construction will be carried out through the efforts in territorial development pattern, green production, green consumption and institutional and policy innovation. The sic-tech information sharing platform construction is expected to be realized through platform establishing, service models and operational mechanism innovation to strengthen the sci-tech enterprises' independent innovation ability. The Special Report Two centers on the quality transformation to enhance Shanxi's high-quality transformational development competitiveness. The competitiveness of the equipment manufacturing industry should be strengthened and the quality of information supply should be enhanced to urge the upgrading of information consumption, and the trend of consumption structural upgrading should be adapted to speed up the adjustment of supply structure. The third special report is about the efficiency transformation for enhancing Shanxi's high-quality transformational development supporting capability. The new measures on industrial upgrading and optimization are introduced such as the operation models of the Xiao River Industrial Park in the Pilot Area, the development of the modern construction industry park, financial innovation and the marketing effect promotion of the official micro-blogs in tourist industry. The Special Report Four focuses the impetus transformation for promoting Shanxi's high-quality transformational development innovative capability. In this special report, the problems in the commercialization of research findings are deeply analyzed and suggestions for accelerating sci-tech innovations are proposed. The case study provides a continuous follow-up of the efforts in comprehensive and integrated reforms towards economic transformation such as the suggestions on Shanxi Pilot Counties' further reforming based on the progress made. Suggestions are proposed concerning speeding up the regional coordinated developments, sustainable and targeted poverty shake-off, living and ecological environment improvement and the construction of key livelihood-ensuring projects. The initiatives of integrated quality management system upgrading in Taiyuan Heavy Machinery Group are introduced and the development blue print and measures for the high-quality TZ products' going global are proposed. The Appendix excerpts remarks on high-quality transformational development by the

Secretary of CCP's Shanxi Committee and the Provincial Governor and proposals by experts and scholars concerning Shanxi's high-quality transformation-oriented development. The great events are also listed in the appendix.

Keywords: New Era; High-quality Transformational Development; Resource-reliant Economy

目　录

Ⅰ 总报告

B.1 新时代山西高质量转型发展的战略思路与政策选择
　　……………………………………………………………… 李志强 / 001
　　一　2017年山西转型发展取得的新成绩 …………………………… / 002
　　二　新时代推动山西高质量转型发展面临的新形势
　　　　与新挑战 ………………………………………………………… / 006
　　三　新时代推动山西高质量转型发展的战略思路 ………………… / 011
　　四　新时代推动山西高质量转型发展的政策建议 ………………… / 018

Ⅱ 专题报告

专题报告一：理念创新　致力提升山西高质量转型发展引领力

B.2 直谏新时代山西高质量转型发展 ……………………………… / 033
　　短论1　以产业跨界融合助力山西转型综改示范区
　　　　　　建设 …………………………………… 李志强　张琴清 / 034
　　短论2　加快推进山西省生态文明建设的若干思考
　　　　　　…………………………………………………… 王兆宾 / 039

001

短论3　山西省科技资源共享平台发展对策建议
　　……………………………………… 贾君枝　陈　瑞 / 044
短论4　山西省高新技术企业自主创新能力提升
　　对策建议 ………………………… 李智俊　谷思雨 / 050

专题报告二：质量变革　致力提升山西高质量转型发展竞争力

B.3 新时代山西装备制造业质量竞争力测度与提升
　　建议 ……………………………… 李志强　赵卫军 / 054
B.4 以提高信息供给质量促进山西信息消费升级
　　…………………………… 崔海燕　李　佳　杨晓雅 / 068
B.5 顺应消费结构升级趋势　加快推进山西供给
　　结构调整 ………………… 孟慧霞　闫凤娇　王　琦 / 081

专题报告三：效率变革　致力提升山西高质量转型发展支撑力

B.6 山西转型综改示范区潇河产业园区运行模式
　　研究 ……………………………… 顾　颖　尤会杰 / 101
B.7 新时代背景下山西建筑产业现代化园区发展
　　研究 ……………………………… 李志强　李　泽 / 122
B.8 以金融创新发展促进山西产业结构优化升级
　　…………………………………… 李志伟　贾丽丹 / 140
B.9 新时代山西旅游官方微博营销效果提升策略 ……… 和芸琴 / 156

专题报告四：动力变革　致力提升山西高质量转型发展创新力

B.10 山西省加快科技创新成果转化的政策建议
　　………………………… 常　涛　吴佳敏　裴飞霞 / 172
B.11 促进山西省科技成果资本化、产业化的政策建议 …… 景保峰 / 184

Ⅲ　案例研究

B.12 山西省试点县（市、区）转型综改工作进展报告（2017）
　　………………………………… 顾　颖　李　政　冯晓晓 / 200

Ⅳ 附录

- B.13 标准引领质量管理体系升级　致力打造世界一流重型装备企业
  ——太原重型机械集团有限公司质量管理体系升级工作实践与探索 ………………… 王创民　汝学斌 / 216

Ⅳ 附录

- B.14 附录1　书记省长谈山西高质量转型发展 ……………………… / 228
- B.15 附录2　专家学者建言山西高质量转型发展 …………………… / 243
- B.16 附录3　山西省国家资源型经济转型综合配套改革试验区建设大事记（2017年7月~2018年4月）
  ………………… 山西大学中国中部发展研究中心 / 255
- B.17 后　记 ……………………………………………………………… / 263

皮书数据库阅读 **使用指南**

CONTENTS

I General Report

B.1 The Strategic Thinking and Policy-making Proposals for Shanxi's
High-quality Transformational Development in the New Time

Li Zhiqiang / 001

    1. *The New Progress Made in Shanxi's Transformational Development
in 2017* / 002

    2. *The New Situation and Challenges in Promoting the High-quality
Transformational Development* / 006

    3. *The Strategic Thinking on Promoting the High-quality
Transformational Development* / 011

    4. *Policy-making Proposals for Shanxi's High-quality
Transformational Development* / 018

II Special Reports

**Special Report One: Innovate Concepts to Promote Development Guiding
Capability for Shanxi's High-quality Transformational Development**

B.2 Proposals on Shanxi's High-quality Transformational Development
in the New Time / 033

CONTENTS

Essay 1 Industries' Trans-boundary Integration as Means to Facilitate the Construction of Integrated Reforming Pilot Area for Shanxi's Transformational Development　　　Li Zhiqiang, Zhang Qinqing / 034

Essay 2 On the Approaches to Speed up Shanxi's Ecological Civilization Construction　　　Wang Zhaobin / 039

Essay 3 Countermeasures and Suggestions for Sic-tech Resource Sharing Platform Building　　　Jia Junzhi, Chen Rui / 044

Essay 4 Countermeasures and Suggestions for Promoting New High-tech Enterprises' Independent Innovation Capability　　　Li Zhijun, Gu Siyu / 050

Special Report Two: Committed to Quality Transformation to Promote Shanxi's High-quality Transformational Development Competitiveness

B.3　The Assessment and Promotion of Shanxi Equipment Manufacturing Industry's Quality Competitiveness in the New Time
　　　Li Zhiqiang, Zhao Weijun / 054

B.4　Strengthen Information Supply Quality to Promote Information Consumption Upgrading in Shanxi
　　　Cui Haiyan, Li Jia and Yang Xiaoya / 068

B.5　Adapt to the Trend of Consumption Structural Upgrading and Speed up the Adjustment of Shanxi Supply Structure
　　　Meng Huixia, Yan Fengjiao and Wang Qi / 081

Special Report Three: Committed to Efficiency Transformation to Promote the Supporting Capability for High-quality Transformational Development

B.6　The Operation Model of Xiao River Industrial Park in the Pilot Area　　　*Gu Ying, You Huijie* / 101

B.7　The Development of Shanxi Modern Construction Industry Park in the New Time　　　*Li Zhiqiang, Li Ze* / 122

B.8　The Financial Innovative Development as Means to Optimize the Industrial Structure in Shanxi　*Li Zhiwei, Jiao Lidan* / 140

B.9　Promoting the Marketing Effect of the Official Micro-blogs of Tourist Industry in Shanxi　*He Yunqin* / 156

Special Report Four: Committed to Impetus Transformation to Promote the Innovation Capability for Shanxi's High-quality Transformational Development

B.10　Policy-making Suggestions on the Commercialization of Sci-tech Innovative Research Findings　*Chang Tao, Wu Jiamin and Pei Feixia* / 172

B.11　Policy-making Suggestions on Facilitating the Capitalization and Industrialization of Sci-tech Research Findings　*Jing Baofeng* / 184

Ⅲ　Case Study

B.12　A Progress Report on the Transformational Developments and Integrated Reform in the Pilot Counties (Cities, Districts) of Shanxi (2017)　*Gu Ying, Li Zheng and Feng Xiaoxiao* / 200

B.13　Upgrade the Quality Management System with Standardization Efforts to Build up the World's First-class Heavy Machinery Manufacturing Enterprise
　　—The Practice and Exploration of the Quality Management System Upgrading of Taiyuan Heavy Machinery Co., Ltd.
　　Wang Chuangmin, Ru Xuebin / 216

Ⅳ　Appendices

B.14　Appendix 1　Secretary of CCP's Shanxi Committee and the Provincial Governor's Remarks on High-quality Transformational Development in Shanxi　/ 228

CONTENTS

B.15　Appendix 2　Proposals on Shanxi's High-quality Transformational Development by Experts and Scholars　/ 243

B.16　Appendix 3　Chronicle Events on the Construction of National Comprehensive and Integrated Reforming Pilot Area for Resource-reliant Economy's Transformational Development in Shanxi (From July 2017 to April 2018)
　　　　　　　　Middle China Development Research Center, Shanxi University / 255

B.17　Postscript　/ 263

总 报 告

General Report

B.1
新时代山西高质量转型发展的战略思路与政策选择

李志强[*]

摘　要： 本报告在对2017年山西转型发展取得的新成绩进行阐述的基础上，指出山西不平衡不充分问题依然突出，提出要顺应新时代、把握新规律、履行新使命，加大力度、提高精度、拓宽广度、挖掘深度，积极推动山西高质量转型发展：大力推进"三大变革"，全面深化供改与综改；精准聚焦"三大目标"，发力牵引转型综改；激发市场主体活力，建设"有为政府+有效市场"；全力打好"三大攻坚战"，着力培育新的经济增长点；推动消费品振兴，完善促进消费的体制机制；

---

[*] 李志强，山西大学中国中部发展研究中心主任，山西大学经济与管理学院、山西大学管理与决策研究所、山西大学资源型经济转型发展协同创新中心，博士、教授、博士生导师，主要从事制度理论与竞争力、资源型经济转型、战略与创新管理、标准化研究。

实施乡村振兴战略，坚持农业农村优先发展；实施区域协调发展战略，不断缩小区域间的发展差距；推动文化事业和文化产业发展，打造"文化晋军"品牌；实施健康山西战略，积极培育和发展大健康产业；实施军民融合发展战略，争创国家军民融合创新示范区；坚持党的全面领导，全面加强党的建设；全面评估"十三五"规划实施情况，强化规划战略导向作用。

关键词： 新时代　高质量转型发展　资源型经济转型

转型发展是一个阶段性演进的过程，每一个阶段的创始都蕴含一个新的起点。当前，世界正经历新一轮大发展大变革大调整，世界各国普遍呈现"在路口"特征，不稳定不平衡不安宁因素依然很多。中国经济进入高质量发展阶段，呈现"在路上"特征，在历史前进的逻辑中前进，在时代发展的潮流中发展。步入新时代，全面开启高质量转型发展新征程，山西要以习近平新时代中国特色社会主义思想为指导，坚定不移贯彻以人民为中心的发展思想，落实新发展理念，全力打好"三大攻坚战"，准确把握新一轮科技革命和产业变革趋势，推动质量、效率、动力"三大变革"，建设现代化经济体系，聚力推进"示范区""排头兵""新高地"建设，以质效大提升带动总量大发展，促成新一轮转型大发展。

一　2017年山西转型发展取得的新成绩

2017年，山西经济发展稳中求进、进中提质，走过了极不寻常的一年，实现了从断崖式下滑，到走出困境，再到由"疲"转"兴"的重大转折，山西转型发展呈现全面发力、多点突破、纵深推进的良好态势。

（一）大力巩固稳的格局，经济运行在合理区间继续提速

山西GDP增速自2014年以来一直慢于中国GDP增速，2014年在全国垫底，2015年和2016年连续两年位列倒数第二，直到2017年上半年才追平了中国GDP增速，山西经济开始逐渐起暖回升；2017年前三季度山西GDP增速超过了上半年，达到7.2%，比全国快0.3个百分点，至此，山西经济在经过14个季度的追赶后首次超过了全国平均水平；2017年山西GDP增速为7.0%，山西经济继续以高于全国平均水平的速度增长（见图1）。山西经济由"疲"转"兴"，经济增长步入合理区间，转型发展取得阶段性重大成效。

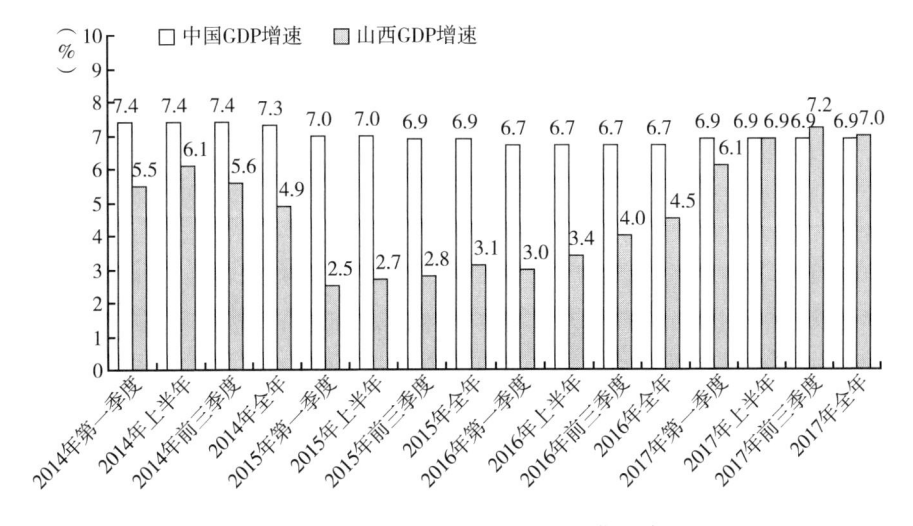

图1　山西GDP增速和中国GDP增速对比

资料来源：根据山西省统计局和国家统计局发布的数据绘制。

（二）发力加快转的步伐，供给侧结构性改革取得重大进展

"三去一降一补"成效显著。去产能稳步推进，2017年山西煤炭去产能2265万吨，关闭退出煤矿27座，在全国名列前茅；对钢铁、电解铝、水泥等高耗水产业的水耗低于强制性标准者，实行超定额用水累计加价政策，以

高标准倒逼产能退出。去库存有序推进，2017年全省商品房销售面积增长17.2%，销售额增长32.2%；与2016年末相比，2017年商品房库存消化周期（6.1个月）缩短4.2个月，商品房待售面积（1225.7万平方米）减少535.3万平方米。去杠杆加快推进，2017年省属企业资产负债率（77.7%）同比下降1.7个百分点。降成本持续推进，2017年全省规模以上工业企业每百元主营业务收入中的成本（80.56元）较上年同期下降4.05元，比全国平均水平低4.36元。补短板扎实推进，2017年全省道路运输、非传统产业、生态环保治理领域投资分别增长16.8%、22.9%、31.5%，显著高于全省固定资产投资增速。

国有企业改革有序推进。汾酒集团与山西省国资委签订了开展混合所有制改革的军令状，2017年底《汾酒集团混合所有制改革框架方案》获得正式批复，汾酒集团改革的顶层设计已初步到位；发布出台了《关于深化国企国资改革的指导意见》及配套文件、《山西省国有企业公司制改制工作实施方案》，为国企改革提供了政策指导；民航机场集团实现政企分开，山西航空产业集团成功挂牌，圆满完成了国有企业公司制改制任务；2017年省属企业累计实现营业收入同比增长3.4%，实现利润总额同比增长8.08倍。

服务业支撑引领作用凸显。2017年服务业（第三产业）增加值增速（7.8%）比第一产业和第二产业分别快4.8个、1.3个百分点；服务业增加值占GDP的比重（53.5%）比第一产业和第二产业分别高出48.3个、12.2个百分点；服务业拉动GDP增长的贡献率为60.2%，与第一产业和第二产业相比分别高出57.6个、23.0个百分点；旅游业发展迅速，全省旅游总收入（5360.21亿元）增速为26.21%，接待国内旅游者人次和海外旅游者人次分别增长26.49%、6.38%，实现国内旅游收入和海外旅游创汇分别增长26.27%、10.32%；服务业新登记市场主体户数增长18.8%，服务业擎起山西经济半壁江山。

（三）有力集聚新的动能，实施创新驱动发展战略取得积极进展

"双创"工作稳步推进。审议通过《关于强化实施创新驱动发展战略进一步推进大众创业万众创新深入发展的实施意见》（晋发〔2017〕51号）、《关于建设省级大众创业万众创新示范基地的实施意见》（晋政办发〔2017〕109号）。转型综改示范区学府产业园区成为国家级双创示范基地。全省共对48000人进行了创业培训，其中成功创业占比为20.0%，带动就业占比为63.8%。山西省政府已经设立100亿元战略性新兴产业投资基金、4亿元中小企业创投基金、1亿元小微企业扶持基金、50亿元民营企业创新转型投资基金，为高端装备制造、新能源等新兴产业提供了资金方面的支持；全省建成184家省级及以上众创空间，认定1117家高新技术企业；全省119个县中有11个被认定为中小微企业创业创新基地示范县，覆盖了11个地市；科技创新贡献率稳步提升，"大众创业、万众创新"工作取得较大进展。

"互联网+"加速融合。在全省范围内开展"宽带山西行"活动，新增135万个FTTH端口，新建15000个4G基站，宽带接入用户数量增长16.8%；全省"两化"融合指数达到45.2，拥有"两化"融合管理体系贯标试点国家级企业12家、省级企业20家；认定省级"互联网+工业"试点项目31个，推动互联网和实体经济深度融合，助力产业转型升级；设立了"互联网+制造业"融合专项资金，截至2017年11月，共支持项目22个，支持金额累计达0.87亿元，带动社会投资20多亿元，创新模式不断优化。

（四）着力扩大好的态势，保障和改善民生工作取得突破性进展

精准扶贫持续发力。2017年贫困地区农村居民人均可支配收入增速为10.7%，高于全省7%的平均水平；全省57个省级片区项目、10个连片特困地区试点县项目验收成功；3个国定贫困县、12个省定贫困县脱贫摘帽，2500多个贫困村退出，约75万贫困人口脱贫，贫困发生率降到了3.9%，超额完成年度减贫任务，破解深度贫困难题取得积极成效；发布实施《山西省农村扶贫开发条例》，为脱贫攻坚营造了良好的法治环境。

看病就医更加便利。积极构建预约诊疗服务平台，推出健康山西App和健康山西微服务，截至2018年1月5日，全省已经接入48家三级医院、

51家二级医院、1222家社区机构，市、县级卫生信息平台已正式接入健康太原、健康高平、健康阳曲、健康清徐、健康盐湖、健康万荣，共有1万多名专业医生提供服务。该平台可以实现预约挂号、门诊缴费、提供住院服务、检验报告在线查看、120急救等，共接入在线支付医院24家，开通住院服务医院12家，看病就医更加快捷便利。

二 新时代推动山西高质量转型发展面临的新形势与新挑战

综合研判当今世界和平合作、开放融通、变革创新三大潮流，适应更加开放条件下未来中国经济的高质量发展，山西要准确洞察经济发展趋势，科学把握自身优势与不足，抢抓时代机遇，找准发展方位，按照高质量发展要求，加快推进资源型经济转型发展的深刻变革。

（一）国内外形势：世界"在路口"，中国"在路上"

1. 世界各国普遍呈现"在路口"特征，不稳定不平衡不安宁因素依然很多

当今时代，世界地缘政治和全球经济格局正处在大发展大变革大调整中，面临四个"新变化"。国际力量对比呈现东升西降，世界政治经济中心转向亚太地区，亚太地区国家经济前景依然可观，对全球经济增长的贡献率超过60%。经济全球化问题由局部之乱转为核心地区和国家乱象，一些发达国家消极以对，阻碍了全球化进程，亟须以开放创新激发全球化活力和动力，推进经济全球化进程再平衡。全球经济治理体系变革正在从一国主导演变为集体领导，各国纷纷携手合作，共同应对日益复杂的挑战，逐步完善现有治理体系，努力实现双赢、多赢、共赢。全球发展方式发生变化，世界看好中国特色发展模式，学习借鉴中国模式的成功之处。美元加息，特朗普对华发动贸易战，美国减税促使制造业回归并且掀起创新潮，对中国经济供给侧造成压力。英国脱欧，法国等国家领导人趋向年轻化，欧洲地区恐怖袭击事件时有发生、难民问题不断；日本经济增速放缓，"安倍经济学"面临拐点,日本在亚洲的领导地位越来越薄弱,双边、多边关系复杂;韩国妥善处理"萨德"问题棘手,各国均站在了"十字路口",对未来充满彷徨、踌躇、犹豫、困惑。

2. 中国经济进入高质量发展阶段,呈现"在路上"特征

新时代开启新征程。当前,中国经济基本完成了中高速换挡,进入新的增长平台,迈入了高质量发展阶段。世界银行发布的最新一期《中国经济简报》指出,预计中国经济增速2018年为6.4%,2019年为6.3%。2017年,粤苏迈入"8万亿俱乐部",西部地区抢眼,东北地区经济回暖,中国经济增速超过世界银行预期,为6.9%。央行公布的报告指出,企业家信心指数环比增长3.1%,未来中国经济增长势头强劲,增长的稳定性和含金量不断提高。中国对全球经济增长的贡献率最大,约为1/3。中国经济结构出现重大调整,服务业对经济增长的贡献率达到50%以上,高技术产业发展迅猛。中国对外直接投资年均增速为20%以上,是同期全球的近3倍,已经成为世界第二大对外直接投资国、最大货物进出口国以及120多个国家和地区的最大贸易伙伴。2016年中国创新指数为181.2,在世界知识产权组织公布的全球创新指数排名(共128个经济体)中居第25位,首次跻身前25强,比2012年前进了9位,从创新环境、创新产出、创新投入、创新成效四个分领域看,大部分创新指标均比上年有所提高或与上年持平;2017年中国创新能力和表现在全球居第22位,中国已连续数年在中等收入国家和金砖国家中排首位,创新能力稳步提升。中国经济平稳运行,未来不会出现V形过渡,系统性风险可控,发展的稳定性、协调性、可持续性不断增强。

(二)问题与挑战:不平衡不充分问题突出

1. 有效供给不充分:消费外流持续严重,消费品振兴任重道远

山西消费品的供给能力跟不上,且消费外流严重。2017年山西社会消费品零售总额为6918.1亿元,对经济增长的贡献率为46.2%,远低于发达省份,重点、热点消费品增长乏力。京东大数据显示,2017年山西消费者在京东超市的购买力比上年同期增长50%,偏爱食品饮料和母婴产品等,

由于山西本地生产的母婴产品非常少，因此消费者购买力出现了一定程度的外流。与国抽成绩单相似，山西消费品或多或少也存在质量问题，省质监局对消费品质量进行监督抽查，大多数会出现不合格批次。刊登在《山西日报》的《重视购买力外流问题》一文数据显示，2011年山西消费逆差为882亿元，2015年扩大到3638亿元；在600种主要日用消费品中，山西供给低于9%。山西应提高消费供给质量和数量，着力提升消费对经济发展的带动力。

2. 效率发挥不充分：对外开放度不够，开放型经济发展滞后

开放度不够是制约山西发展的重要原因之一。长期以来，山西对外开放意识不强、定位缺失，对外贸易交流单一，短期内还得倚重资源简单输出，且受内陆地区地理位置的限制，开拓国内和国际市场的动力缺乏、能力不足，导致山西开放型经济发展停滞不前。山西省统计局数据表明，2017年山西省地区生产总值（14973.51亿元）占全国（827122亿元）的比重为1.81%，进出口总额（0.12万亿元）占全国（27.79万亿元）的比重为0.43%，对外依存度比全国平均水平低26个百分点。因此，要进一步提升开放意识、开放素质、开放能力和开放效率，走开放崛起之路。

3. 动力转换不充分：R&D经费投入偏低，创新能力不足

创新是发展的动力引擎。《山西省科技创新促进条例》和《建立加大研究与试验发展（R&D）经费投入奖励机制实施办法（试行）》（晋财教〔2017〕274号）的公布，在一定程度上促进了山西创新驱动发展战略的实施。然而，创新对山西转型发展的驱动作用不明显，2016年山西R&D经费为132.6亿元，R&D经费投入强度为1.03%，比上年下降了0.01个百分点，在中部六省中排名最后一位，与北京（5.96%）、上海（3.82%）、江苏（2.66%）、浙江（2.43%）、广东（2.56%）以及全国（2.11%）的平均水平相比还有巨大差距（见表1）。科技部发布的《中国区域科技创新评价报告（2016~2017）》数据显示，山西综合科技创新水平指数低于全国平均水平（67.57），科技创新水平位于全国第二梯队。由此可见，山西必须加大R&D经费投入，提高创新能力和水平，构建良好的创新生态。

表1 2016年中部六省及其他部分省份 R&D 经费情况

地区	R&D 经费（亿元）	R&D 经费投入强度（%）	地区	R&D 经费（亿元）	R&D 经费投入强度（%）
山西	132.6	1.03	全国	15676.7	2.11
湖北	600.0	1.86	北京	1484.6	5.96
河南	494.2	1.23	上海	1049.3	3.82
湖南	468.8	1.50	江苏	2026.9	2.66
江西	207.3	1.13	浙江	1130.6	2.43
安徽	475.1	1.97	广东	2035.1	2.56

资料来源：《2016年山西省科技经费投入统计公报》。

4. 区域发展不平衡：区域发展悬殊，均衡性有待提高

自2017年上半年山西GDP增速追平全国平均水平以来，山西经济增长态势良好，全年GDP增速为7%，高于全国平均水平。但是，细看山西11个地市的GDP增长情况，有6个地市的GDP增速没有达到全省平均水平，占比超过一半，其中GDP增速最低的是临汾（5.5%），其余5个地市均为6%~7%；达到或高于全省平均水平的5个地市的GDP增速大多为7.0%~7.5%，而吕梁的GDP增速最快，达到了9.2%（见表2）。整体来看，GDP增速有高有低，导致各地市发展不平衡问题凸显。

表2 2017年山西11个地市GDP及其增速

地区	GDP（亿元）	增速（%）	地区	GDP（亿元）	增速（%）
太原	3382.18	7.5	晋城	1151.5	6.1
长治	1477.5	7.0	大同	1121.8	6.5
运城	1336.1	7.0	朔州	980.2	7.3
临汾	1320.1	5.5	忻州	874.5	6.7
吕梁	1310.3	9.2	阳泉	672	6.3
晋中	1284.9	6.0			

资料来源：山西统计信息网。

5. 收入分配不平衡：农村贫困人口占比较高，收入分配差距依然较大

脱贫工作持续推进，脱贫攻坚任重道远。全省绝大部分县（区）有贫

困人口，占85.7%；有扶贫开发工作重点的县（区）占48.7%；全省共有7993个贫困村、232万贫困人口，贫困人口在全省农村总人口中占9.6%，比全国平均水平高出3.9个百分点。据悉，2017年全省贫困村居民人均纯收入为7330元，低于全省平均水平32.1%，所在地区相对比较集中。由图2可知，2013~2017年，山西GDP增速呈现先下降后上升趋势，相比较而言，贫困村居民收入增速、城乡居民收入增速缓慢；城乡居民收入增速差距不大，贫困村居民收入增速快于城乡居民收入增速，并有逐年拉大的趋势，但是总体而言，经济增长对减贫的自动拉动作用不明显，收入分配差距依然存在。

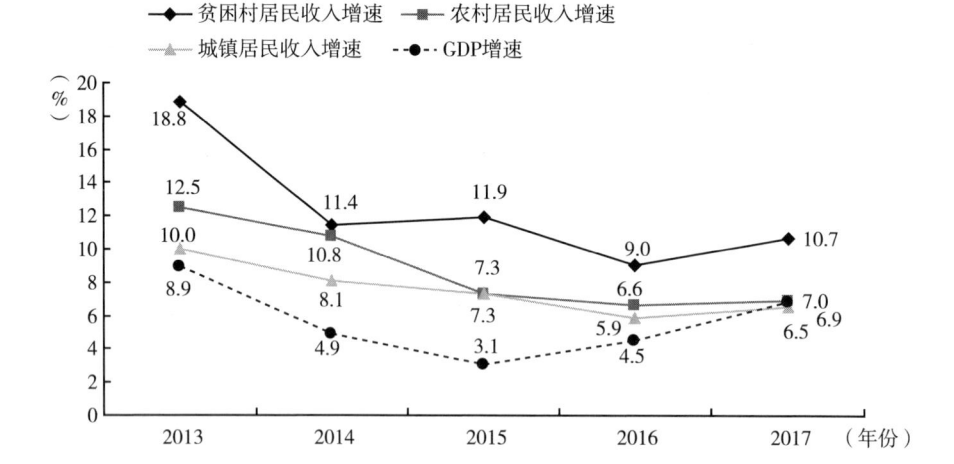

图2　2013~2017年山西贫困村居民收入增速、城乡居民收入增速和GDP增速

资料来源：根据《山西省国民经济和社会发展统计公报》（2013~2016年）、2017年山西省经济运行情况及国家统计局山西调查总队贫困监测调查资料相关数据整理。

6. 经济与生态发展不平衡：空气污染反弹现象突出，生态环境保护任务艰巨

近年来，绿色发展受到高度重视，山西多措并举合力改善空气质量，针对空气重污染问题，采取发布应对重污染天气调度令〔2017〕第13号等紧急措施，全力推进大气污染综合治理。但是，要速度不要质量的顽症、陋习仍然存在，空气质量没有得到持续改善。从环保部等部门联合发布的数据看，2016年山西绿色发展指数在全国31个省份中排名第26位；2017年12

月太原在 74 个城市的空气质量排名中居倒数第 7 位，2017 年全年居倒数第 6 位。山西实行限行以来，空气质量仍然较差，包括太原在内，6 个地市因空气质量超过全省平均水平而被开出罚单。2017 年全年设区市空气质量优良天数比例和设区市细颗粒物降幅没有完成年初 72.4% 和 3.6% 的计划目标。

三 新时代推动山西高质量转型发展的战略思路

现阶段的主要矛盾要求山西必须顺应新时代召唤，主动适应经济发展新常态，紧紧抓住最后关键窗口期，牢牢把握深化供给侧结构性改革这一最大动力和关键一招，放弃速度偏好，重视发展质量，瞄准焦点、打通堵点、突破难点、聚焦热点，推动山西资源型经济转向高质量发展，自觉承担起山西新使命，充分展现山西新作为，用高质量的转型发展实践全面落实新发展理念，用高质量的转型发展实效更好地满足人民美好生活需要，用高质量的转型发展实绩交出新时代发展满意答卷。

（一）高质量转型发展要注重把握三大特征

高质量转型发展是体现新发展理念的发展，重在推动创新引领发展、协调全面发展、绿色科学发展、开放繁荣发展、共享和谐发展。高质量转型发展意味着高质量的供给、高质量的需求、高质量的配置、高质量的投入产出、高质量的收入分配和高质量的循环。高质量转型发展的山西故事就是资源型经济高质量转型发展，要准确把握三大特征。

1. 准确把握速度变化趋势，要以五大转变为重点推动经济从高速增长阶段转向高质量发展阶段

新时代推动山西实现高质量转型发展，要在注重速度的基础上更加注重质量，在注重增长的基础上更加注重发展，努力实现五大转变：在发展方式上，实现由规模速度粗放型增长向质量效率集约型增长转变；在产业结构上，实现由主要依靠资源密集型、劳动密集型产业向主要依靠技术密集型、

知识密集型产业转变；在产品结构上，实现由主要依靠低技术含量、低附加值产品向主要依靠高技术含量、高附加值产品转变；在经济效益上，实现由高成本、低效益向低成本、高效益转变；在生态环境上，实现由高排放、高污染向循环低碳和环境友好型转变。

2. 准确把握结构优化要求，要以供给侧结构性改革为主线推动经济结构从增量扩能为主转向调整存量、做优增量并举

当前，低成本要素供给不可持续，高消耗、高污染的粗放式供给方式难以为继，低端产品供给扩张空间备受挤压，消费能力大量外流，制度供给红利渐趋消失，实体经济内部、金融和实体经济、房地产和实体经济出现严重结构性失衡。经济运行中的诸多困难表明，制约经济发展、导致结构性失衡的因素，供给和需求两侧都有，但矛盾的主要方面在供给侧。化解结构性失衡必须瞄准矛盾的主要方面，努力在供给侧上下功夫，正确处理好政府与市场、短期与中长期、加法与减法、供给与需求、投入与产出、公平与效率、质量与速度七大关系，加快调整供给体系，以提升实体经济供给质量为重点深化供给侧结构性改革，推动经济结构战略性调整，实现经济结构优化再平衡。

3. 准确把握动力转换内涵，要以驱动力转型为抓手推动经济发展动力从传统增长点转向新的增长点

金融危机以来，经济增长的主驱动力逐渐衰弱。进入新时代，要实现创新驱动发展，必须高度认同发展是第一要务、科技是第一生产力、人才是第一资源、创新是第一动力四个"第一"理念；必须高度认同世界文明源于创新、理解生命萌芽始于创新、承认发展动力生于创新、通晓万物核心归于创新、预见人类未来属于创新；必须高度认同推进高质量转型发展要进一步强化差别理念，在寻找差别中明确自己的地位，在识别差别中发现自己的不足，在显示差别中探寻具有山西特色的驱动力转型之路。要加快驱动力转型，由过去的以要素驱动、投资驱动为主向创新驱动转变，更加注重发挥科技创新的引领支撑作用，着力解决好发展不平衡不充分问题，推动新旧动能转换，打造山西经济升级版，加快实现弯道超车、换道超车、突围超车。

（二）高质量转型发展要注重抓住三个关键节点

要坚持短期政策调控与中长期可持续发展治理相结合，正确处理稳与进的辩证关系，铆足闯劲、拼劲、干劲、韧劲，精心谋划，紧盯关键时间点，并以此为工作坐标，早研究、早部署，加速推进高质量转型发展。

2018年，强力推进转型项目建设：坚持稳中求进的工作总基调，按照高质量发展的根本要求，坚持转型发展"三条基本经验"，将深化供改与综改相结合，聚焦"三大目标"集中发力，选准突破口，抓准关键点，全面梳理和推进新的重大项目，突出做好"十个关键"，努力促进经济社会持续健康发展。

2020年，坚决打赢三大攻坚战，与全国同步全面建成小康社会：打赢防范化解重大风险攻坚战，把各类风险隐患化解于小、消弭于早；打赢精准脱贫攻坚战，使农村贫困人口、贫困县全部脱贫摘帽；打赢污染防治攻坚战，打造蓝天碧水、清新空气、优美环境，实现发展的平衡性、协调性、可持续性。

2022年，基本完成转型发展任务，在更高水平上全面建成小康社会：转型发展取得突破性进展，综合经济实力大幅提升，现代产业体系见到雏形，改革开放氛围更加浓厚，创新驱动能力显著增强，生态环境质量明显改善，人民生活水平不断提高，政府治理体系和治理能力现代化水平切实提高。

（三）高质量转型发展要注重推进六个提速

山西实现高质量转型发展，要始终保持同一频道，上下同欲对标干，突出重点精准干，撸起袖子加油干，遵循规律科学干，扑下身子务实干，不松劲、不停步，推动思想再解放、改革再深入、工作再抓实，构筑战略优势，突出制度供给，强化创新驱动，扩大服务功能，创造品质生活，促进山西资源型经济转型再出发。

1. 提速实施创新驱动发展战略，培育高质量转型发展新动能，实现高质量的供给

优化制度供给，加快形成山西高质量转型发展的指标体系、政策体

系、标准体系、统计体系、绩效评价、政绩考核，尽快研制新发展统计指标体系、计算方法、评价办法，从制度上推动山西高质量转型发展。提升创新浓度，发挥创新对高质量转型发展的战略支撑作用，在战略性领域申报建立国家产业创新中心，引入政产学研资协同创新模式，构建较为完整的产业体系，开展先进技术研究与推广应用，研制技术标准，促进标准化、技术创新与产业融合发展，以标准促使创新成果产业化，增加研发供给，以新一轮科技革命和产业技术变革促进山西动力再造。实施"智能山西"行动，聚焦实体经济，推动人工智能、大数据、互联网与工业深度融合，发展智能融合型产业，参照《人工智能标准化白皮书（2018版）》，研制急需标准，以标准手段助力工业转向高端、智能、绿色、服务发展，让人工智能更广泛、更深入地走进企业、走入家庭、走向社会。以推动产品创新为重点加强品牌建设，提升产品品质，打造山西品牌，扩大山西品牌影响力。积极招才引智，以识才的慧眼、爱才的诚意、用才的胆识、容才的雅量、聚才的良方广开进贤之路，让各类人才尽展其能，竞相迸发创新活力。加快智库实体、制度、文化建设，打造一流地方智库，为山西高质量转型发展汇智聚力。

2. 提速释放需求潜力，促进供需结构迈向更高水平的再平衡，实现高质量的需求

在深化供给侧结构性改革的同时继续发力需求侧，在供给侧结构性改革中释放需求潜力，催生新需求，新需求又引领供给侧升级，在更高水平上实现供需再平衡。实施消费品振兴工程，大力提升供给体系质量，提供更新、更好的产品和服务，拓宽消费领域，创新消费模式，满足消费者个性化、多样化的需求。推动城市群主动错位发展，避免被边缘化，加快形成人口城镇化新格局，提升城镇化水平，释放城镇化内需潜力。注重发展品牌经济，在工艺、质量、服务上下功夫，体现山西文化、山西形象。加快发展体验经济，开辟体验新业态、复合业态。品牌经济和体验经济引导供需结构升级，在提供高品质消费的同时，创造更多的品质型消费需求增量和需求体量。发展新经济，加快形成商业新模式、产业新形态，整合新要素，实现数字化、

智能化互联，催生服务型消费需求。

3.提速建设有限政府、有效市场与有力法治，提高资源配置效率，实现高质量的配置

市场化运作激活生产要素，以发挥市场决定性作用为主要内容提高资源配置效率，促进经济效率不断提升。山西政府绩效低于全国平均水平，在中部六省中排名倒数第二，要积极构建有能、有为、有爱的有限政府，同时发挥有效市场和有力法治的作用，尊重市场规律，尊重群众创造，实现政府的高度透明、高效服务。有效的市场离不开有为的政府，有为的政府必定是有限的政府，有限的政府必定是在法治框架下运作的法治政府。有限政府、有效市场与有力法治牵动转型发展全局。转型倒逼改革，供给侧结构性改革的时间与空间约束全面增强。市场的决定性作用意味着政府主导经济增长方式的历史终结，意味着权力配置资源导致机会、权利不平等的历史终结，意味着官本位、权力寻租、经济特权的历史终结。"市场决定论"倒逼改革，建设法治政府、"阳光政府"，建立资源环境产权制度，全面推开涉企收费公示制，尽快释放市场机制活力，通过完善市场供求、价格、竞争三大机制来引导资源有效配置，减少配置扭曲，推动资源要素市场化。

4.提速推动产业结构优化，靠制度创新、科技创新、质量创新提高全要素生产率，实现高质量的投入产出

有速度更重质效，抓当前更谋长远，以质为帅、效速兼取，推动产业提质增效，释放产业结构调整红利，总结凝练具有山西特色的产业发展理念时不我待。在阻碍创新成果产业化、创新要素有效配置的环节进行体制创新，从根源上治理体制痼疾。在持续推进"两化"深度融合中加强标准化建设，构建产学研用协同创新的标准化推进体系，制定推广"两化"融合管理体系标准，引导企业深化技术应用和管理变革，引领企业进行战略转型、流程优化、组织变革、技术创新、数据开发利用及新型能力建设，助力产业转型升级。在制造业转型升级中提升质量创新能力，着力推进制造业向人工智能驱动的数字化转型升级，防止企业遭到淘汰，最终实现由"微笑曲线"到"武藏曲线"和"数字化曲线"的倒U形反转。在开放合作中打造产业全球

竞争力，全力营造"六最"营商环境，坚持"引进来"和"走出去"并重，以引资、引技、引智形成产业创新力，以主动整合全球资源和市场加速产业升级，不断提升劳动力、资本、土地、资源、技术、环境的投入产出效率，提高全要素生产率，以较小的投入实现较高的产出。

5.提速推进收入分配改革，促进分配结构与产业结构动态耦合，实现高质量的分配

完善收入分配相关制度建设，消除要素市场和政策扭曲，重点在加速城镇化和加快农村农业发展上下大气力，适当规范、调整收入分配格局，促进公平合理分配，共享发展成果。破解收入分配严重不平等难题，持续发力扩中、提低，催生对新产品的需求，以分配改革突破生产低质量产品锁定困局，促进产业升级，攀升价值链中高端。提高低收入群体的收入水平，有助于提高中等收入群体比重，更大幅度地增加社会消费尤其是品质型消费的需求，而高品质的需求能够带动更高质量和更可持续的投资。协同推进分配结构和产业结构优化匹配，改善分配结构，防范单一强制推进产业转型，抑制投资效率趋低、就业人数递减，助推产品和服务质量提升。

6.提速构建绿色低碳循环的经济体系，全面深化绿色发展，实现高质量的循环

积极应对经济周期性波动，创新宏观调控方式，深化金融体制改革，促进经济持续企稳回升，实现经济重大关系协调、空间结构合理、供需匹配顺畅。着力推进低碳绿色革命，发展低碳新经济，以五大抓手培育山西高质量转型发展新标志和新增长点。加强绿色治理，优化生态环境；创新绿色技术，推动绿色技术产业化、绿色产业规模化；振兴绿色产业，用绿色低碳技术改造提升传统优势产业；践行绿色生活，营造绿色生活良好氛围；强化绿色监管，高效推进绿色发展。着力推进能源革命，站在中国和世界高度推进能源转型，加快能源结构调整，建设清洁、低碳、安全、高效的现代能源体系，努力跨越"煤老大"陷阱，争当全国能源革命排头兵，为资源型省份做好引领示范作用。

（四）高质量转型发展要注重防范三大问题

从高速增长到高质量发展的转型过程已经开始，在这一过程中，要谨防传统发展路径依赖、等靠要拖之风、新二元陷阱①，坚定转型发展目标不动摇，加速转型动能转换不动摇，坚持转型升级发展不动摇。

1. 谨防传统发展路径依赖，要主动全面深度转型，在新理念指导下坚定前行

山西作为传统的资源型省份，经济结构长期以来一直依赖煤炭资源，全省政治、社会、文化等方面也受到了很深的影响。近年来，由于环境污染严重、煤炭价格下跌等原因，山西必须走资源型经济转型之路。然而，仍然有一部分企业，尽管它们都明白只有转型才会有出路，但是它们更害怕转型可能带来的风险，不愿意转型，认为走老路、旧路、回头路就不需要承担责任，就能回避走新路可能带来的风险。这是一种错误的想法，实践证明，继续走老路、旧路、回头路，"资源诅咒"会加剧。新时代背景下，山西要坚持新发展理念，顶住转型阵痛，抵制短期利益诱惑，推进资源型经济高质量转型发展。

2. 谨防等靠要拖之风，要全面替代传统模式，打造精准高效山西新模式

推进山西高质量转型发展，绝不能心存等靠要拖保守落后思想。要敢于担当、主动作为，积极寻求新发展方式来完全替代传统模式，在这个过程中往往伴随着资源配置的改变，而市场决定资源配置。未来五年的经济增长，既要看资源要素和技术层面等因素，更要看山西转型改革进程及相关制度安排，关键在于尽快释放市场机制、社会资本、创新创业三大活力，重点要推进资源要素市场化改革和垄断行业改革，在金融、电力、资源开发、公用事业等领域向社会资本推出一批项目上取得新突破。非营利性行业要利用市场调节，也要发挥政府的引领和扶持作用。

3. 谨防新二元陷阱，要开启二次创业新征程，充分挖掘经济发展潜力

从目前的情况看，高速度增长已不再，中高速增长成为常态，要加快转

---

① 新二元陷阱，即从经济下行的压力到政府驱动的投资、挤出投资、效率下降，再到进一步的经济增长下行压力而形成的一个恶性循环。

变经济发展方式，深化供给侧结构性改革，持续推进"三去一降一补"，有所为，有所不为，推动山西高质量转型发展。更加尊重市场规律，加快民营企业二次创业进程，重构企业竞争力，应对市场经济的残酷竞争。同时，更好地发挥政府作用，通过政府主导来减轻二次创业的企业负担，精准定位产业政策大方向，提高政府支出效率，增强企业竞争力。积极培育人才，加大岗前培训力度，提高知识和技能水平，让更多的人能够胜任新的工作岗位。通过自我竞争、自我改造、走创新路，为山西高质量转型发展开创美好未来。

四 新时代推动山西高质量转型发展的政策建议

新时代要有新气象新作为。高质量转型发展阶段不可逆，高质量转型发展任务不能等，要坚持目标导向、问题导向、攻坚导向、变革导向，大力推进"三大变革"，精准聚焦"三大目标"，激发市场主体活力，推动消费品振兴，实施乡村振兴战略，实施区域协调发展战略，推动文化事业和文化产业发展，全力打好"三大攻坚战"，实施健康山西战略，实施军民融合发展战略，加强党的全面领导，全面评估"十三五"规划实施情况，把握规律、系统谋划、整体推进，不动摇、不折腾、不懈怠，撸起袖子加油干。

（一）大力推进"三大变革"，全面深化供改与综改，努力实现更高质量发展

1.在"破"无效供给上狠下功夫推动质量变革，以提高供给体系质量为主攻方向，促进质量优势显著增强

积极推动质量变革，在"破"上狠下功夫，破除无效供给，增加有效供给，提高供给体系质量。由山西省质量强省领导小组牵头，研究制订"中国制造2025"山西行动计划，加大投入，加强研发，以数字化、网络化、智能化、绿色化为引领推动智能制造发展，鼓励太钢、太重等企业努力占领全球价值链制高点，掌控技术和标准话语权，加快建成全国重要的现代制造业基地和国家级示范区，打造"山西制造"著名品牌。制订全省加快

发展现代生产性服务业三年行动计划，重点发展咨询服务、现代物流、金融服务等领域，积极引进一批著名咨询公司助力本土智库建设，重点引进一批物流领军企业助推智慧物流、冷链物流、供应链物流发展，大力引进各类金融机构在晋设立金融总部。深入实施质量强省战略，将质量基础设施建设列入经济社会发展重点专项。推动《山西省质量促进条例》《山西省标准化条例》等立法工作。制订优化计量提质增效三年行动计划，开展计量基础设施建设、能源资源计量监管、双随机抽查等工作，筹建产业计量测试中心。以国家标准化综合改革试点省建设为契机，开展标准化体系、各产业关键标准的研究与制定工作，申报设立一批省级技术标准创新基地。贯彻落实国务院《加强质量认证体系建设促进全面质量管理的实施方案》，制定全省加强质量认证体系建设促进全面质量管理工作的实施方案，积极开展百万企业认证升级行动、高端认证质量惠民行动、认证服务地方行业行动、"认证乱象"专项整治行动等。搭建高水平测量测试技术服务平台，争取国家支持太原高新开发区创建国家级检验检测公共服务平台示范区。制订全省开展质量提升行动的实施方案，积极开展百城千业万企对标达标提升专项行动，以标准化助力产品、工程和服务质量全面提升。

2. 在"降"企业负担上狠下功夫推动效率变革，以构建协同发展产业体系为内容，促进经济效率不断提升

积极推动效率变革，在"降"上狠下功夫，降低企业负担，推进简政放权、放管结合、优化服务。深化"放管服效"改革。明确政府职能，制订实施全力营造"六最"营商环境三年行动计划。构建"互联网+政务服务+标准化"云平台，在政务信息系统"网络通"的基础上开展"数据通""业务通"先行试点。以"最多跑一次"改革为突破口，加快制订出台推进"最多跑一次"改革的实施方案，全面梳理并分批次集中公布"零上门"和"只跑一次"事项清单。制定深化行政审批标准化改革的指导意见，以"标准化+互联网+行政审批"为手段，研制"政务办事'最多跑一次'工作规范"等相关标准。实施"双新"工程，加速推动信息领域核心技术突破，大力开展"'两化'融合深度行"活动，打造新一代信息技术、先进装备制

造、新材料、新能源等八大优势产业集群，重点依托阳泉开发区建设全省大数据应用基地，依托项目载体抓好转型综改示范区晋中开发区山西智慧科技城建设，依托朔州陶瓷建设中国日用瓷生产基地，打造运城铝镁合金材料基地，等等。推动《山西省地方金融条例》立法工作，依托太原高新区建设山西科技创新金融服务区，依托太原经济开发区建设山西中小微企业金融服务区、太原民间金融小镇等金融功能区，开展融资对接和路演活动，举办第一届产融交接会，建立金融后台服务中心，鼓励和促进中央及省外驻晋金融机构服务实体经济，扭转"实虚失衡"。开展《山西省企业家条例》创制性地方法规立法工作，在"大力弘扬优秀企业家精神和工匠精神"的相关条款中，提出为企业家缴纳大额保险，以解决企业家的后顾之忧。制定产权保护办法，每年召开一次全省企业家大会，像尊重科学家一样尊重企业家，努力培养企业家阶层，更好地发挥企业家推动实体经济发展的重要作用。

3. 在"立"发展新动能上狠下功夫推动动力变革，以强化创新驱动为重要途径，促进动力转换有效衔接

积极推动动力变革，在"立"上狠下功夫，全面实施创新驱动发展战略，全方位打造创新生态系统。强化融合理念，让各类创新要素共生互助、聚合裂变，形成发展新动能。请进来更多科技项目、科研机构、专业学术会议。在能源、电力、智能制造、大数据、新材料等领域，积极争取国家支持布局2030科技重大项目和重大工程，如开展赤泥资源化利用试点，整合国内优势研发力量，集中攻关解决镁铝等有色金属冶炼过程中产生的赤泥综合利用技术问题。建立以企业为主体、市场为导向、产学研深度融合的技术创新体系，搭建产业联盟、协同创新中心等多层次创新平台，推进中小企业科技创新。新建3~5个中试基地，实施科技成果转化工程，设立科技成果转化基金，引导各市县搭建科技成果转化平台，提高科技成果转化水平。继续营造鼓励创新、宽容失败的双创文化氛围，搭建双创资源共享平台，拓展市场化、专业化众创空间，大力推进双创活动，打造双创升级版。贯彻执行《高等学校人工智能创新行动计划》，支持山西大学、太原理工大学等高校

设置人工智能学科方向，探索"人工智能＋X"协同育人模式。深化人才新政，探索构建"智汇山西"人才工程"1＋N"政策体系，加快研究制定山西省引进人才管理办法，该办法要囊括博士团队、创新创业人才、高技能人才、数字人才以及教育、医疗等专业人才等方方面面的人才引进细则，同时制订落户、住房租房、配偶就业、子女教育、就医等配套优惠政策具体落实方案。制定营造创新创业良好发展环境的规则，激发企业家、科技人员和党政干部三个"关键少数"和创业人员一个"绝大多数"的活力，同时加强政银企合作，促进谋事创新创业。研究制定推行终身职业技能培训制度的政策措施，以提升劳动者技能为主要途径，建设知识型、技能型、创新型劳动者大军，促进劳动者多渠道就业创业。

（二）精准聚焦"三大目标"，发力牵引转型综改，以新定位新内涵新要求带动全局

1. 建设"资源型经济转型发展示范区"，推进重点领域改革，增强内生发展动力

改革只有进行时。采取更有力的措施狠抓落实《国务院关于支持山西省进一步深化改革促进资源型经济转型发展的意见》（国发〔2017〕42号）以及《贯彻落实国务院支持山西省进一步深化改革促进资源型经济转型发展意见行动计划》（晋发〔2017〕49号）等重要文件精神。以项目建设为抓手，做深项目前期，重点在金融、电力、资源开发、公用事业等领域推出一批新项目，开展项目策划包装和招商工作，激发市场机制、社会资本、创新创业三大活力，务实高效推动项目落地建设。制定完善示范区改革试点推广机制的指导意见，每年推出一批"国字号"改革试点落地见效的实践样本，每年公布一批可复制可推广的重大改革试点清单，每年总结一批富有山西特色的改革试点示范案例。编制年度专项改革方案目录清单，研究制定专项改革第三方评估实施办法，做好改革督察台账，用科学考评体系全方位推进改革，打通改革落地"最后一公里"，举全省之力提速建设国家资源型经济转型发展示范区，充分发挥"示范区"的战略牵引作用。

2. 打造"能源革命排头兵",以低碳引领能源革命,全面推进产业绿色低碳转型

全面深入贯彻落实《山西打造全国能源革命排头兵行动方案》,以高效化、清洁化、低碳化和智能化为目标,加快构建高质量能源体系,纵深推进能源革命,提速建成国家新型能源基地,充分发挥打造全国能源革命排头兵领导小组的作用。着力优化能源消费结构,积极开展能源消费"双控"行动,探索实施能效领跑者制度,扩大能源清洁低碳消费,推进能源消费革命。着力构建绿色多元的能源供应体系,支持发展风、光、煤层气、页岩气等新能源和非常规能源,重点建设晋北风电基地、光伏领跑基地、晋城国家煤层气产业化示范基地,促进新能源产业提质发展,推进能源供给革命。着力加强科技创新,争取参与"科技创新2030—重大项目"煤炭清洁高效利用专项的编制和论证工作,构建煤层气、煤化工、煤机设备等能源产业创新链,发展氢能源,依托综改示范区创建能源科技成果转移转化平台,推进能源技术革命。着力深化能源市场化改革,以深入推进电力、煤层气体制综合改革试点为重点,创新能源价格机制,通过制定能源市场准入"负面清单",加强市场监管,促进能源市场有序竞争,推进能源体制革命。争取国家支持筹建太原能源商品交易所。新建1~2个能源国家(重点)实验室,按照"源头创新—技术开发—产品中试—成果转化—市场推广"模式,延长能源产业链条,探索创建太原能源国家科学中心。

3. 构建"内陆地区对外开放新高地",深度融入国家重大战略,形成双向开放新格局

按照《山西构建内陆地区对外开放新高地实施意见》的要求,强化"抢跑"意识,积极推进二次开放,加强知识产权保护,加快建设制度高地、环境高地、创新高地、枢纽高地,充分释放政策效应,培育国际合作竞争新优势。以打造"六最"营商环境高地和制度建设高地为重点做好"晋"内这篇文章,着力提高"引进来"水平。制定招商引资优惠政策黄金十条,针对高新技术产业、装备制造业、现代服务业、文化旅游业等十大领域分别制定相应的优惠政策,在各市县政务大厅设立专门窗口,提供优质精准的审批服务和管家服务,加速优化营商市场环境、政务环境、法治环境和社会环境。更大范围开展企业投资项目承诺制试点。以打造创新高地和内陆国际枢纽高地为重点做好"晋"外这篇文章,持续改善"走出去"结构。积极参与"一带一路"建设,深度对接京津冀协同发展战略,服务雄安新区,贯彻落实"东融南承西联北拓"开放发展战略,在太原、大同等地建设全国性综合交通枢纽和国际航线,以构建对外开放"大通道"和"大平台"拓展省外市场,以发挥示范区、开发区、保税区等平台功能提升开放水平和档次。紧抓国家大幅度放宽市场准入机遇,积极参与全球产业分工,不断提高山西经济外向度。加快发展"中欧班列",规划建设中欧两端转运中心,争取国务院批准设立山西自由贸易试验区,申报并建设"国际贸易单一窗口试点省份"等"带路经济"对外合作窗口。

(三)激发市场主体活力,建设"有为政府+有效市场",增强经济创新力和竞争力

1. 深化国企国资改革,增强国有资本的影响力和控制力,发挥国有企业的排头兵作用

完善"1+N"制度体系,制订深化国企国资改革三年行动计划,开展国有资本投资运营公司试点,探索具有山西特色的国有资本投资运营模式并推广,打造2~3家高竞争力产业集团。优化国有资本产业布局,提升国有资本配置效率和运行效率。一方面,制定出台加快处置"僵尸企业"的指导意见,清理退出一批长期亏损企业、落后产业以及低效、无效资产;另一方面,围绕产业链、创新链,加快培育发展"高精尖"产业和产业高端环节。优化国有资本空间布局,积极搭建优势产业上下游携手"走出去"平台和高效产能合作平台,整合重组"一带一路"沿线煤炭、钢铁、电力等企业,推进国有资本向重点行业、关键领域和优势企业集中,提升国有资本竞争力。优化国有资本企业布局,研究制订省属国有企业布局结构调整优化方案,以发展壮大战略性新兴产业为目标,高效整合国有企业优势资源,重组建成新一批国有大企业大集团,打造新兴产业龙头。建立健全二、三层级

国资监管体制，推进基于EVA的全面预算等制度安排，实施体制机制综合改革。

2. 开展混合所有制改革试点，有机整合资源优势，促进国有企业与民营企业共同发展

发展混合所有制经济，重点在资本来源、投资主体、股权比例、人才结构、组织形式、管理制度、盈利模式和利益分配八大方面综合发力，促进资源多元化、融合化，实现"混"与"合"的有机统一。推动国有企业股权多元化，以管资本为切入点，引导民营经济参与国有企业改制重组，使民营资本进入国有企业，助力解决国有企业融资问题。加速民营经济全面转型，学习借鉴国有企业先进经验，深度推进国有资本和民营资本融合，助力完善和规范民营企业法人治理结构。支持有实力的民营企业牵头创办省级开发区。完善企业家参与涉企政策制定机制，营造尊重、激励和保护企业家干事创业的社会氛围。明晰企业内部各主体的利益关系和责任关系，探索构建公有股份与非公有股份相互监督、相互激励、有机融合的企业决策体系。系统协调、整体塑造不同股份所代表的企业文化，培育形成具有品牌效应的企业新文化。针对省属国有控股混合所有制企业开展员工持股试点工作，制定专门的实施意见，指导试点企业规范化运作。

（四）全力打好"三大攻坚战"，着力培育新的经济增长点，决胜全面建成小康社会

1. 打好防范化解重大风险攻坚战，不断加强能力建设，助力保持社会安全稳定

切实抓好安全生产工作，研究制订推进安全生产领域改革发展实施方案，再建一批国家安全发展示范城市，强化红线意识，谋实做深新时代安全生产新篇章。完善安全生产责任体系和防控体系，在矿山、危险化学品等高危行业强制推行安全生产责任保险，依托"互联网＋安全信息＋标准化"，实施安全生产标准化建设工程，有效落实安全生产主体责任，筑牢安全生产防线，扎实推进安全生产工作。加大安全生产关键技术研发及应用力度，做到科技兴安、科技保安。健全安全监管体制机制，搭建智慧安全监管数字化

平台，开展安全治理攻坚行动，加强和创新社会治理。切实抓好防控化解金融风险工作，不断加强金融监管，建立健全议事协调等薄弱环节监管制度，强化属地监管职责，推进金融机构、金融基础设施和金融活动的综合统计工作，全方位监测预警金融风险。深入推进金融去杠杆，以严格政府债务管理为重点，针对党政干部开展金融风险防控专题培训，研究制订政府债务风险应急处置方案，加快构建省、市、县政府债务三级风险防控体系，提升政府金融风险防范能力。

2. 打好精准脱贫攻坚战，向深度贫困地区聚焦发力，激发贫困人口内生动力

积极引入产业扶贫、科技扶贫等各种扶贫模式，根据贫困地区的实际情况采用最适合的扶贫模式开展扶贫工作，助力脱贫攻坚。加大易地扶贫搬迁支持力度，争取将太行、吕梁老区列入中央计划，保障资金需求。实施精准扶贫战略，选择吕梁山、燕山—太行山两个集中连片特困地区，重点瞄准特定贫困人口实行精准帮扶，实现深度贫困人口增收。完善定点帮扶和结对帮扶机制，以扶贫、扶志和扶智相结合为重要内容激发内生动力，放大社会扶贫效应。自上而下实质性加大贫困县涉农资金整合力度，给予贫困县更多的自主权，尽快形成"多个渠道引水、一个龙头放水"扶贫攻坚投入新格局。规范做好贫困县涉农资金使用管理方案编制、制度修订、项目选择、项目实施、预算调整等工作，确保贫困县涉农资金整合政策"好箭射中靶心"。贯彻实施《山西省农村扶贫开发条例》，严惩虚假脱贫、侵占挪用扶贫资金等7种行为，为脱贫攻坚顺利开展提供法治保障。完善扶贫资金监管机制，在"实"字上做文章，从规划布局、政策传导、监管问责等各个环节加强整治，防范资金使用中不同程度的"跑冒滴漏"问题，打通政策落实"最后一公里"。进一步完善扶贫资金绩效考评量化指标体系，盯住重点项目、重点部位和关键环节，将脱贫成效作为衡量整合成果的主要标准，完善考核结果通报制度，创新奖优罚劣长效机制。攻坚期内对已脱贫人口"脱贫不脱政策"，确保稳定脱贫。

3. 打好污染防治攻坚战，实施重点生态环境治理工程，建设美丽山西

建立健全环保督查制度，实施环保督查"回头看"专项行动，针对重

点地区、重点行业、重点问题组织开展"机动式""点穴式"专项督查，着力控源头、抓末端，强化谁污染、谁治理，实行终身责任制。以解决大气、水、土壤、生态污染问题为重点，大力开展专项治理行动。深入推进大气污染防治。调整优化产业结构，大力发展新兴产业，下大力气压减产能。调整优化运输结构，用绿色低成本的铁路运输逐渐取代公路运输。制定重污染天气应对办法，启动机动车"限行模式"。系统推进水污染防治。调整优化地下结构，实行最严格的水污染损害赔偿制度，提速实施九条河流综合整治工程，保护水质安全和饮用水水源。稳步推进土壤污染防治。调整优化用地结构，加快"三山"绿化步伐，加强道路、工地和裸露地面绿化，从空间上提升城市绿化覆盖率。加强土壤修复技术攻关，以土壤环境监管保障土壤质量水平。全面推进生态环境保护修复治理。调整优化能源结构，积极编制环保三年行动计划，加大能源企业节能考核力度，大力发展清洁型能源，增强全民节能意识。积极争取国家支持建设跨省流域生态保护补偿试点，建立上下游"同保共治"的流域管理机制，拓展资金投入使用模式，建立政府与市场"双轮驱动"的补偿运行机制。争取将太行山、吕梁山生态修复工程提升为国家重大工程。围绕生态领域探索区域可持续发展模式，积极申报第二批生态文明建设示范区，先行推出一批生态示范县、生态工业园区，引领新时代绿色发展。以资源型城市转型升级为主题，加快推进太原国家可持续发展议程创新示范区建设，重点加强水、大气污染综合治理，全面推进生产生活运能方式绿色化改造，加快产业转型升级。

（五）推动消费品振兴，完善促进消费的体制机制，增强消费对经济发展的基础性作用

强化品牌意识，以打造功能特色农产品品牌为切入点，培育形成一批质量管理水平高、市场竞争能力强、品牌形象突出的企业、产品、服务品牌和产业集群，加强消费品品牌建设。研究制定促进消费品振兴的实施意见，大力推进文化、旅游、养老等服务消费和信息、品质等商品消费两大领域的消费品供给侧结构性改革。开展服务业品质提升行动，实施商圈、商业街提质升级工程，加快消费品升级换代，向消费者提供性价比高的消费品，提升消费者的购买欲望，防止消费外流。研究制订"大数据+三次产业"深度融合方案，完善互联网、人工智能、大数据和实体经济深度融合支撑体系，培育健康消费、信息消费、绿色消费、共享消费、体验消费等新消费模式，引导更多中高端消费、个性化消费，形成经济新增长点，以高质量转型发展引领新消费。开展城乡居民增收和专项激励计划试点，增加基层干部、科技人员、技能人才等群体的收入，扩大居民消费需求。构建新型消费品质量标准体系，对标国内先进，建立消费品质量指标清单，以高标准倒逼消费品供给质量提升。加大地方政府监管力度，定期开展消费品监督抽查行动，严把质量关，禁止不合格产品流入市场。

（六）实施乡村振兴战略，坚持农业农村优先发展，补齐农村发展不平衡不充分短板

强化制度和政策精准供给，建设城乡融合发展示范区，以"四个统筹"为抓手推进农业农村现代化。统筹城乡一体化建设，制定城乡一体化发展2025年规划。统筹城乡产业布局，探索新技术渗透型产业融合发展模式，推动城乡互动、产业融合。深入推进农业供给侧结构性改革，大力发展功能农业，助推山西"农谷"建设。支持长治创建国家绿色有机旱作农业示范市，建设一批省级有机旱作农业标准化试点、"三品一标"认证基地，加快发展有机旱作农业。争取国家支持创建中国（忻州）杂粮交易市场，扩大优质杂粮的国际、国内市场影响力，致力打造全国优质杂粮场地交易市场流通创新先行区。统筹城乡社会事业发展，制订推进基本公共服务均等化实施方案，重点将城乡教育列为全省重大项目研究方向，开展百校千系万人专项下乡行动，强化省内高校责任担当，瞄准新农村建设和乡村振兴持续发力。统筹城乡生态保护和治理，制订改善农村人居环境三年行动计划，开展农村人居环境专项整治行动，实施村容村貌提升工程，推进农村"厕所革命"，打造"四好农村路"，建设美丽乡村。争取国家支持扩大新一轮退耕还林范围，在15~25度坡耕地、陡坡梯田、沙化耕地以及采煤沉陷区、地质灾害

避让搬迁区、整村移民搬迁区四类耕地实施退耕还林，为实施乡村振兴战略提供有力支持。

（七）实施区域协调发展战略，不断缩小区域间的发展差距，增强区域发展合力

实施统筹协调战略，建立区域协调发展和产业体系建设融合机制，完善区域合作、互助、补偿机制，多层次、多形式、多领域开展区域合作和产业跨区域转移，创新区域帮扶方式，依托重点生态功能区推进生态补偿示范区建设，促进区域经济协调平衡发展。实施轴带引领战略，以开发区改革创新为突破口促进示范区创新发展，打造国家级双创示范基地，努力将太原建设成为国家创新型城市，充分发挥轴带辐射示范带动作用。实施飞地合作战略，规划布局晋西北、晋中、晋东南等若干"飞地"，利用自身劳动力优势、土地优势、政策优惠等，搭建跨区域互惠合作平台，打造"飞地经济"，增强双向融合互动，形成双向开放新格局。实施"人"字形城镇化发展战略，以推进资源枯竭城市、采煤沉陷区、环境极度脆弱区建设为重点加快发展小城镇和特色小镇，以推动城中村、棚户区改造为核心致力打造智慧城市、绿色城市、人文城市，促进产城融合，形成"城镇""产业""人"互动协调发展的格局。

（八）推动文化事业和文化产业发展，打造"文化晋军"品牌，提升山西软实力

以推进文化产业园区和特色文化产业群建设为重点，深度挖掘保护激活三晋文化资源，培育壮大文化产业市场主体，建成一批集聚效应明显、代表性突出的文化产业示范区（基地）和优势文化企业。实施"文化+"产业发展战略，探索"文化+"产业融合发展新模式，促进文化与科技、农业、旅游等领域的融合发展。依托优势资源，构建产学研相结合的文化科技创新体系，建成一批文化科技企业，用科技创新促进文化产业发展。依托黄河之魂、关公故里等文化品牌，实施"一地（县、镇、村）一品"特色文化产

业培育计划，建成一批具有鲜明特色的文化产业示范县（市）、乡镇（街区）和村，用城镇化、农业等反哺文化产业。依托现代技术手段，充分挖掘文化资源旅游价值，打造黄河、长城、太行三大板块，推进国家全域旅游示范区建设。持续实施印象临汾文化工程，加快发展黄河根祖文化旅游。建成一批特色文化旅游精品景区，打好康养产业特色牌，用旅游发展促进文化消费和文化传播。依托"互联网+""图书馆+"等方式，加快数字文化建设，以文化大数据建设打通公共文化服务"最后一公里"，探索公共文化服务设施利用新模式，提高公共文化服务水平，推动文化事业发展。

（九）实施健康山西战略，积极培育和发展大健康产业，提高全民健康素养

参照《"健康山西2030"规划纲要》抓紧制订年度行动计划，科学做好顶层设计，加快构建"医、药、械、健、养、游、食"七位一体且突出山西特色的健康产业体系，大力发展健康农业、健康制造业和健康服务业等健康产业，全方位全周期提供健康服务。针对特定人群特别是老年人群举办社区健康科普活动，帮助其树立科学的保健观、养生观，提高辨识健康产品、健康服务和健康社会营销的能力，防止被骗。推进"健康产业云"平台建设，促进健康养生产业与大数据产业融合发展。加强健康产业标准化建设，建立健康产业标准体系，健全健康产品质量标准，以高标准、严要求倒逼健康产业转型升级。开展健康产品质量专项整治行动，精准打击健康产品虚假宣传，严惩伪健康企业和个人，营造良好的健康产业市场环境。探索"医养游"融合发展模式，将康养产业作为产业转型重要方向，加快大同综合康养产业区建设，推动生态养老服务业发展。

（十）实施军民融合发展战略，争创国家军民融合创新示范区，促进军民融合深度发展

加快《山西省军民融合发展规划纲要（2019~2023）》编制工作。创新

理念先行先试，加强军地资源统筹，打造军民融合制度创新试验区、军民融合产业发展样板区、军工企业改革创新先行区、军民协同创新发展引领区、军地人才融合引育承载区和国防动员创新发展先导区六个军民融合创新平台，加快形成具有山西特色的军民融合创新示范区。建立军民融合协同创新中心，构建军政产学研协同创新体系，搭建技术转移平台，增强军民科技协同能力。开展网信军民融合发展试点，以太原为核心，大同、长治、吕梁为支点城市，在全省域进行军民融合创新示范。建立军地人才共育共享新模式，推进"军转民""民参军"，促进军民协调发展、平衡发展、兼容发展。积极构建协调、高效的军民融合工作体系以及顺畅、有力的军地协同机制、需求对接机制、资源共享机制，最大限度地发挥军民融合的溢出效应，加快形成全要素、多领域、高效益的军民融合深度发展格局，走出一条具有时代特征的军民融合深度发展的路子。

（十一）坚持党的全面领导，全面加强党的建设，提高党的执政能力和领导水平

健全党全面领导的体制机制，完善对决策部署的执行、监督、考评、奖惩等工作机制，在服务大局中坚定政治方向，在聚焦主业中把握职责定位，在稳中求进中积极担当作为，发挥党的领导核心和思想引领作用。着力提升领导干部的领导力，通过加强学习、苦练内功，领导干部必须做到信念过硬、政治过硬、责任过硬、能力过硬、作风过硬。推进干部队伍建设，创新干部遴选方式方法，研究制订"789"年轻干部培养方案，在转型主战场上考察一批、识别一批、遴选一批，探索形成"70后厅级、80后处级、90后科级"干部队伍结构布局，努力打造高质量专业化干部队伍。针对高端人才急需岗位，探索采用合同制公务员，优化干部知识结构。完善干部管理机制，坚持严管与厚爱结合、激励与约束并重，做到精准管理，重点加大对"关键少数"的监管力度，促进干部有为，提高政府的公信力、执行力。探索建立干部队伍建设标准体系，同时研究制定干部队伍分类管理指标体系。

（十二）全面评估"十三五"规划实施情况，强化规划战略导向作用，助力山西高质量转型发展

密切追踪中美贸易之争，及时研判国际国内形势，对"十三五"规划实施情况进行年度监测评估、中期评估和总结评估。围绕"十三五"规划重点任务实施情况，委托开展第三方年度监测评估和中期评估前期重大问题课题研究。按照《国家发展改革委关于开展"十三五"规划实施情况中期评估工作的通知》（发改规划〔2018〕238号）要求，发布全省"十三五"规划纲要中期评估工作通知，坚持需求导向、问题导向、效果导向，围绕新理念落实情况、供给侧结构性改革等任务和要求，召开座谈会，开展公众意见问卷调查和网络调查，推动各类资源集成共享，做好做实中期评估。在以政府系统自评估为主的基础上，充分发挥智库的作用，全面开展"十三五"总体规划、专项规划实施情况第三方中期评估和总结评估工作。

负重攀援不忘初心，笃行致远继续前进。顺应新时代发展要求，山西必须站在中国和世界的高度，充分认识推动高质量转型发展面临的新形势与新挑战，积极化解体制性、结构性、素质性三大矛盾，破解有效供给、效率发挥、动力转换三不充分以及区域发展、收入分配、经济与生态发展三不平衡问题，注重把握速度变化、结构优化、动力转换三大特征，抓住2018年、2020年、2022年三个关键节点，从供给、需求、配置、投入产出、分配、循环上推进六个提速，积极防范传统发展路径依赖、等靠要拖之风、新二元陷阱三大问题，聚焦质量变革、效率变革、动力变革、文化建设、民生保障、生态环保，致力提升山西发展竞争力、支撑力、创新力、影响力、协调力、生产力，持续促进山西主动转型、创新转型、深度转型、全面转型，加快推进"示范区""排头兵""新高地"建设，努力走出一条经济结构更优、内生动力更足、市场机制更活、承载能力更强的新路子。

参考文献

[1] 《党的十九大报告学习辅导百问》，党建读物出版社、学习出版社，2017。

[2] 《中央经济工作会议在北京举行》，《人民日报》2017年12月21日，第1版。

[3] 《省委经济工作会议在太原召开》，《山西日报》2018年1月4日，第1版。

[4] 山西省统计局、国家统计局山西调查总队：《2017年全省经济运行情况》，山西统计信息网，2018年1月23日，http://www.stats-sx.gov.cn/tjsj/tjgb/201801/t20180123_90734.shtml。

[5] 李伟：《高质量发展有六大内涵》，国务院发展研究中心网站，2018年1月22日，http://www.drc.gov.cn/xscg/20180122/182-473-2895401.htm。

[6] 李世刚等：《收入分配与产品质量前沿》，《中国工业经济》2018年第1期。

[7] 李志强：《深化改革助力转型综改示范区建设》，《山西政协报》2017年5月26日，第00C版。

[8] 厉以宁：《不要再留恋高速度，中高速度就够了》，新华网思客，2017年12月18日，http://sike.news.cn/statics/sike/posts/2017/12/219528062.html。

[9] 彭俞超等：《经济政策不确定性与企业金融化》，《中国工业经济》2018年第1期。

专题报告

Special Reports

专题报告一：理念创新
致力提升山西高质量转型发展引领力

B.2 直谏新时代山西高质量转型发展

摘　要： 面对未来的时与势、艰与险，如何实现资源型地区经济转型发展，形成产业多元支撑的结构格局，是山西高质量转型发展需要深入思考和突破的重大课题。本报告以短论的形式，提出以产业跨界融合助力山西转型综改示范区建设，在国土开发格局、绿色生产、绿色消费、制度和政策创新上下功夫推进生态文明建设，从平台建设、服务模式、运行机制方面促进科技资源共享平台发展，多措并举提升高新技术企业自主创新能力。

关键词： 产业跨界融合　生态文明建设　科技资源共享平台　自主创新能力

站在新的起点，踏上新的征程，呼唤新的担当。顺应新时代大势，践行新发展理念，上下同欲对标干、突出重点精准干、撸起袖子加油干、遵循规律科学干、扑下身子务实干，积极推动山西高质量转型发展，是加快山西资源型经济转型再出发的必然选择和首要任务。

短论1　以产业跨界融合助力山西转型综改示范区建设

李志强　张琴清[*]

新时代中国经济转向高质量发展阶段，面对新使命新要求，产业跨界融合发展趋势日趋明显。伴随人工智能引导的第四次工业革命的到来，通过提速实施创新驱动战略实现高质量的供给，提速释放需求潜力实现高质量的需求，提速建设有限政府、有效市场与有力法治实现高质量的配置，提速优化产业结构实现高质量的投入产出，提速推进收入分配改革实现高质量的分配，用高质量的转型发展实践加快推动产业跨界融合发展，持续提升资源要素的整合力、竞争力、辐射力和向心力。

（一）产业跨界融合助力示范区建设，要以供给侧结构性改革为主线把握转型发展新趋势，倾心聚焦补短板降成本，充分释放融合红利

跨界融合，"跨"为方式，"融"为要义，"合"为路径。"跨越边界、融为一体、合而为一"是衡量传统产业和现代产业能否实现稳跨真融的标尺。从矛盾的观点看，产业跨界融合既有内部融合，又有外部融合，而外部融合是矛盾的主要方面，二者相互作用，内外兼修，实现真正的跨界融合。从产业升级的模式看，产业跨界融合冲破了过去产业形态和价值链单方向演

---

[*] 李志强，山西大学中国中部发展研究中心主任，山西大学经济与管理学院、山西大学管理与决策研究所、山西大学资源型经济转型发展协同创新中心，博士、教授、博士生导师，主要从事制度理论、资源型经济转型、战略与创新管理、标准化研究等。张琴清，山西大学经济与管理学院博士研究生。

进的束缚,将其置身于一个开放的系统中,两个甚至更多不同的产业经过演化博弈、要素重组、相互渗透、聚合裂变、边界消融等一系列阶段,对优势资源进行最大限度的整合利用,融合为一,实现产业链的延伸或突破。

中国目前处于工业3.0的中后期,表现为完全的自动化和部分的信息化。2017年,互联网普及率达到55.8%,比全球平均水平高4.1个百分点,超出亚洲平均水平9.1个百分点。云计算、大数据、移动智能终端也正在走向普及化,人工智能(AI)技术崛起,以人工智能为主导的新一轮技术革命即将到来。技术进步突破产业边界,产业发展加速要素融合,在此过程中催生了新的消费需求和消费习惯,要求商业模式及时创新、产品和服务高质量供给,无法快速适应环境变化的企业必死无疑,产业跨界融合遵循优胜劣汰的自然法则。

融合是趋势,且速度在加快。从国家层面看,党的十九大报告提出"推动互联网、大数据、人工智能和实体经济深度融合",以及国务院办公厅《关于深化产教融合的若干意见》(国办发〔2017〕95号)等文件的出台,表明融合的国家战略地位越来越凸显。从省级层面看,山西先后印发了《山西省信息化和工业化深度融合专项行动计划(2014~2018)》(晋经信信息化字〔2014〕56号)、《关于推进农村一二三产业融合发展的实施意见》(晋政办发〔2016〕110号)、《山西省深化制造业与互联网融合发展的实施方案》(晋政发〔2016〕63号)、《山西省大数据发展规划(2017~2020年)》(晋政发〔2017〕5号),产业融合发展纵深推进。由此可以看出,融合已经成为一种常态,跨界融合是新一轮产业转型升级的主流。树立融合思维,以跨界融合助推产业转型升级,助力示范区建设,是符合山西省省情的重要选择。

同时,以供给侧结构性改革为主线,准确把握转型发展新趋势,积极化解社会主要矛盾。当前,山西转型发展呈现全面发力、多点突破、纵深推进的良好态势,"三去一降一补"成效显著,但是体制性、结构性、资源性"三大矛盾"依然突出,有效供给、效率发挥、动力转换"三不充分"问题依然存在,着力从产业跨界融合入手"破题""过关",有利于提高供给体系的质量和效率,增加高品质产品和服务的有效供给,补齐产业发展短板和降低企业生产成本,打通要素供给通道,切实推进供给侧结构性改革,促进产业转型升级,加快示范区建设进程。

(二)产业跨界融合助力示范区建设,要以善跨真融为目标加速产业深度融合和创新发展,倾力培育新兴业态,充分迸发融合动力

跨界融合是一种新的发展趋势。加快产业融合步伐,促进产业创新发展,通过开放合作整合更多优势资源,实现效用最大化和利润最大化,在跨界融合中孕育产业发展新动能。积极推进产业跨界融合,始终以满足消费者需求为导向,努力在"跨界""融合""深度"上下功夫,切实做到善跨真融。

努力在"跨界"上下功夫,切实做到"真跨""稳跨"。如今的世界是一个跨界竞争的世界。已有研究表明,传统的商业模式创新已经无法满足市场需求的新变化,跨界融合作为产业融合的一种新模式应运而生,并得到越来越多的重视。跨界不是"伪跨""乱跨""盲目跟风",而是坚持问题导向,有目的地选择跨界对象,对象可以是一个,也可以是两个,甚至更多,高效重组聚合资源,形成互补更大优势,产生1+1>2的增长效应,要防范"唯跨界至上论"。跨界还是一种战略思维,鉴于长远考虑,跨界整合更多不同产业、不同行业、不同业态的资源和优势,获取更好的发展,防止被别人跨界"打劫"。跨界不是一成不变的,更不是跨界后就一劳永逸,而是一种常态,或是形成一种跨界和创新的机制,唯一不变的是变化,唯有变才是不变的。主动跨界,主动整合资源,主动颠覆重构商业模式,在未来不确定的各种竞争中掌握主动权。

努力在"融合"上下功夫,切实做到"真融""广融"。面对立体的全方位的多维度的竞争,产业间的传统合作已经难以抢占先机,必须通过产业融合促进产业转型升级。融合发展的表现形式主要是资源整合和被整合,既有物理反应式的渐进革新,又有化学反应式的激进革新,切实做到"你中有我、我中有你",要"真融""广融"。主动整合体现更强能力,被动整合体现更高价值，若既没有主动整合又没有被动整合，则体现能力不强价值也不高，必将出局。推进产业融合，融的是优势和方法，补的是短板和不足，如果既不会融，也不会补，即使两个强者结合，也只能是强强不强，适得其反。积极扫除融合障碍，通过同一产业企业全部门整合和技术渗透促进产业内部融合，不同产业不同企业兼并重组促进外部融合；通过开放合作和功能拓展促进产业横向融合，上中下游全环节全链条垂直整合促进产业纵向融合。

努力在"深度"上下功夫，切实做到"融为一体""合而为一"。深度融合是在融合的基础上，所有要素进行全面深入的融合、渗透，开展更广泛、更密集、更深层的合作与交融，涉及的范围更大、领域更广、层次更深。从"融合"到"深度融合"，更加重视融合的程度，融合度越高，融合效应就越大。当融合到一定程度后，就变成一体化，这是一种理想的状态，但也有可能实现。如果说融合是一种朋友关系，那么深度融合就是一种恋人关系，一体化就是一种夫妻关系。通过深度融合的互联互通，发现新事物，衍生新业态，适应新趋势的变化。

（三）产业跨界融合助力示范区建设，要以新技术革命为引领构建新时代技术创新体系，倾注推进"三大变革"，充分激发融合活力

站在中国和世界的高度充分认识产业跨界融合，必须顺应全球趋势，牢牢抓住新技术革命的历史性机遇，紧跟产业融合发展前沿，升级产业发展理念，优化产业结构，促进产业链和创新链有机衔接，增强产业核心竞争力，汇聚产业发展新动能，以创新驱动示范区建设。立足山西实际，加快建立以企业为主体、市场为导向、产学研深度融合的技术创新体系，形成产业跨界融合发展的"生态链"，释放产业跨界融合发展的指数式增长效应，推进质量变革、效率变革、动力变革，实现高质量发展。

以加速实体经济与新一代信息技术融合为重点，构建以企业为主体的技术创新体系，推动质量变革。充分发挥企业的主体作用，积极参与技术创新决策，加大研发投入，加强合作，加快科技成果转化，通过技术创新

推动产业跨界加速融合，实现产业链与创新链精准衔接。围绕互联网、大数据、人工智能等新一代信息技术做文章，运用新一代信息技术手段及时发现和解决苗头性、倾向性和潜在性问题，加快推进新一代信息技术与实体经济深度融合，培育和发展云计算、大数据、人工智能等新兴产业集群。深化制造业与互联网融合发展，全速发动"互联网+先进制造业"新引擎，发展工业互联网。大力实施大数据战略，运用大数据驱动智能制造发展，通过技术融合、业务融合、数据融合促进大数据与工业互联网深度融合，抢占数字经济发展制高点。在医疗、养老、教育、文化、体育等领域积极发展智能产业，加强新一代人工智能研发应用，实现人工智能跨越式发展，引领新一轮产业变革。深度融合呼唤大标准，多措并举鼓励企业参与研制产业跨界融合标准，以标准倒逼产业升级，发挥标准对产业融合发展的支撑引领作用。

以建设"有为政府+有效市场"为着力点，构建以市场为导向的技术创新体系，推动效率变革。做好顶层设计，加快制定完善专业领域融合发展规划，进一步厘清政府职能定位，更加有力有度有效地实施宏观调控，增强调控的前瞻性、针对性、有效性。充分发挥市场引导和激励创新的功能，围绕产业链部署创新链，提高创新资源配置效率，促进市场深度融合，为技术创新营造公平竞争有序的市场环境，加速形成市场优胜劣汰的良性竞争，激发创新主体的持续创新活力。准确把握产业跨界融合新趋势，加快推进产业链和创新链深度有效融合，实现从创新链"前端"逐渐拓展到创新链"后端"，攀升价值链中高端。建立健全技术创新市场导向机制，发现和了解技术创新需求，大力盘活存量创新资源，加快产业融合步伐，通过技术创新满足或引导消费者消费，更好地发挥产业跨界融合的加乘效应。

以引进和培育复合型高精尖人才为核心，构建产学研深度融合的技术创新体系，推动动力变革。用二类财政、一流人才投入给人才政策再"加码"，建立健全高层次人才"绿卡"制度，大力引进复合型高精尖人才，助力打造人才新磁场，释放人才创造力。从产业界和科技界两方面入手，在产学研合作创新的过程中,重点培育智能制造、区块链、人工智能、大数据和云计算等领域的复合型高精尖人才,促进产业链、创新链、资金链有机融合。完善复合型高精尖人才"留得下、放得开"培养机制,建立复合型高精尖人才培养基地,提供更多再学习再培训的机会,打造全国一流的创新创业"生态链"。牢固树立问题意识、理论实践意识和创新创业意识,积极开展绿色能力实践,学习德国双元制深化校企合作,确保培养的人才在研究能力、动手能力方面"高精尖",提高复合型高精尖人才的创新能力、绿色能力和应用转化能力。

短论2 加快推进山西省生态文明建设的若干思考

王兆宾[*]

生态文明建设是关系山西省人民健康福祉的千年大计和千秋伟业。山西省是典型的资源型经济省份,长期的资源开发带来了严重的环境问题,生态欠账较多。我们必须把生态文明建设作为山西省转型发展的"牛鼻子",切实抓在手上。

(一)生态文明建设的成效与问题

近年来,山西省在推进生态文明建设上下了不少功夫,也取得了一定的成效,特别是环境质量恶化态势得到有效遏制。

1. 绿色发展理念深入人心

全省上下对生态文明建设的认识进一步深化,对生态环保的重视程度进一步提高,贯彻绿色发展理念的思想自觉、行动自觉显著增强。绿色生产方式和生活方式得到广泛认可,特别是省会城市太原推广绿色出行,成为全国首个出租车全电动化城市,公共自行车单日租车量和单纯周转率均居全国第一。

---

[*] 王兆宾,山西省政府发展研究中心区域处副处长。

2. 污染治理力度逐年加大

实施大气、水、土壤三项行动计划，30万千瓦以上燃煤机组超低排放改造全面完成，山西省PM2.5平均浓度显著下降；水环境质量得到改善，地表水水质优良断面占比有所提高；土壤环境质量调查点位达标率比全国平均水平还要高。开展农业面源污染治理，农村人居环境得到改善。城镇集中式地表水饮用水水源重点重金属污染物达标率达100%，地表水国控断面重点重金属污染物达标率为99%，"十二五"重金属污染防治重点项目全部完成。

3. 生态修复工程稳步实施

以环京津冀生态屏障区、吕梁山生态脆弱区、通道沿线绿化区、重要水源地植被恢复区为主战场，大力推进国土绿化，在全国率先划定5600万亩永久生态公益林，累计完成营造林2137.88万亩、森林抚育486万亩。启动"两山七河"生态修复工程，全面推行河长制。完成"大水网"建设工程，中部引黄、东山供水、小浪底引黄、辛安泉供水四大骨干工程同步建设并基本建成。启动实施了汾河流域生态修复工程，汾河干流生态修复取得阶段性成果。积极推进重点采煤沉陷区综合治理，采矿破坏地表生态加快恢复，水土流失综合治理力度加大。山西省在五年的时间里共治理面积为1.32万平方公里的水土流失，累计治理度达到57%。开展了临汾市西山片区和神池县等生态主体功能区建设试点，国土开发的空间格局不断优化。

4. 生态文明制度改革扎实推进

先后出台了《山西省生态文明体制改革实施方案》《山西省环境保护督察实施方案（试行）》《山西省环境保护工作职责规定（试行）》《山西省党政领导干部生态环境损害责任追究实施细则》等一系列重要文件，初步建立了符合山西实际的生态环保领域的改革框架体系。排污许可制度改革取得实质性进展。率先全面推进环境污染损害司法鉴定改革，推动设立了全国首家具有司法鉴定资质的省级环境污染损害司法鉴定机构。扎实推进排污权交易试点，逐步形成了有效融合环境管理与市场经济的创新型减排激励机制。

我们也要清醒地看到，山西省生态文明建设还存在不少问题，面临许多挑战。山西省仍是全国矿山地质环境破坏最为严重的省份之一，结构性污染问题尚未得到根本解决，环境质量稳定向好的趋势尚未真正形成，生态文明建设的制度体系尚不完善，经济发展和环境保护的矛盾依然突出，与人民群众对美好环境的期待还有较大差距。

（二）推进山西省生态文明建设的目标和路径

未来一个时期，推进山西省生态文明建设，要以习近平新时代中国特色社会主义思想为指引，把生态文明建设摆在中华民族永续发展千年大计的战略高度，按照"坚持人与自然和谐共生"的基本方略，牢牢抓住绿色发展这个资源型经济转型的"牛鼻子"，不断优化国土空间开发布局，推动形成绿色生产生活方式，加强山水林田湖草系统生态保护修复，持续开展治污攻坚，加快完善生态文明建设制度体系，促进生态环境持续好转，不断满足人民群众对优美生态环境的期待和需要。要坚定不移推进绿色转型，努力开创资源型地区人与自然和谐共生的发展新路，摘掉"黑色"标签，树立"绿色"形象，使"绿色"成为美丽山西的"底色"。应着力在以下四个方面下功夫。

1. 在优化国土空间开发布局上下功夫，基本形成主体功能区布局和生态安全屏障

进一步加强主体功能区建设，统筹考虑资源环境承载能力，优化产业区域布局，不断优化国土空间开发布局。严守生态保护红线，深化拓展重点生态保护修复工程，开展国土绿化行动，加大山水林田湖草修复治理力度，加大矿山生态修复和采煤沉陷区修复治理力度，还自然以宁静和谐美丽，让山西重现山清水秀好风光。

2. 在推进绿色生产上下功夫，显著降低能源资源消耗和主要污染物排放

着力提升产业绿色化水平，大力发展循环经济和资源节约环境友好产业，推行绿色制造，加快绿色矿山、绿色园区建设。着力推进节能降耗工

作，坚持源头治污，严格环境影响评价制度，健全区域大气和水体污染联防联控长效机制，倒逼经济转型。着力加强农业面源污染防治，持续优化农村人居环境。力争用五年时间使平均能耗降至全国平均水平，主要污染物排放得到有效控制。进一步提高低碳循环经济比重，单位GDP能耗明显下降，氨氮排放、化学需氧量排放、二氧化硫排放显著减少。

3. 在推进绿色消费上下功夫，广泛推行绿色生活

加强生态文化建设，树立生态文明理念，倡导并推行绿色消费、绿色出行、绿色办公，开展节约型机关、绿色家庭、绿色学校、绿色社区创建活动。不断扩大新能源开发和利用规模，提高非化石能源占一次能源消费的比重。加大建筑节能改造力度，推进节能技术推广应用，大力发展新能源汽车和配套设施，完善公共交通网络，初步建立绿色交通体系。

4. 在推进制度和政策创新上下功夫，健全生态文明建设制度体系

在已出台制度的基础上，进一步建立健全生态文明建设制度体系。实行最严格的环境保护与监管，制定贯穿全过程的生态文明绩效考核和责任追究制度体系。充分发挥市场配置资源的决定性作用，加快培育生态环保市场主体，稳步推进用能权、用水权、排污权、碳排放权交易，形成生态损害者赔偿、受益者付费、保护者得到合理补偿的机制，构建环境治理和生态保护市场体系。

（三）推进生态文明建设的主要措施

山西省推进生态文明建设，要坚持以节约优先、保护优先、自然恢复为主的方针，深化生态文明体制改革，大力推动绿色发展，铁腕治理环境污染，着力解决突出环境问题，实施一批生态保护修复重点工程，进一步加大生态环境保护修复力度，促进全省生态环境治理不断改善，为人民群众提供更多优质的生态产品，营造更加优美的生态环境。

1. 要聚力打好防污治污攻坚战

全面落实《大气污染防治行动计划》，严控煤炭消费总量，"4+2"城市实现煤炭消费总量负增长；继续推进"煤改气""煤改电"等清洁取暖工

程；深入开展重点企业深度治理，继续做好"散乱污"企业的全面排查和分类处置；加强环境空气质量监测预警，推进大气污染重点区域联防联控，精准实施重污染天气减排措施。全面推进175个水环境治理重点工程，加强工业废水排放提标改造，城镇生活污水收集处理率达到90%以上。积极开展土壤污染治理与修复，完成全省农用地土壤污染状况详查任务，建立污染地块动态清单和联动监管机制。推广生活垃圾减量化、无害化、实时化处理技术，加强垃圾分类治理。推进多污染物综合防治，加强联防联控和流域共治，促进环境质量整体改善。

2. 要继续实施生态修复保护重点工程

推进"两山七河"生态治理工程。推进吕梁山、太行山水土流失综合治理，全面提升吕梁山水土保持功能、太行山中部水源涵养功能和燕山—长城沿线防风固沙功能。全面落实河长制，加快推进汾河、桑干河、滹沱河等七河生态修复治理。完善"污染源、饮用水源"清单，完成全省水源保护区范围"上图入库"。加强沿黄地区水土保持和黄土高原地区沟壑区固沟保塬，抓好国家级山水林田湖草生态保护工程试点建设。实施重点区域大规模植树造林，加强自然保护区监管，全面开展耕地质量保护提升行动，逐步加大农田改良和修复力度。加强采煤沉陷区和矿山环境治理，完成全省矿山生态环境详查，开展53个矿山生态环境恢复治理试点示范工程。

3. 要加快完善生态文明制度体系

建立省域环境容量总量控制制度，强化节能环保目标责任考核。开展碳排放峰值研究，完善碳排放权交易制度。健全循环经济发展评价机制，探索园区式链条式环评模式。加快建立煤炭开采生态环境补偿机制，探索滹沱河、桑干河跨省流域横向生态保护补偿机制，构建完善的四级"河长制"体系。健全矿业权出让制度，率先推进矿产资源权益金制度改革。建立绿色金融体系，鼓励各类金融机构加大绿色信贷发放力度。加快推进排污许可制度改革，全面完成工业污染源达标排放，全力推动省以下环保机构监测监察执法垂直管理改革。

短论3 山西省科技资源共享平台发展对策建议

贾君枝 陈 瑞[*]

当今时代,科技资源作为一种重要的信息与战略性资源,已经成为推动科技进步、促进经济发展和提升国家或地区综合竞争力的关键因素。目前,国家层面、地方层面都在加大科技资源的投入并采取各种措施以实现科技资源共享。山西省也积极投入资源共享工作,已搭建了一批科技资源基础平台,并将这些基础平台进行有效整合,从而搭建科技资源共享平台,目的是在对分散的科技资源整合的基础上提高资源配置效率,提供科技资源共享服务。

(一)山西省科技资源共享平台建设现状

为了有效解决科技资源利用率低、科研仪器重复购置和闲置浪费的问题,山西省明确提出建立健全科技资源开放共享制度,山西省科技厅会同有关部门按照国家和省有关要求,制定统一标准规范,搭建全省统一的科技资源开放共享网络管理服务平台,将所有符合条件的科技资源纳入平台进行统一管理。共享平台所称开放共享,是指山西区域内的高等院校、科研院所、企业将所拥有的科技资源面向社会大众开放共享,提供资源整合、信息展示、在线服务、绩效评估等全流程管理服务,由其他单位和个人用于科学研究和技术开发等科技创新创业活动,实现资源共享,形成跨部门、跨领域的网络服务体系。

共享平台由大型科研设施与仪器、科学文献、科学数据、生物(物种)资源与实验材料、大型仪器管理单位在线服务平台、山西省科技创新券、重点实验室、工程技术研究中心、创新团队九大子平台构成,在原有各资源基

---

[*] 贾君枝,山西大学经济与管理学院、山西大学中国中部发展研究中心,博士、教授、博士生导师,主要研究方向为知识管理。陈瑞,山西大学经济与管理学院。

础平台建设的基础上，对省内可利用的科技资源进行充分整合。通过对平台数据进行统计，截至目前，全省已纳入省级管理服务平台的管理单位共262家；入网仪器3111台，入库20万元及以上的科研设施与仪器2891台（套），总价值18.82亿元；上传科技资源开放制度138条；拥有75家国家级、省部共建、省级各类重点实验室和工程中心；建成管理单位在线服务平台38家；在科技创新券管理服务系统注册的平台基地有69家。

其中，2017年重点建设大型科研设施与仪器的共享，将所有符合条件的科技资源以网络报送的方式纳入网络管理平台进行统一管理，公开科技资源开放目录、使用方法和使用情况，对全部仪器进行分类，提供在线浏览和检索两项服务。①全部仪器按照所属大类、小类、20万元以上仪器以及所属科学领域和所属地区进行了详细的划分，方便用户按类寻找资源；对入网仪器所具有功能、入网单位、仪器总值进行丰富的介绍，对最新入网单位和仪器进行实时更新，帮助用户深入了解可共享设施的动态。②关键词搜索。可以搜索具体仪器、相关法规、共享制度并进行文件下载，为用户提供了统一的检索接口，极大地减轻了用户的检索负担，用户只需输入检索需求，就可以快速并全方位地获得所需要的信息。提供大型科学仪器设备分类代码，为全省所有仪器制定了统一的标准和类号，便于管理和查询。③服务平台项目。提供仪器具体单位管理信息，帮助用户了解仪器使用情况和预约流程。同时，提供该设施的服务案例，借鉴国家大型仪器中心的成功案例，为用户提供使用指导。④入网仪器。提供收录资源共享模式和使用类型，共享模式分为不共享、内部共享和外部共享三类。大多数贵重仪器，尤其是20万元以上仪器，归各单位所有，所提供的共享模式是不共享。部分仪器仅限于内部共享，并未实现全面的无隔阂的共享。对于具体仪器，提供仪器的规格型号、产地、运行状态和主要功能介绍，不足的是仪器使用的累计评价、累计服务、人气指数都比较少，无法获取用户具体的共享信息。

山西省还实施了发放创新券的政策支持方式，主要是针对经济实力不足的中小企业。所谓创新券，是针对中小企业经济实力不足、创新资源缺乏，

大学和研发机构没有为中小企业服务的动力机制而设计发行的一种"创新货币"。政府向企业发放创新券，企业用创新券向研发人员购买科研服务，科研服务人员持创新券到政府财政部门兑现。创新券能够发挥公共科技投入对中小企业创新的带动作用，引导大学、科研院所为中小企业服务，并提高政府研发资金的使用效率。

（二）山西省科技资源共享平台存在的问题

1. 平台推广不到位

目前山西省科技资源作为一种公共服务资源，主要是在政府的主导下进行资源的生产和建设，许多参与共享的资源主体同样主要是在政府的指导下进行资源的统一格式描述，对自身的资源缺少推广的动力；政府作为资源共享的中介，对资源的宣传也不到位。共享平台刚刚建设，宣传力度不够，没有形成有效的推广机制来提高平台的知名度，导致一些用户不知道如何获取自身所需的资源，并且平台信息重形式、轻内容，造成了平台的使用率较低。

2. 平台资源整合水平有待提高

主要体现在科技资源共享主体集中在重点实验室、高校和政府主导建设的服务平台，平台企业资源数量少，企业对市场有一定的敏感性，企业科技信息十分重要。一方面，山西省科技资源共享平台虽然初具规模，但建设时间短，没有形成有效、全面、系统的市场创新机制以吸引企业有偿将自己的资源进行共享，并满足来自市场的企业需求。企业科技资源的缺乏，在一定程度上影响了科技资源的转化和共享。另一方面，资源需求信息缺乏，没有有效实现需求方和提供方的相互交流和沟通，不能形成整个社会范围内的共享体系，平台与用户的联系不紧密，平台资源的针对性不够。

3. 平台服务效果不佳

综观整个平台的建设，平台注重资源的保管，十分重视资源的整合工作，通过平台汇集了各项可利用的科技资源，但是在服务方面做得不到位。平台主要提供科技资源的展示和资源拥有者的介绍，没有针对用户需求资源和需求信息进行深层次的挖掘，提供的是"你问我答"的被动式服务，服务方式单一化，这种服务模式主要是通过收集资源需求方的信息，构建信息数据库，当用户在检索某一种资源时，通过关键词与数据库进行单向匹配，这种匹配并不准确。一是可能反馈回大量无关的查询结果；二是没有和用户及时互动交流，无法实现用户需求的及时对接，缺乏针对性的信息推送服务和具有特色的用户定制化服务。由于推广和宣传的力度不够以及用户的共享理念淡薄，用户对系统资源的一些扩展服务功能并不十分了解，很多平台设置内容单一，大同小异，不同平台进行统一化的栏目设置，忽略了不同资源的特色，甚至一些链接打不开，实时信息更新不到位，用户的体验不畅，这些都导致了用户的访问量比较少，造成了资源的闲置。

（三）山西省科技资源共享平台建设对策

1. 平台搭建

（1）构建资源需求信息库

科技资源共享平台建设的目的主要是为资源的需求者和提供者提供信息，搭建二者沟通的桥梁，消除信息封闭。科技资源的共享主体不应该局限于资源的供给方，应该扩大到科技资源的需求主体，资源的提供方往往也是资源的需求方。平台应该包括所在区域中的政府、部分企业、部分研究开发人员、服务机构、需求群体。为此，平台可以降低一定的准入门槛，将各类中小企业纳入其中，只要拥有科技资源或者有资源需求的都应该参与到共享中。平台除了进行资源的整合，还针对用户需求，准确实现资源和需求的匹配，这就需要建立资源需求信息库，整合各资源主体的需求。一是通过用户的检索需求获取信息；二是注重对各资源主体的实际调研，可以通过定期举办需求对接会、资源参展会等形式，了解用户对资源的需求和对资源信息的质量要求，将这些信息需求及标准及时反馈给资源提供者。

（2）实现资源关联

应加强与国家科技基础条件平台、国家科技资源共享平台的联系。目前科技共享网站的建设已经初成体系，运用云集成的相关技术将国家科技共享平台资源和各地区、各区域科技共享平台资源进行联合，集成到云端资源池，可以消除资源的条块分割，为所有资源平台提供一个统一的入口，用户可以随时随地接入，这样可以形成平台的完整服务体系，搭建与国家、各区域科技资源的工作交流平台，实现区域与国家科技平台的对接，借鉴其他平台建设的先进经验，促进全社会范围内的资源共享。

2. 服务模式

（1）完善平台的服务机制

选择有效的科技资源共享平台推广路径，提高平台的知名度和认可度，吸引更多的科研用户、企业到科技资源共享工作中来，树立资源共享意识，增加资源的流量，实现资源的有效利用。强化平台的服务意识，延伸服务的深度和广度。要对整合的科技资源进行深层次的加工和挖掘，提高检索效率；增强主动服务的意识，通过平台用户的反馈和科研群体的交流，深入了解其需求，把握当下科技资源发展趋势，结合平台的资源，提供精准化的服务。当下用户的需求已经表现出多样化、知识化、社群化的特点，科技资源共享平台仍因单一的资源查询模式而无法满足用户需求。为此，需要改变之前网站建好、资源整合好、用户自己来获取的被动式服务方式，扩展服务方式，如增加多种分类体系、多个检索字段入口查找信息，同时基于Web服务，适当扩展微信平台、App应用、客服专线等多样化的服务模式，建立互动专区，及时获取用户需求信息，优化资源匹配算法，快速高效地完成资源和服务的匹配，离线为注册用户定制专业科技资源并进行推荐，从而加强与用户的互动。

（2）创建按需定制的服务模式

需求是平台建设的根本，要建立以需求为导向的可持续发展模式。实现流程如下：用户提出需求；分析用户需求；资源匹配及推荐。科技资源的用户相对集中于相关的科研人员，用户在浏览检索科技资源包括在后续的利用时会产生大量的行为数据，通过现有的先进技术对用户的行为数据进行记录、分析、深层次挖掘，有利于建立用户与科技资源的关系。除用户明确表达的需求外，这些行为数据分析和挖掘有助于揭示用户特征和习惯，可以帮助发现潜在需求，构建用户的兴趣模型和热点信息资源模型。通过数据深度挖掘、语义网技术可以实现科技资源供需信息库快速准确地匹配，这种匹配缩小了选择范围，降低了寻找资源的时间成本，提高了匹配效率，能够有效促进资源的共享和利用。

（3）注重平台的维护以及数据的修正和实时更新

搭建科技资源共享服务平台并不意味着工作的完结，平台的维护是一个长期过程。平台管理部门要建立专门的团队负责资源信息库的管理，及时剔除不合理的信息，定期检查数据内容并及时更新修正。对于网页上那些已经失效的链接要及时更正；对于网页所设栏目内容要不断丰富，不能一成不变；对于系统的运行情况和响应时间要进行测试分析，不能出现网页失效和不可用的情况。只有不断丰富数据库，提供高质量的信息，才能提高平台资源的使用效率。

3. 共享机制

（1）强化政府的主导作用，建立市场化运行机制

一方面，考虑到科技资源的重要性，要强化政府在科技资源的生产、供应和服务等一系列管理工作中的主导作用，加大财政投入；另一方面，考虑到科技资源的经济效益，应通过市场的交易实现经济价值，并充分发挥市场配置资源的作用。引入一定的市场机制，能够为资源共享平台提供必要的经济激励，可以考虑制定合理的平台服务收费标准。按照资源使用情况，可以将资源分为以下几类：公务使用资源，即政府机构为开展公务所使用的资源；公益使用资源，即用于教学科研或公益性活动的资源；经营性使用资源，即企业或营利性事业单位用于开展商业活动的资源。对于国有科技资源，应按照公平原则，收取相应的国有科技资源部分成本补偿费；对于营利性机构或企业的科技资源，应提供有偿服务方式，按照资源利用程度、服务力度、获利大小等确定适当的收费标准，参照市场机制收取相应的费用，这样有利于平台的建设和可持续发展。

（2）加强科技创新环境建设

为加快推进山西省经济高质量转型发展，平台要进一步加强创新环境建

设，具体实施要注重以下内容：加强创新载体建设，建设国家级及省级重点实验室、企业重点实验室、公共实验室，充分发挥高等院校和科研院所在基础研究和技术创新中的作用，引导高校和科研机构参与企业的技术研发，大力扶持新型科研机构和科技型中小企业发展。科技资源可以有效推动经济的发展，因此要大力发展科技服务业，促进科技成果转化和产业化，为创新创业提供服务。要注重科技服务人才的引进和培养，形成系统全面的人才培养机制和合理的人力资源保障机制，打造一支专业的科技服务队伍，开展专业化服务。

短论4　山西省高新技术企业自主创新能力提升对策建议[*]

李智俊　谷思雨[**]

科技创新是创新中的"重中之重"，科技创新的直接成果就是高新技术的市场化、产业化、资本化。高新技术企业作为一个地区的核心产业，代表着一种竞争优势、一种价值引领，其发展已经成为促进所在地区经济又好又快发展的推手。同时，高新技术企业发展壮大也是推进供给侧结构性改革的重要抓手，是推动产业转型升级的重要手段。当前，正值山西省全面贯彻落实党的十九大精神和国务院42号文件的关键期，抓住科技创新，特别是抓住高新技术企业的创新是山西实现资源型经济转型发展的关键。

（一）优化融资环境，促进企业自主创新能力提升

大力发展区域资本市场，建立多元化融资渠道。政府应抓住这一价值洼地，鼓励高新技术企业在多层次资本市场实现资本运作，解决融资、股权流

---

[*] 本报告为山西省软科学项目（编号：2017041001-2）、山西省教育科学规划项目（编号：GH-13009）、山西大学人文社会科学科研项目（编号：115533801001）的部分研究成果。

[**] 李智俊，山西大学经济与管理学院、山西大学中国中部发展研究中心，博士、讲师、硕士研究生导师，主要研究方向为技术创新管理与创业管理。谷思雨，中国科学院大学经济与管理学院。

动等问题，特别是建设好省内股权交易市场，在分层制度设计上，突出高新技术企业板块，给予倾斜政策，降低准入门槛，降低交易成本，让高新技术企业愿意在省内融资，使高新技术企业的投资者愿意利用省内交易市场实现安全进入与退出。建立多品种技术创新产业基金，简化审批流程。政府应多加引导，进行市场化运作，鼓励各方力量积极参与，设立多种类型的技术创新产业基金。对公募、私募、VC、PE等要不求所有但求所用，重点要加大创投基金的组建与引导。进一步加强政策扶持和引导，做大做强创投机构。积极鼓励天使投资、风险投资等投资形式的发展，扩大政府创业投资基金的引导规模，对处于种子期和成长初期的企业提供强有力的融资支持。加快制定有关政策，完善相关法律，建立有利于创投行业发展的税收体系，引导商业性创投发展。在加强基金监管的同时，要深化"放管服效"改革，优化基金注册审批流程，压缩审批注册时间，打造一流营商环境，激发市场活力。完善中小企业信用担保体系，解决融资难题。政府应积极进行改革，采取由政府出资或与其他大型国企、投资机构共同出资逐渐转为中小微高科技企业做担保等形式，向中小企业提供信用担保，保证资金流向真正需要的企业。积极与银行等金融机构协商，鼓励其对中小微高新企业放贷、发债，解决企业融资难题。

（二）加强产学研合作，推动科技创新成果转化

积极促进产学研长期合作，增强创新驱动力。山西应该进一步重视产学研合作，结合高新技术产业的实际情况，发挥政府引导、组织、协调和统筹兼顾的作用，构建产学研相结合的自主创新体系。大力支持各方采用关键技术，助力创新发展。应鼓励各方科技力量共同参与研制新产品与改进关键技术。加强重点实验室建设，强化各领域科技中介协作，为创新提供配套服务。引进一批高端研发机构，积极争取科技创新城享受国家自主创新示范区试点优惠政策。高校要面向高新技术产业自主创新的需求，设立相关专业学科，开设相关课程，与政府合作建立创新基地。各方应将产学研视为发展的整体，以协同发展替代独自发展。着力突出以企业为主的科研体系，强化创

新话语权。弱化政府的科技创新管理职能，强化企业在科技创新上的话语权。突出企业在产学研合作中的主体地位，引导企业进行科研投入，积极同高校和科研院所进行交流与合作，重视科技创新成果的转化与应用，使企业成为创新链上各个环节的主导者。政府应重点开展科技创新服务工作，为企业技术创新提供有力保障。一方面，政府应积极推进企业研发部门的建设，加大资金扶持力度，保证企业研发活动的正常开展。另一方面，政府应大力支持企业建立经营与研发一体化的决策体制，将技术创新活动提升至企业重大决策层面。

（三）加大科技创新投入力度，进行本土化创新

加大创新资金投入，确保创新成效。政府要在其中充分发挥导向作用，加大财政支出中创新资金的投入力度，提高与高新技术企业交流的频率，关注创新资金的即时动态与应用效果。设立专项资助，扩大行业创业基金规模，拓宽引资渠道，完善创新体系。积极引进外部资金，形成以政府为主导的新型、多渠道的资金投入机制。加强本土化科技创新，提高企业软实力。一是在延伸煤炭产业链方面寻求突破。要对省内煤炭企业开采和发展现状进行深入调研，充分挖掘煤炭产业链各个环节实现技术创新或产品创新的可能性，顺应科技发展的宏观趋势，利用人工智能、大数据等高新技术实现传统产业的再创新。二是大力发展绿色低碳能源技术。高新技术企业要辅助煤炭企业做好科技攻关，实现煤炭的绿色开采、绿色加工、低碳利用。三是大力研发电力储能技术，为下一步开发新能源解决后顾之忧。

（四）积极推动二次创新，发挥集群优势

发挥政府作用，助力企业及时转移成本压力。政府应在已形成的小规模产业集聚的基础上，扩大各条集聚带的规模，提高地理位置集中性，为企业降低或转移空间成本以及运输、库存、交易成本。同时，应积极规范集群内部的交易市场，完善中间产品的获得渠道和销售渠道，从而降低原材料成本。尽快完善省内交通运输和信息通信系统，建立产业合作网络，进而降低

集群企业之间的信息传递和沟通成本。相配合的措施是完善企业间的信任机制，降低企业单独经营的风险，间接降低运营成本。提高资源利用效率，形成集群优势。政府应打通产业链上下游信息通道，为企业之间进行合作提供有力的保障，同时积极带动产业结构升级，进行资源整合，实现资源的高效配置。企业应树立"竞合"的心态，与上下游企业展开紧密合作，强强联手，形成集群优势，进而实现二次创新。

（五）促进中小企业发展，落实政策支持

加强服务平台建设，发挥龙头带动作用。政府可以制定配套政策，如可以根据山西省高新技术中小企业的特点，投资建立相关技术创新平台、产品研发平台、人才交流平台等。同时，在既有高新技术集群领域内，实施"壮大龙头，带动发展"战略，打造龙头企业的领导地位，充分发挥大企业的辐射带动作用，拉动中小企业快速发展。放宽中小企业市场准入，消除隐性壁垒。政府应放宽市场准入，清理不合理规定，消除各种隐性壁垒，帮助中小企业解决创新、税费、融资、审批等方面的实际问题，实施财政金融扶持政策，鼓励银行等金融机构、担保机构、风险投资机构为开展高新技术自主创新活动的中小企业提供融资服务，建立中小企业贷款风险补偿机制。中小企业也要利用自身优势和行业特点创新融资方式，保证生存活力。

（六）加大知识产权保护力度，推广市场化激励机制

加强知识产权保护工作，保护创新成果，保证企业持续获得专有收益。相关立法和行政部门要运用法律和行政等手段健全知识产权保护体系，形成一批拥有专有性创新成果、具备自主知识产权的优势高新技术企业。加大科技创新成果产权保护政策支持力度，建立并完善针对科研人员等知识密集型从业者的激励政策。建立证券化知识产权交易机制，将知识产权效益提前变现，保证自主创新成果的专有性。制定相关的知识产权战略战术规划，并将其纳入企业长期的发展目标中。

专题报告二：质量变革
致力提升山西高质量转型发展竞争力

B.3 新时代山西装备制造业质量竞争力测度与提升建议

李志强 赵卫军[*]

摘 要： 新时代对山西装备制造业提出了质量提升的要求。本报告对山西装备制造业的质量竞争力进行了测算，对其存在的质量困境与原因进行了剖析，进而提出了"转变质量管理理念、开展对标达标行动、加大科技创新力度、夯实质量技术基础、完善质量管理体系、加强质量人才队伍建设"六条促进山西装备制造业质量提升的对策建议。

关键词： 新时代 山西 装备制造业 质量提升

新时代提出了建设质量强国的新目标。从大国变成强国，必须向高质量发展转变，需要在全球价值链体系分工中占领越来越多的制高点。装备制造业是质量强国战略的重中之重，新时代对装备制造业提出了新的要求，要求装备制造业更加强调质量和效益，通过质量变革、效率变革向高端升级。

---

[*] 李志强，山西大学中国中部发展研究中心主任，山西大学经济与管理学院、山西大学管理与决策研究所、山西大学资源型经济转型发展协同创新中心，博士、教授、博士生导师，主要从事制度理论、资源型经济转型、战略与创新管理、标准化研究等。赵卫军，太原重型机械集团有限公司经济运行部，硕士、经济师，主要研究方向为企业竞争力、战略管理。

一 新时代山西装备制造业质量提升的意义

新时代要有新气象和新作为。在新时代,山西需着力推进经济的发展质量变革、效率变革、动力变革,蹚出具有山西特点的资源型经济转型发展新路子。对山西来说,资源型经济转型不仅要求装备制造业发展壮大,提升新兴产业在产业结构中的比重,促进产业结构优化升级,而且要求装备制造业向高端化发展,促进资源型经济转型。而装备制造业质量提升是其向高端化升级及发展壮大的保证,质量也是山西走出创新驱动和转型升级新路子的关键和重点。

第一,装备制造业质量提升有利于增强产品竞争力。对于装备制造业来说,产品的质量水平是用户购买时考虑的第一要素,能否提供稳定、可靠的装备产品是决定一个装备制造企业能否长期生存和发展的必要条件。国内许多企业宁愿花相对较多的钱去购买进口设备的原因就在于进口设备具有较高的质量可靠性水平。因此,装备制造业质量提升可以增强产品竞争力,既有助于产品销售,也有助于产品出口,还有助于提高销售价格,使装备制造企业在国际竞争中获得竞争优势。

第二,装备制造业质量提升有利于促进其优化升级。装备制造业提升质量水平,提升产品的稳定性和可靠性,打造高质量装备,从低端向中高端升级,不仅可以逐步攀升价值链高端,而且可以通过质量优势占据产业链的核心地位,还可以在产业链中拉长质量阶梯,从而推进产业链的整体优化升级。

第三,装备制造业质量提升有利于促进山西产业结构优化。装备制造业是为各行各业提供生产装备的产业,其装备产品质量提升可以有效提高下游行业的生产效率,降低生产成本。如质量可靠稳定、故障率低的煤机产品有利于煤炭采掘行业提升效率。另外,在装备制造业质量升级的过程中,还将引进大量人才与技术,通过吸引资金、劳动力等资源来抑制资源型产业的过度繁荣。因此,对于资源型地区山西来说,装备制造业质量提升的意义重大。

二 山西装备制造业质量竞争力分析

截至2017年底，山西拥有规模以上装备制造企业536家，资产总计达2989.1亿元，从业人数达26.4万人，实现主营业务收入1972.0亿元①。近年来，山西装备制造业快速发展，产品质量稳步提升，各企业对质量管理的重视程度也逐步提高，行业骨干企业基本建立了质量管理机构，制定了质量管理办法，制造工艺水平也不断提高。为全面有效分析其质量竞争力水平，本报告借鉴国家质量监督检验检疫总局提出的制造业质量竞争力评价模型进行测算。

（一）质量竞争力指标体系构成及测算方法

对于装备制造业来说，质量是其参与国际竞争、获取市场地位的基础，质量竞争力是其以卓越质量赢得优势的能力，可以通过质量水平和发展能力来衡量。其中，质量水平侧重于对装备制造产品实物质量水平的评价，可以通过标准与技术水平（STL）、质量管理水平（QML）、质量监督与检验水平（QSIL）来衡量；发展能力侧重于对未来质量能力的预测，可以通过研发与技术改造能力（CRDTR）、核心技术能力（CTC）、市场适应能力（SM）来衡量。对于每一个三级指标来说，可以通过相应的两个测量变量来测算，各指标权重见表1。

表1 质量竞争力指标体系

一级指标	二级指标	三级指标	四级指标(测量变量)
质量竞争力（100%）	质量水平（50%）	标准与技术水平（20%）	产品质量等级品率(11.00%)
			工程技术人员比重(9.00%)
		质量管理水平（17.5%）	质量管理体系认证率(7.00%)
			质量损失率(10.50%)
		质量监督与检验水平（12.5%）	产品监督抽查合格率(8.75%)
			出口商品检验合格率(3.75%)

---

① 数据来源于山西省统计局。

续表

一级指标	二级指标	三级指标	四级指标（测量变量）
质量竞争力（100%）	发展能力（50%）	研发与技术改造能力（15%）	研究与试验发展经费比重（9.75%）
			技术改造经费比重（5.25%）
		核心技术能力（15%）	百万元产值专利数（7.50%）
			新产品销售比重（7.50%）
		市场适应能力（20%）	人均产品销售收入（12.00%）
			国际市场销售率（8.00%）

对于各测量变量来说，其计算方式见表2。

表2 质量竞争力测量变量计算方式

序号	测量变量	计算方式
1	产品质量等级品率	各层次标准组织生产的分等级标准加权产品产值/工业总产值
2	工程技术人员比重	高、中级技术职称人员数/总从业人员数
3	质量管理体系认证率	通过质量管理体系认证的企业数/企业总数
4	质量损失率	质量损失总额/工业总产值
5	产品监督抽查合格率	产品监督抽查的合格品数/国家质量监督抽查产品总数
6	出口商品检验合格率	出口商品检验合格的商品额/企业出口的商品总额
7	研究与试验发展经费比重	研究与试验的经费总额/产品销售收入总额
8	技术改造经费比重	用于技术改造的经费总额/产品销售收入总额
9	百万元产值专利数	拥有的专利数/每百万元为单位的工业总产值
10	新产品销售比重	新产品销售收入总额/产品销售收入总额
11	人均产品销售收入	产品销售收入总额/全部从业人员数
12	国际市场销售率	出口商品总额/产品销售收入总额

根据2017年《国民经济行业分类》标准，装备制造业分为八大类（见表3）。各行业测量变量的计算公式为：

$$x_{i,j}(t) = \frac{a_{i,j}(t)}{A_{i,j}(t)} \tag{1}$$

其中，i 的取值是 1~8 的自然数，依次代表装备制造的八个行业；j 的取值是 1~12 的自然数，分别代表质量竞争力各测量变量；$x_{i,j}(t)$ 表示第 i 行业第 j 个测量变量在测量时间节点 t 的值；a/A 表示 x 的计算方式。举例

而言，$x_{1,2}(t)$ 是通用设备制造业在 t 时工程技术人员比重，$a_{1,2}(t)$ 是通用设备制造业在 t 时高、中级技术职称人员数，$A_{1,2}(t)$ 是通用设备制造业在 t 时总从业人员数。

对于第 i 行业来说，其质量竞争力可以表示为：

$$QCI_i = \sum_{j=1}^{12} \omega_j \cdot x_{ij} \tag{2}$$

其中，QCI_i 代表山西装备制造业第 i 行业的质量竞争力，ω_j 为第 i 行业第 j 个测量变量的权重，$x_{i,j}$ 为第 i 行业第 j 个测量变量标准化后的取值。

山西装备制造业整体质量竞争力由八个行业的质量竞争力指数加权计算得出，权重则主要根据各行业在装备制造业中所占的经济比重来确定。本报告选取 2012~2016 年连续五年山西各装备制造行业工业增加值占装备制造业总体工业增加值的比重来计算各权重因子。

$$\omega_i = \sum_{n=1}^{5} \frac{IVA_i}{IVA}/5 \tag{3}$$

其中，ω_i 为第 i 行业的经济权重，IVA_i 为第 i 行业某年的工业增加值，IVA 为同年山西装备制造业整体的工业增加值。经过代入数据计算，各行业所占权重见表3。

表3　山西装备制造各行业权重

序号	行业名称	简称	权重(%)
行业1	金属制品业	金属制品业	8.32
行业2	通用设备制造业	通用设备业	9.97
行业3	专用设备制造业	专用设备业	13.32
行业4	汽车制造业	汽车制造业	4.18
行业5	铁路、船舶、航空航天和其他运输设备制造业	交通设备业	5.95
行业6	电气机械和器材制造业	电气设备业	7.61
行业7	计算机、通信和其他电子设备制造业	通信设备业	48.22
行业8	仪器仪表制造业	仪器仪表业	2.43

山西装备制造业整体质量竞争力 QCI 为：

$$QCI = \sum_{i=1}^{8} \omega_i \cdot QCI_i \tag{4}$$

（二）山西装备制造业质量竞争力测算与结果分析

本报告主要通过查阅历年《山西统计年鉴》和统计局、质监局、出入境检验检疫局等相关部门数据，以及随机抽样调查企业相关数据等方法来获得原始数据。需要说明的是，由于调查数据的不全面，存在抽样误差。将获得的数据代入相关公式计算，得出的最终结果见图1。通过代入各行业权重加权计算，得出山西装备制造业整体质量竞争力指数为83.04，装备制造业总体质量水平不高。

行业	质量竞争力指数
装备制造业	83.04
金属制品业	81.84
通用设备业	87.23
专用设备业	89.82
汽车制造业	78.01
交通设备业	80.89
电气设备业	82.51
通信设备业	81.15
仪器仪表业	85.91

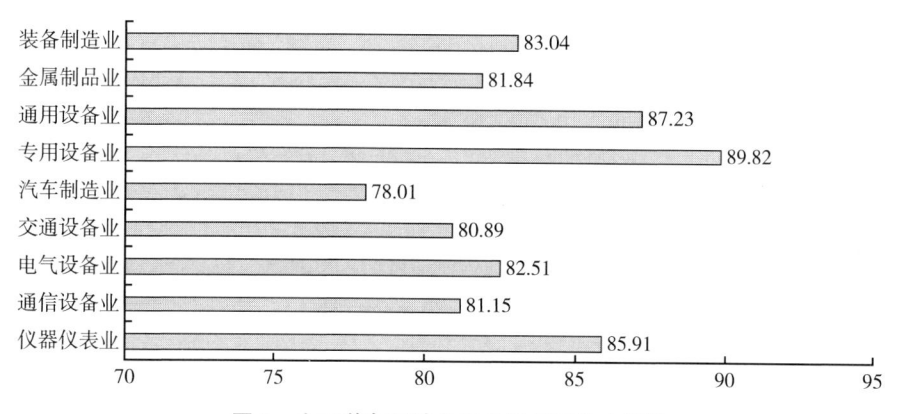

图1　山西装备制造各行业质量竞争力指数

从本报告测算的结果看，山西专用设备业的质量竞争力指数最高，为89.82，具有相对较强的质量竞争力，其次为通用设备制造业，而汽车制造业的质量竞争力最弱，指数仅为78.01。为了直观地判断山西装备制造业质量竞争力的水平，本报告原计划将山西与全国、发达省份、中部其他省份进行对比，但由于缺乏各省份装备制造业质量竞争力的公开数据，因此仅将山西与全国进行对比。

从表4可以看出，山西专用设备业、金属制品业、通用设备业的质量竞争力略高于全国水平，其他行业均低于全国水平。汽车制造业、交通制造业和通信设备业的质量竞争力与全国水平还有较大差距。由于缺乏山西和全国历年装备制造业质量竞争力的公开数据，本报告将山西与全国的制造业竞争力进行对比作为参考。2005～2015年，山西制造业的整体质量竞争力弱于全国（见图2），山西在全国的排名也相对靠后。总体来看，测算出的山西装备制造业质量竞争力要优于山西制造业整体质量竞争力水平。

表4　全国、山西装备制造各行业质量竞争力指数对比

序号	行业简称	山西质量竞争力指数	全国质量竞争力指数（2015年）
行业1	金属制品业	81.84	81.30
行业2	通用设备业	87.23	87.12
行业3	专用设备业	89.82	87.95
行业4	汽车制造业	78.01	87.51
行业5	交通设备业	80.89	89.00
行业6	电气设备业	82.51	88.43
行业7	通信设备业	81.15	90.74
行业8	仪器仪表业	85.91	90.20

注：全国数据来源于《2015年全国制造业质量竞争力指数公报》。

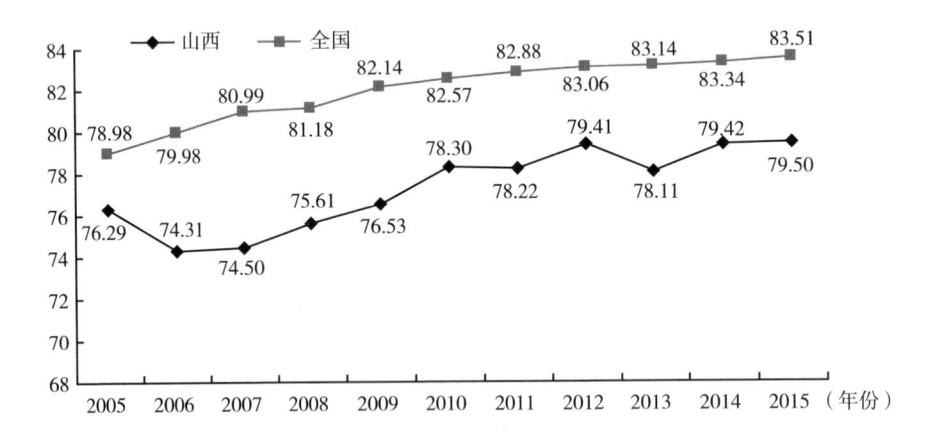

图2　全国、山西制造业质量竞争力对比

资料来源：《2015年全国制造业质量竞争力指数公报》《山西制造业质量竞争力状况分析报告》。

三 山西装备制造业面临的质量困境及原因分析

在新时代，质量是制造强国的生命线。山西装备制造业目前的质量竞争力弱于全国水平，存在装备产品的稳定性与可靠性较弱、质量发展的基础相对薄弱、质量品牌竞争力不强等问题。而这些问题的形成既有质量意识淡薄、工匠精神缺乏等主观因素的影响，也受到质量管理人才缺乏、质量管理支撑不足等客观因素的制约。

（一）质量与品牌意识淡薄，工匠精神缺乏

山西装备制造业目前质量意识相对淡薄，尚未形成"质量优先"的理念，全面质量管理的理念更是难以普及。大部分企业存在重规模轻质量、重主机轻"四基"①、重产品轻配件等问题。由于对质量的重视不足，企业难以做到以质量为中心，一些企业的质量管理流于形式，全员、全过程、全方位的质量责任制难以落实。由于缺乏精益求精、追求卓越的工匠精神，许多企业对制造过程的管理不够精细，对产品制造过程的控制不稳定，以致装备产品的一致性、稳定性、可靠性相对较差。例如，在对待首台（套）产品、出口产品或者重点产品时，企业的重视程度较高，对质量的控制也相对较好，而对待国内销售的常规产品时，企业的重视程度就相对较低，往往导致产品的可靠性等较差。山西装备制造业本身的质量意识缺乏，难以将质量理念推广到供应商、合作方，因此整个产业链的质量管理意识难以提高。另外，对于装备制造业来说，质量和品牌紧密相连，质量是品牌的第一要义，而山西装备制造业对品牌建设有所忽视，品牌建设的动力和能力均有所不足，仅太钢、太重两家企业获得中国质量提名奖，大多数企业的名牌产品深加工能力不强、品牌价值不高。

---

① "四基"是指基础材料、基础零部件、基础工艺和产业技术基础四项基础工作。

（二）质量管理体系不健全，质量管理基础薄弱

近年来，虽然山西装备制造业大多数企业逐步健全质量管理部门，建立质量管理和考核体系，运用精细化管理、6S管理等方法不断提升质量管理水平，但是质量管理体系仍不健全，运行有效性尚待提高。尤其是一些小企业在质量机构设置、质量责任制实施、质量方针和质量目标制定、体系建立和运行等方面都明显滞后于大中型企业。山西装备制造企业的质量管理基础相对薄弱，管理手段相对落后，许多企业的质量管理工具还停留在目视化管理以及检查表、流程图等QC管理"老7工具"[①]的初级阶段，对诸如失效模式与影响技术、故障树等用于质量预防和创新的质量管理新工具运用较少。大部分装备制造企业的质量管理信息化水平不高，利用信息化手段对数据进行分析处理的能力较弱，与供应商或客户的在线质量业务协同尚无法实现，甚至个别企业仍完全依靠手工采集质量数据。对于一些中小型装备制造企业来说，由于设备陈旧、工艺落后，产品质量难以提升。另外，山西公共检测资源匮乏，一些先进检测设备无法实现资源共享，企业的重复建设增加了企业质量成本。

（三）质量管理人才缺乏，质量管理支撑不足

质量人才是质量管理的重要支撑，决定着质量管理能否有效实施。目前，山西装备制造业存在质量管理人才缺乏的问题，不足以支撑装备制造业质量提升。主要原因有两个方面：一是质量管理人员不足，山西的注册质量工程师、助理质量工程师等人员数量远远低于发达省份；二是质量管理人员的专业技能和素质有所欠缺，许多装备制造企业的质量管理人员并非质量专业出身，而是从理化、检验或者计量等其他工作岗位转岗而来，因此缺乏专业的质量管理知识和技能，难以在装备产品生产过程中进行有效的质量控

---

① QC管理"老7工具"是指检查表、排列图、散布图、因果图、流程图、直方图、控制图，而关联图、树图、亲和图、矩阵图、PDPC法、网络图、矩阵资料解析法被称为7种QC管理新工具。

制,并且许多质量管理干部也缺乏充足的质量管理知识和技能,难以有效开展质量管理指导活动;三是由于山西装备制造企业的质量意识淡薄,因此没有对质量管理专业人才引起足够的重视,没有制定专门的激励机制来提高质量管理专业人才的积极性和主动性,再加上山西地处我国中部,质量管理人员的工资水平远低于沿海地区,受沿海地区高薪以及优越的工作生活环境的吸引,山西大中型装备制造企业质检工程师等质量管理人才流失,而山西质量人才培养的速度和质量均不能满足装备制造业质量管理的需求。

四 山西装备制造业质量提升的对策建议

在质量强国的新时代,山西装备制造业必须具有全球视野和战略思维,从全球产业格局变动角度来谋划定位,从国家战略和产业发展规律层面来选择发展方向,从智能制造、绿色制造、服务型制造等标准化和质量提升方面进行重点突破,从质量理念、质量行动、科技创新、基础能力、管理体系、人才支撑等方面加以改进提升,推进装备制造业质量升级,以质量升级助推装备制造业在全球价值链中跃升。

(一)转变质量管理理念,强化装备制造业质量提升的理念引领

转变质量管理理念。树立"质量是企业的生命"的理念,坚持把提升装备产品质量作为企业生存和发展的"生命线",视质量如生命,靠质量赢市场,以质量树口碑。树立"质量为先"的经营管理理念,把质量管理放到企业管理的重要位置,加大对质量管理的投入。树立"全面质量管理"理念,让质量管理理念深入每一位员工心中,增强全员质量意识,让全员主动参与质量改进活动。树立"质量是生产出来的,不是检验出来的"的理念,打造以"精准研发、精益制造、精诚服务"为核心的全价值链精品工程,建立从产品设计、制造、安装到售后服务全流程的质量控制体系,提升装备制造产品质量。

大力弘扬工匠精神。在装备制造企业内部大力提倡精益求精、追求极致

的工匠精神，提高决策者、经营者、生产者的质量意识和质量素养，使工匠精神成为全员的主流意识。建立健全工匠精神评价和激励机制，在装备制造企业内部开展各种生产技能竞赛，奖励优胜者，引导员工在工作中精益求精。推进质量文化建设，厚植工匠文化，将精品作为一种态度和文化，营造以追求质量为荣、尊重劳动、尊重技术、尊重创造的良好氛围。

（二）开展对标达标行动，强化装备制造业质量提升的行动支撑

开展对标达标行动。建立健全技术、专利、标准协同机制，推进装备制造企业进行标准的比对分析，加强与美、日、德等制造强国国际优质产品的质量对标，推进优势装备制造企业与国际标准对标，与国际先进标准接轨。推进装备制造企业标准提档升级，支持重点装备制造企业开展国际先进标准的技术引进和技术改造，在已经建立标准体系的优势产业中开展标准优化提升活动，着力提升标准体系的先进性、科学性、协调性。围绕重大装备产品，组织质量对标和会商会诊，找准行业通病和质量"短板"，研究制订解决方案。运用行业准入、生产许可、行政执法、认证认可等手段，促进装备制造业领域节能、节水、环保、技术、安全等标准的实施，坚决淘汰不达标产品，提升装备产品品质。

（三）加大科技创新力度，强化装备制造业质量提升的科技支撑

加强制造技术基础研究与创新。加强智能制造、绿色制造等关键技术领域的基础研究，以对产品质量影响较大的关键工序和特殊工序为突破口，重点研究解决影响基础零部件产品质量一致性、稳定性、可靠性、安全性和耐久性的关键技术问题。加强可靠性设计，提升试验及生产过程质量控制水平，推进新工艺、新材料、新技术的应用，提高核心技术能力和装备质量水平。强化装备制造企业的创新主体地位，重点引导和支持科技创新要素向企业集聚，大力培育国家级、省级装备制造业研发中心，着力提升装备制造企业自主创新能力。

加大政产学研用协同创新力度。利用政府、行业、高校、科研院所和用

户等的优质创新要素，充分释放协同创新效应。鼓励装备制造企业、高校、科研机构通过相互参股联合建立技术开发机构，搭建装备制造业共性技术研发平台，开展重大产业共性技术和关键技术的联合攻关，提升协同研发能力。建立产学研主体之间成果共创、信息互通、利益共享、风险共担的合作机制。建立装备制造业创新中心，打造贯穿创新链、产业链的装备制造业创新生态系统，培育经济增长新动能，全面提升山西装备制造业的竞争能力。

（四）夯实质量技术基础，强化装备制造业质量提升的基础能力

坚持标准引领质量。用先进标准倒逼装备制造业质量升级，强化标准对装备制造业组织化、规模化和集约化的引领与支撑。鼓励装备制造企业制定严于国家标准、行业标准的企业标准，建立并完善先进的企业标准体系。加强装备制造中小企业标准化能力建设，引导建立标准化制度体系。鼓励企业主导或参与社团标准、行业标准、国家标准和国际标准的制修订活动，提升标准话语权。充分发挥太重集团等装备制造大型骨干企业的整合与带动作用，通过骨干企业率先采用先进标准，带动上下游配套企业提升标准水平，促进装备制造业由大变强。

建立先进的计量体系。建立一批适应装备制造业发展的计量基标准，加强计量传感技术、远程测试技术、仪器仪表核心零部件、核心控制技术等研究。探索计量数据共享机制，推进计量基标准资源共享平台建设。完善计量技术规范，发挥行业计量技术规范的作用。加快建立装备制造业计量服务体系，推进先进计量技术和方法在装备制造企业中的应用。探索开展装备制造业计量示范工程，以标杆示范提高装备制造业整体测量能力。

完善认证认可体系。围绕装备制造业发展，加强认证认可能力建设，加强智能制造、绿色制造领域认证认可关键技术攻关，推进风电、轨道交通等产品认证体系建设。利用大数据、物联网等新一代信息技术，创新认证评价技术，创新山西制造认证模式，提升认证认可制度供给水平和服务供给水平。面向重点装备产品，推动建立追溯管理体系认证认可制度。面向装备制造业质量提升需求，引导认证机构加强技术研发和服务创新。

加强检验检测能力建设。鼓励装备制造企业购买新型先进检测设备，支持装备制造企业建设检验检测实验室，提升检验检测能力。加强装备制造业公共检验检测平台建设，健全检验检测公共服务体系。在智能装备制造、现代物流装备、节能环保装备等领域加快培育适应超大型、超微型、超高性能装备的检验检测和计量测试技术能力。扩大质监技术机构开放实验室范围，为装备制造企业提供大型科学仪器设备、检验检测环境设施和质监科研成果支持。

（五）完善质量管理体系，强化装备制造业质量提升的管理支撑

完善质量管理体系。推进装备制造企业质量管理体系全覆盖，推进质量管理规范化。大力推进ISO 9000质量管理体系有效实施，通过质量策划、控制、保证和改进加强全过程质量管理，提升质量管理体系运行效率。加强产品质量审核体系建设，强化研发、制造、物流、售后等全过程质量审核控制，全面落实质量责任制，提升质量监督能力。建立质量工作绩效考核评价体系，健全质量激励机制，提升质量管理水平。

大力推广先进质量管理方法。根据装备制造企业实际情况选择适用的先进质量管理方法，推广卓越绩效、六西格玛、精益生产等先进质量管理方法，运用SPC等质量工具开展生产过程控制和改进，推进生产管理从粗放型向精细化转变，提升装备产品的质量可靠性。加强对先进质量管理方法的跟踪和研究，积极参与质量管理交流活动，及时引进国内外先进质量管理方法，经消化、吸收后向全部装备制造企业逐步推广，使装备制造企业在管理方法上与国内外先进水平接轨。

加强质量管理信息化建设。鼓励装备制造企业建立质量管理信息系统，加强信息网络技术设施建设，采用集成化的质量管理软件全面收集、整理、传递、加工、储存装备产品设计、生产制造、销售及售后服务全过程中的质量信息，对企业质量成本、质量损失率、装备产品的可靠性及稳定性等信息进行分析整理，提高质量管理的效率和有效性。充分利用网络技术，搭建山西装备制造业质量信息平台，实现装备制造企业之间的信息共享。

（六）加强质量人才队伍建设，强化装备制造业质量提升的人才支撑

加强质量人才队伍建设。大力引进国内外高层次质量管理人才，各装备制造企业要大力招聘质量管理专业优秀毕业生。加大装备制造企业质量人才培训力度，加强对质量管理人员的专业知识培训，提高其质量管理能力与水平；加强对质量一线工作人员的技能培训，提升其质量检测水平；加强对生产工人的质量品牌意识和操作技能培训，提高其按照标准生产、操作的自觉性，提高装备产品质量。建议山西高校设置质量管理与控制相关专业，培养高层次质量人才，建立完善的质量专业人员培训、考试和注册制度，探索建立装备制造企业和高校、质检机构联合培养质检人才的机制，建立完善的质量专业人才培育体系，为山西装备制造业提供拥有质量工程技术专业背景的人才。加大对质量人才的激励力度，探索和建立适应质量人才发展的绩效考评体系、薪酬激励约束机制，分配制度向高层次质量人才倾斜，营造良好的工作环境，留住人才。

参考文献

[1]《2015年全国制造业质量竞争力指数公报》，国家质量监督检验检疫总局网站，2017年8月8日，http：//www.aqsiq.gov.cn/xxgk_13386/ywxx/cpzl/201708/t20170808_495041.htm。

[2] 山西省质量强省领导小组办公室：《2016山西宏观质量状况分析报告》，2017年5月。

[3] 质检总局、国家标准委、工业和信息化部：《装备制造业标准化和质量提升规划》，2016年8月1日。

[4] 林博亮、林爵权：《制造业质量竞争力指数提升战略研究》，《统计与决策》2014年第8期。

[5] 孙灵希、曹琳琳：《中国装备制造业价值链地位的影响因素研究》，《宏观经济研究》2016年第11期。

B.4
以提高信息供给质量促进山西信息消费升级[*]

崔海燕 李佳 杨晓雅[**]

摘 要： 信息消费已成为居民新型消费的一种主要方式，它不仅影响着居民的消费观念和消费习惯，而且逐渐改变着消费供给和产业结构。目前，山西省正处在经济转型的重要阶段，应当抓住信息消费发展的机遇，提高信息供给质量，从而促进山西信息消费升级，带动经济转型发展。本报告首先分析了山西省信息供给质量和信息消费的现状，其次分析了山西省信息消费供给质量目前存在的问题及其原因，最后对如何提高信息供给质量提出了相应的对策建议。

关键词： 信息供给 信息消费 消费升级

2013年8月国务院印发的《关于促进信息消费扩大内需的若干意见》指出，信息消费的发展基础良好，发展潜力巨大。2017年8月国务院印发了《关于进一步扩大和升级信息消费持续释放内需潜力的指导意见》，又一次高度肯定了信息消费对拉动需求、释放发展潜力的积极作用。如今信息

---

[*] 本报告获山西省高等学校哲学社会科学研究项目（2014306）、山西大学人文社会科学科研基金项目（2015SDGT006）的资助。

[**] 崔海燕，山西大学经济与管理学院、山西大学资源型经济转型发展研究中心，博士、副教授，主要研究方向为消费金融、数量经济、宏观经济。李佳、杨晓雅，山西大学经济与管理学院。

消费已经展现出迅猛的发展势头，渗透到居民生活的许多方面，成为新型消费的主力。因此，信息消费作为新型消费的主要代表，加快信息消费发展是目前我国经济转型发展的重要途径之一。山西省作为全国的一个缩影，加快以信息消费为代表的新型消费发展也是经济转型发展过程中非常重要的任务之一。信息消费的发展在很大程度上取决于其供给质量，如果想要满足居民的信息消费需求，一定要在供给上深化产业链和完善服务体系。目前，信息消费还没有在全国范围内实现规模化和产业化，在产品服务和供给上比较单一，尚处在初步发展阶段，仍然不能满足人们的信息消费需求。山西省作为内陆省份，在信息供给上还存在一些特殊的问题，需要我们加以重视。

一 山西信息供给质量和信息消费的现状

（一）山西信息供给质量的现状

1. 电话普及率、互联网覆盖率高

近年来，山西省智能手机和智能电视逐渐普及，智能手机用户越来越多，省内互联网普及率也在逐年提高。统计数据显示，2016年山西省网民规模已达2035万人，互联网普及率达到55.5%，居全国第9位。截至2017年5月，互联网普及率已达到61.7%，并且多项互联网基础建设指标都超过了全国的平均水平（见图1）。线上生活缴费、线上预约、网页浏览新闻等，都已经成为大部分居民日常生活的一部分，而稳定良好的互联网环境为居民的信息消费提供了强有力的保障，也为居民营造了良好的信息消费环境。

2. 新媒体方式呈现多样化

随着新媒体的发展，出现了一大批以微信公众号、新浪微博账号为代表的新媒体信息传播方式。新媒体参与门槛低、成本低、受众广，越来越多的官方媒体积极开拓新媒体领域，提高新媒体信息供给质量，越来越多的普通

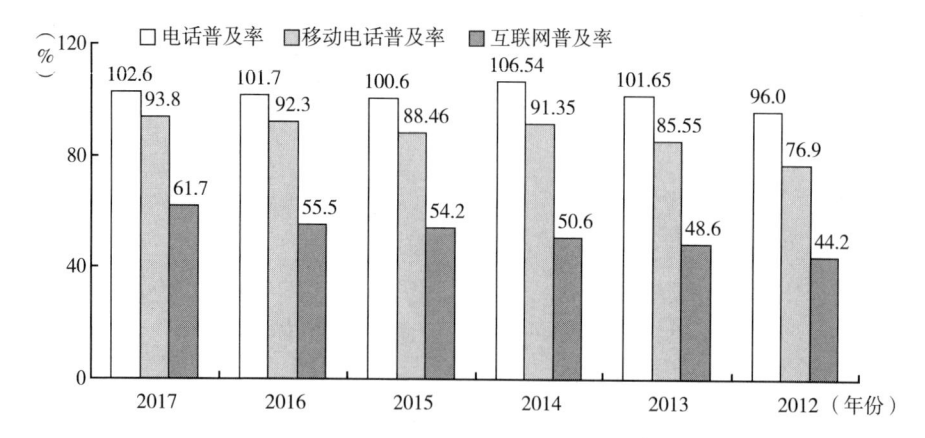

图 1　2012～2017年山西省电话普及率、移动电话普及率、互联网普及率

注：2017年数据截至5月。
资料来源：《2016年山西省互联网发展报告》。

群众也开始尝试建立自己的新媒体传播渠道。目前山西省内的微信公众号已超过800个，内容十分广泛，包括衣食住行、吃喝玩乐、时政热点、交友聚会、科学普及、文化传播、招聘就业、幼儿教育等。山西省图书馆、《山西新闻联播》、山西大学等都纷纷加入新媒体行列，创办了自己的微信公众号，及时为广大居民提供可靠的信息资源。微信公众号在很大程度上打破了时间和空间对信息供给的限制，居民可以随时随地查阅了解自己所需要的信息，弥补了报纸、期刊携带不方便、内容缺少针对性的缺点，为居民获取信息资源提供了非常便捷高效的途径。目前，山西省微信公众号数量还在不断增长，微信公众号的订阅人数也在不断增加，这一新型信息传播方式带动了山西省信息供给的积极发展。

3. 快递种类繁多，方便快捷

近年来，山西省内的快递行业也在蓬勃发展。省内快递种类繁多，居民选择的余地非常大，以顺丰、圆通为领头企业的快递业务在山西省内已形成完善的速递网络体系，并且可基本实现快递到户，社区、乡镇实现了快递网点全覆盖。快递行业的迅速发展满足了一大部分群众的信息交流需求，越来越多的人能够在较短时间内实现信息的交换，非常方便快捷。同时，快递行业的快速发展也催生了外卖行业的发展，如"饿了么""美团外卖"等，从而使一大批劳动力实现了就业。山西省邮政管理局发布的数据显示，2017年1~11月，全省快递服务行业的业务量达到了21872.66万件，同比增长34.08%；实现业务收入26.76亿元，同比增长36.83%（见图2）。目前，山西省的快递行业还在不断发展和完善，在提高服务质量和缩短快递运输时间上还在不断改进，以满足居民的信息质量需求。

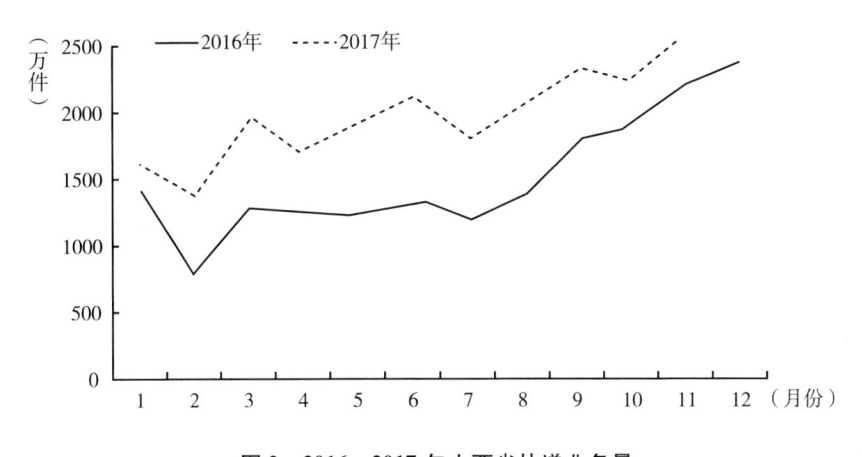

图2 2016~2017年山西省快递业务量

资料来源：《2017年11月份山西省邮政行业运行情况》。

4. 预约挂号便民利民

除了新媒体传播和快递速运的发展，信息消费也已经渗透到居民生活的方方面面。2016年8月，由山西省卫生和计划生育委员会主导建立的全省统一预约挂号在线平台正式公开上线运行。随后，山西省人民医院、山西大医院、山西医科大学第一附属医院等29家公立医院纷纷开通网上预约挂号通道，支持在线预约和在线缴费，就诊病人可以直接在平台上进行预约挂号，自行选择就医门诊、就诊医生以及就诊时间，节省了排队挂号的时间和精力，为居民看病就诊提供了极大的便利。截至2017年底，山西省已拥有48家三级医院、78家二级医院以及1432家社区机构接入预约挂号平台，在诊专家、在诊地点以及在诊时间等信息资料都可以很方便地在预约挂号平台上找到，一目了然，非常便捷。

（二）山西信息消费的现状

1.居民信息消费潜力巨大，呈现年轻化趋势

山西省作为一个资源型内陆省份，近年来GDP增长速度总体上呈现上升趋势，城乡居民人均可支配收入逐年提高，人民生活水平得到了较大的改善。随着居民人均可支配收入的增加，山西省城乡居民的消费能力也大大提高。统计数据显示，居民人均信息消费额从2000年的597.54元增加到2016年的4903.48元，7年间增加了4305.94元，这反映了居民具有巨大的消费潜力，尤其以年轻消费者为主力（见图3）。

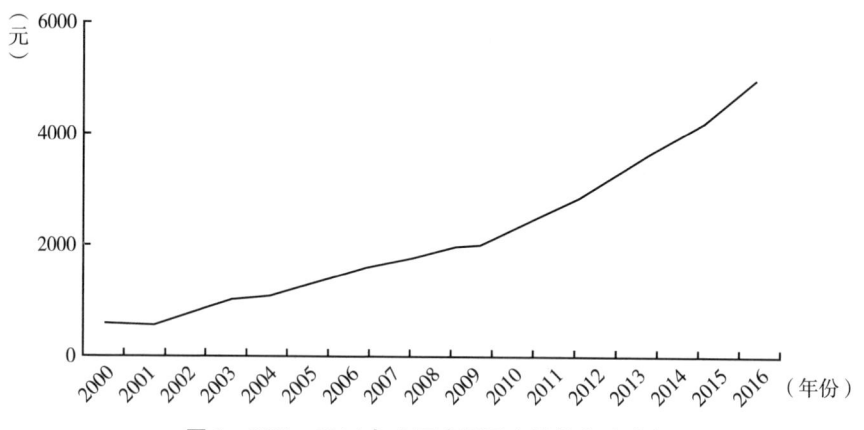

图3 2000~2016年山西省居民人均信息消费额

资料来源：《山西统计年鉴》（2001~2016年）。

根据阿里巴巴公司公布的数据，2017年11月11日，山西省消费者在该企业网购平台的成交额累计达27.72亿元，比上年增长41%，且当天不到16个小时便超过了2016年"双11"全天全省在该平台上的交易额。同时，山西电商当天利用天猫平台实现交易额1.48亿元，比2016年同期增长2%。在山西省的网购消费者中，女性消费者的比例较高，达到了61%；从年龄段来看，2016年18~40岁的买家消费能力最强，大约占74%（见图4）。由此可见，人们对于信息消费的热衷和依赖，尤其是年轻的消费主力军。

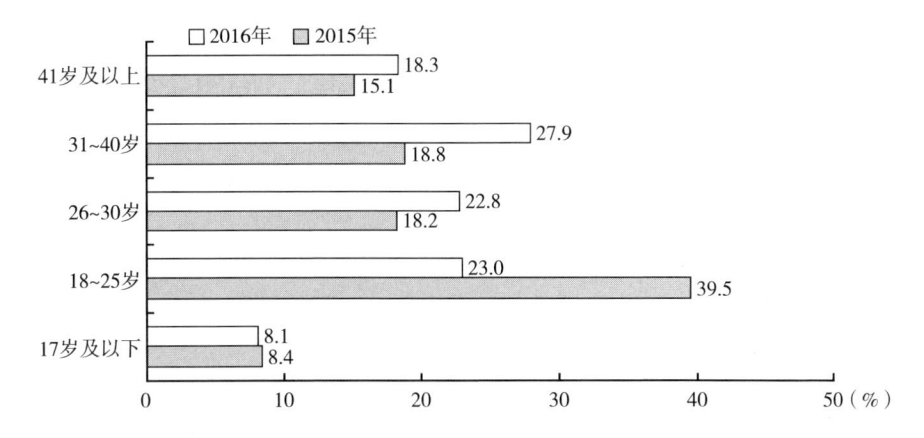

图4 2015~2016年山西省不同年龄网民消费状况

资料来源：《2016年山西省互联网发展报告》。

面对新鲜事物，山西省消费者表现出极强的消费意愿和消费能力，高互联网普及率和高移动电话持有率是信息消费迅猛发展的必要条件，在此良好的环境下，可以进一步带动信息消费快速发展，促进山西省居民的消费升级，进而推进本地信息产业发展，助推山西经济转型。山西省正处于经济转型的重要时期，应当把握住信息消费的发展机遇，争取实现产业转型升级。

2.信息消费存在安全隐患

尽管信息消费正在如火如荼地发展并受到消费者的热衷，但是不得不说，山西移动、山西联通、山西电信三大运营商在管理商业短信和管控垃圾短信等方面均存在一些问题，消费者的联系方式、家庭住址等个人信息很容易就被窃取，消费者经常收到各种垃圾短信、接到骚扰电话，甚至是诈骗短信、诈骗电话，消费者很容易上当受骗。

在互联网时代，居民在实现信息消费的同时很容易泄露个人隐私和消费信息，经常会被一些不法分子采取不正当手段盗取，并以此对消费者实施诈骗。目前居民的信息消费还存在安全隐患，需要加强各方面的监管，从而保障消费者的权益。

二 山西信息供给质量存在的问题及原因分析

（一）山西信息供给质量存在的问题

近年来，山西省的信息消费正处在积极发展的上升阶段，居民也表现出巨大的消费需求和消费潜力，但是在信息供给上还存在一些不可忽视的问题，这些问题正是今后在发展过程中需要重点关注和解决的。

1. 信息消费成本比较高

目前，山西省的信息消费还没有实现平民化，信息消费仍然属于中高端消费，费用成本比较高，导致损失了大部分中低端消费者，而这一部分消费者往往具有不可小觑的消费潜力。所以，在信息供给上可以多关注中低端消费者的需要，调整供给方式，细化产品结构，在各个环节降低成本，扩大消费群体，从而带动信息消费实现产业化发展。

2. 信息产品相对比较少

山西省的信息产业基础还比较薄弱，相较于沿海城市较发达的信贷企业、移动支付公司、新媒体公司、物流企业、数据咨询分析公司等，山西省在这些领域还没有出现实力较强的龙头企业，以带动省内信息产品创新和产业升级。居民的需求是多样化、个性化的，很多信息产品只是简单地套用市场上现成的供给模式，致使信息供给方面的自主创新性不强，没有结合山西省内特有的文化风情和消费需求进行本土化改造，导致一些信息供给与当地居民的需求不匹配，不能很好地实现信息供给。目前在市场上能够满足各年龄段消费者信息需求的信息产品还比较少，需要不断拓展和延伸，深入挖掘消费者的信息需求，增强与外界的交流，形成全面立体的信息供给体系。

3. 信息供给存在滞后性

山西省的信息产业发展滞后，在信息传播和信息交流方面还有很大的提升空间。山西省还没有建设互联网骨干直联点，山西省的互联网网间通信平均延时 66.96 毫秒，固定宽带用户网页平均首屏呈现时间为 1.22 秒，远不及全国平均水平,造成跨网访问滞后、访问质量降低,严重阻碍了信息产业的发展,也大大降低了信息供给的质量和效率。

4. 信息安全管理体系不完善

山西省对消费者信息安全、个人隐私的保护还不够全面,一方面,容易导致信息被不法分子获取,威胁到消费者的隐私权和财产安全;另一方面,也有可能造成商业机密被窃取,对信息产业造成破坏,打击技术人员创新的积极性。应当建立起兼顾信息产业发展和消费者权益的保障体系,保护消费者和商家的权益。

(二)山西信息供给质量存在问题的原因

1. 交通运输能力薄弱

目前,山西省的交通运输能力比较薄弱,属于内陆城市,在海运上不具备地理优势。而在空运环节,航空运输线路和通航城市偏少,还有进一步提升的空间。山西省目前建成的机场仅有7个,其中太原武宿机场规模最大,通航线路和通航城市最多,但居民对交通运输的客观需求仍然得不到完全满足,快捷便利的高铁、动车运输也还处在发展阶段,仍需增加投入,扩展运输线路和通航城市,提升山西省信息供给的硬实力。

2. 信息产业发展动力不足

山西省信息产业尚未形成规模化、集中化发展格局,在信息供给上也没有出现本土领军产业品牌,对消费者的消费需求还不具备敏锐的洞察力,以致产业发展动力不足,没有办法把握市场走向和市场需求,延缓了信息产业的发展速度。大部分信息供给模式缺乏资金支持,无法拓展信息供给链,造成信息服务断层,因而无法满足居民的信息需求。资金短缺在一定程度上限制了山西省信息消费产业化、规模化发展的进程。

3. 信息创新能力不足

市场上不管是信息产品供给还是信息服务供给,大多还停留在初级的模仿和套用形式阶段,满足居民特殊消费需求和紧跟潮流的创新产品较少,还没有做到调动各种资源以开发创新具有山西特色的信息产品和服务,因此在市场上竞争力较弱，导致流失了一部分消费者。在鼓励创新创业的大环境下，信息自主创新显得尤为重要，一定要审时度势，抓住市场机遇，提升信息产品的创新性。

4.信息消费群体主要局限在本地

山西省信息消费与外界的沟通合作比较少，还没有"走出去"，缺少与外省乃至国际成功的信息消费发展模式进行交流与合作的机会，大部分信息供给产品和服务受众局限在本地。资金和人才方面的互动交流也不够，信息消费只有建立在开放包容的交流环境下才能得到很好的发展，在与外界资源互换、交流合作方面还需加强，以扩大信息消费市场，提升信息供给质量，促进信息产业发展。

三 山西省信息消费升级的重要性

2017年8月国务院印发的《关于进一步扩大和升级信息消费持续释放内需潜力的指导意见》肯定了信息消费对拉动内需、释放发展潜力的积极作用。党的十九大报告也指出，要在中高端消费、创新引领、绿色低碳等领域培育新增长点，形成新动能。可见，作为中高端消费中的信息消费对经济的发展起着举足轻重的作用。在信息化时代，山西省首先要从信息消费出发，扩大和升级信息消费，以满足山西省居民的消费需求，推动山西省资源型经济转型升级。

（一）信息消费升级能提高居民的生活质量

近年来，随着人们收入水平的提高，其消费重心已经由物质型消费转向享受型、发展型消费，党的十九大报告中也提到"新时代""美好生活"等，因此目前的重点是如何提高居民的生活质量。随着互联网、大数据、人工智能等高新技术的不断涌现，山西省的信息化程度不断提高，信息消费所占比重也逐年提高。统计数据显示，山西省以文教娱乐、医疗保健为主的享受型消费占比从2000年的21.01%上升至2016年的23.88%，可见居民的生活质量有了进一步改善。山西统计信息网数据显示，2017年前三季度山西省网络购物消费增长29.4%，这说明信息消费正逐渐改变着人们的消费方式和消费习惯。

（二）信息消费升级能有效拉动经济增长

信息消费将互联网、大数据、人工智能等新兴技术与实体经济相结合，因此发展信息消费，提高人们消费的质量，对电子商务、共享经济等新兴的经济发展模式具有促进作用，同时也使得山西省经济呈现多样化、规模化、高效化的特点。山西国调信息网国调报告数据显示，山西省城镇居民信息消费支出占总消费支出的比重由2015年的36.35%提高到2016年的40.80%，而2017年前三季度山西省城镇居民信息消费支出占总消费支出的比重为38.30%，可见山西省信息消费占比逐年上升，居民消费结构也在不断升级，其发展空间巨大，发展潜力无限。2017年前三季度山西省经济增速达到7.2%，高于全国0.3个百分点，2017年全年山西省经济增速达到7.0%，高于全国0.1个百分点，经济呈现稳中有进、稳中向好、好中提质的发展态势，信息消费也成为拉动经济增长的主要力量。因此，积极发展山西信息消费，顺应"互联网+"的时代潮流，有利于推动山西省经济高质量发展，实现经济的转型升级。

（三）信息消费升级有利于推动信息产业的发展

随着山西省信息消费环境的不断优化，城镇地区和乡村地区的移动互联网络广泛铺展，信息产品也变得越来越多样化。居民信息消费产品从电话座机、普通手机到智能手机、平板以及可穿戴设备等高智能的电子产品，不断推陈出新，同时信息消费内容从语言等传统的信息获取到语言视频交互、新媒体等复杂的内容，使得网络直播等自媒体、新媒体产业蓬勃涌现，促进了山西省文化娱乐消费的升级。信息消费终端从银联刷卡到第三方支付的App，如"滴滴打车""在线外卖""共享单车"等多种类型的信息消费产品，在很大程度上推动山西省信息消费产业迅速发展。根据山西统计局数

据，2017年上半年山西省网络商品零售额增长54.2%，快递业营业收入增长32.0%，体育和娱乐业营业收入增长17.2%，山西省居民信息消费的发展促进了新兴信息产业的发展。

（四）信息消费升级能有效促进就业，缓解就业压力

信息消费的发展使得山西省信息产业迅速发展，并呈现多样化态势，越来越多的新兴产业随之产生，新产业的发展必然离不开人力资源，这在一定程度上为山西省居民提供了就业渠道，缓解了居民的就业压力。如网络消费的蓬勃发展使得山西省快递行业呈现多元化的发展态势，并且带动了线上线下相结合的外卖送餐业务的发展，这些为大量的失业人员提供了就业机会，有效缓解了山西省的就业压力。

四 提高山西信息供给质量、促进信息消费升级的对策建议

随着互联网、大数据等技术与经济的高度结合，信息消费开始成为山西省具有发展潜力的领域之一，带动山西省经济和相关产业走上高质量发展之路。但同时也要注意到，山西省信息消费仍存在诸多不足，如供给不足、供给质量较低等，信息产业缺乏自主创新，信息消费环境亟待优化。为进一步提高信息供给质量，促进信息消费升级，释放更大的发展潜力，提出以下对策建议。

（一）优化信息消费环境，完善信息消费的体制机制

优化和改善山西省信息消费环境是促进信息消费升级的关键，因此要增强山西各地的网络安全意识，加大保障力度，积极开展网络安全知识进课堂活动，加大山西省网络安全人才培养力度，积极推动山西省各市、县的网信管理机构建设，营造高效、安全的信息消费环境，让居民在信息消费环境中"愿意消费"。完善山西省信用体系建设和个人信息保护制度，提高信息消

费的安全性，深入建设互联网管理和网络监管制度，保障居民的信息消费安全，让居民在进行信息消费时可以"放心消费"。严厉打击信息网络诈骗等违法违规行为，建立一系列惩戒制度，强化山西省网络监督，提高网络监察技术水平，让居民在信息消费环境中"敢于消费"。

（二）加快信息消费的供给侧结构性改革，提高信息供给质量

提高山西省信息消费的供给能力和水平，实现山西省信息消费供给侧的结构性调整与优化。首先，要鼓励电子信息化、数字化产业发展，推动信息传输、计算机服务与软件的创新，这就要求努力拓展电子产品行业，鼓励企业生产新型的数字化产品、智能化电子产品；其次，要支持网络新媒体、自媒体进行创新，培育具有创新能力的新媒体企业，不断丰富信息消费的内容；最后，要支持实力企业利用互联网、云计算、大数据等技术搭建大型信息服务平台，提高山西省信息技术服务能力。

（三）加强信息消费的基础设施建设，扩大信息消费的覆盖面

加大信息基础设施建设投资力度，打造新型基础设施，积极建设数据中心，推动实现山西省城镇、农村光纤宽带和移动通信网络全覆盖，打造统一的信息化网络新高地，实现互联互通，这是促进山西省信息消费升级的关键环节。在信息消费的各环节降低成本，提高效率，将重点集中在山西省交通物流、通信设备、第三方支付与消费信贷等方面。推动山西电信移动产业发展，加快实现电信行业的提速与降费，支持信息消费发展，建设信息化的现代物流行业，努力拓展交通运输线路，加快推进物联网基础设施建设，降低物流行业信息消费的成本，鼓励山西省金融企业创新开发多样化的金融信息产品，大力推广互联网金融，努力降低信息消费的金融交易成本。

（四）提高信息产业的自主创新能力，促进信息消费升级

将网络信息技术创新作为山西省地方性创新的基础，加强"互联网+"、大数据等高新技术与信息产业的深度融合，加速数字经济与实体经济的高度

融合，鼓励服务和信息模式创新。创新是引领发展的第一动力，要进一步引进高技术人才，利用人才技术优势在信息产业方面取得突破，提高山西省信息产业的智能化水平和创新能力，为山西省的创新发展提供体制、政策、人才方面的支持，进而促进信息消费升级。

参考文献

[1] 何猛、闫强：《大数据时代的信息消费内涵分析》，《北京邮电大学学报》2014年第4期。

[2] 王兴全：《基于互联网统一平台的中国信息消费研究》，《社会科学》2014年第1期。

[3] 郑英隆、潘伟杰：《农村电子商务发展与村民信息消费成长效应》，《福建论坛》（人文社会科学版）2015年第11期。

[4] 刘雪艳、齐捷、王在宁：《新兴信息消费内涵界定及特征分析》，《情报理论与实践》2016年第11期。

[5] 钟玲玲、徐春燕、王战平：《2001～2015年我国信息消费对经济增长促进作用的实证研究》，《情报科学》2016年第11期。

[6] 郑丽、赵严冬、唐守廉：《信息产业发展水平对居民信息消费的门限效应——基于面板数据的实证研究》，《情报科学》2016年第3期。

[7] 邓少军、芮明杰、赵付春：《多层次信息消费驱动传统产业转型升级的路径模式——供给侧与需求侧对接的视角》，《复旦学报》（社会科学版）2017年第3期。

[8] 李婵娟、王子敏、马万里：《农村居民信息消费省际差异的影响因素与贡献测度——基于Shapley值过程的实证分析》，《情报科学》2017年第8期。

[9] 张肃：《中国城乡居民信息消费差异性的面板协整分析》，《统计与决策》2017年第1期。

[10] 王平、陈启杰、杨烨军：《农村居民信息消费与居民收入、公共投资的关系研究——基于VAR模型的实证检验》，《消费经济》2017年第5期。

B.5
顺应消费结构升级趋势　加快推进山西供给结构调整

孟慧霞　闫凤娇　王　琦[*]

摘　要： 供需结构动态平衡是新常态下经济高质量发展的特征之一，顺应消费结构升级趋势，加快推进供给结构调整，有助于解决"需求得不到满足与供给过剩并存"的供需结构错位问题。山西城乡居民的八大消费项目，聚类为生存性消费、发展性消费与中间消费三个层次，消费结构由生存性消费向发展性消费升级，呈现整体消费滞后于全国、城乡消费差异显著等特点。加快推进山西供给结构调整的思路如下：洞察消费结构升级本质，推动供给创新发展；顺应发达地区消费趋势，带动供给有效产出；正视城乡二元消费差异，引导供给向农村转移；把握山西居民本土消费特点，促进供给与需求平衡。

关键词： 城乡居民消费趋势　供给结构　城乡差异

一　消费结构升级对山西供给结构调整的意义

经过连续多年的经济高速增长，2010年我国跃居世界第二大经济体，但是同期经济增速放缓，进入高质量发展阶段。在这一变化节点，我国面临

---

[*] 孟慧霞，山西大学经济与管理学院、山西大学中国中部发展研究中心，博士、副教授、硕士生导师，主要研究方向为服务营销、消费经济。闫凤娇、王琦，山西大学经济与管理学院。

的传统门类产能过剩、重复建设、产品同质等供需关系的结构性失衡和错位，成为经济协调发展的短板。从2015年开始，以去产能、去库存、去杠杆、降成本、补短板为重点的供给侧结构性改革正式拉开大幕，党的十九大报告也将"深化供给侧结构性改革"放在了"经济发展"的第一位，提出要"优化存量资源配置，扩大优质增量供给，实现供需动态平衡"。

（一）山西供给结构调整的必要性

尽管"十二五"期间，山西省四大支柱产业的投资比例大幅下调，非煤产业较快发展，但是总体来看，经济发展总量在全国的排名还相对靠后，供需结构性矛盾突出："一煤独大"局面尚未发生实质性改变；资源和生产要素市场化配置程度不高，产能过剩问题突出；制造业多处于产业链低端，规模化的现代制造业尚未形成。这些供需结构的不匹配，除了资源型经济的特殊性之外，与全国的共同之处在于，它并非源于没有需求或者需求不足，而是市场需求得不到满足与供给过剩并存，具体表现为：中低端产品过剩与关键装备、核心技术、高端产品依赖进口并存；国内产品过剩与出境购买、海淘同类产品并存；新型消费需求强烈与无相应供给并存；等等。

究其原因，这既有短缺经济所造成的以数量与规模为重的路径依赖惯性，也有政府干预资源配置而造成的重复供给偏离需求，而归根结底，则是供给的质量和结构无法与动态变化的消费需求趋势相匹配。无效供给的过剩，造成资源和生产要素的浪费，经济价值难以实现；而潜在需求得不到满足，又有悖于人民对美好生活的追求，降低了人民的幸福感。因此，随着买方市场的日渐成熟，以及市场竞争的日益激烈、消费需求层次的升级等环境变化，解决这一结构性矛盾，事关山西经济能否协调、健康、高质量发展，是内外部环境倒逼下的大势所趋。

（二）供给结构与消费结构之间的关系

从市场供需的关系看，任何供给，只有在需求支撑下才能实现其价值；任何需求，也只有存在供给的条件下才可能得以满足。党的十九大报告在

"供给侧结构性改革"中提到,要"在'中高端消费''绿色低碳''共享经济'等领域培育新增长点、形成新动能",这表明供需并非"一去一存"的替代关系,调整供给结构,既要强调供给又要关注需求。

党的十九大报告还提出,当前我国社会的主要矛盾已经转化为"人民日益增长的美好生活需要和不平衡不充分的发展之间的矛盾"。这就要求各经济主体在选择供给方向和增长方式时,应更加符合广大人民群众的利益诉求和实际需要。而消费结构升级的方向与特点,正是人民美好生活需要在消费领域的具体体现。因此,从社会文化变迁、科技前沿动态、经济发展规律等环境因素中,分析和预测消费需求发展趋势,顺应消费结构升级趋势,理性计划生产和供给,提升供给结构与需求结构的匹配程度,是实现由低水平供需平衡向高水平供需平衡跃升的必经之路,将此作为供给侧结构调整的着力点,亦可推进经济的良性循环,助力新时代新矛盾的解决。

二 山西城镇居民消费结构升级趋势

(一)消费水平持续上升,消费倾向低于全国

1995~2016年,山西城镇居民人均可支配收入由3306.0元增加到27352.3元,增长显著;与之对应,消费者支出快速增长,由2640.73元增加到16992.8元,增长了5.43倍。居民消费率是指居民可支配收入中用于消费支出的比例,山西城镇居民的消费率由2005年的71.15%下降到2013年的58.63%,之后虽然缓慢回升,但是与2016年全国平均水平(68.65%)相比依旧有一定的差距[①],这表明山西城镇居民的消费倾向偏低。

(二)由生存性消费向发展性消费升级,整体消费水平低于全国

根据《山西统计年鉴》和《中国统计年鉴》,我们对1995~2016年城

---

① 根据《山西统计年鉴》基础数据,由笔者统计整理得到。

镇居民的八大类消费支出进行聚类分析,最终聚为三类:第一类是食品支出,对保证消费者的生存具有一定程度的刚性,我们将其命名为"生存性消费";第二类是衣着、居住、交通通信和文教娱乐,是在生存基础上,对保证消费者身心健康具有一定作用的消费,是"发展性消费";第三类则介于前两者之间,家庭设备用品及服务、医疗保健是治疗疾病、保证生存所必需的生存性消费,另外一些包含在其他项的则是为了延续健康而产生的发展性消费,我们称之为"中间消费"。按照聚类结果,将相应消费支出加以合并,得到如表1所示的三类消费支出数据,并绘制出如图1所示的生存性消费支出比例和发展性消费支出比例趋势图。

表1　1995~2016年山西与全国城镇居民消费结构聚类分析

单位:元

年份	生存性消费 山西	生存性消费 全国	发展性消费 山西	发展性消费 全国	中间消费 山西	中间消费 全国
1995	1267.17	1766.02	976.04	1213.10	295.03	558.44
1996	1400.26	1904.71	1154.71	1402.87	480.61	611.88
1997	1397.69	1942.59	1262.78	1560.83	568.25	682.22
1998	1413.23	1926.89	1047.86	1645.83	645.93	758.98
1999	1406.33	1932.10	1375.83	1813.99	710.82	869.87
2000	1375.97	1958.31	1641.25	2023.78	924.65	1015.90
2001	1412.95	2014.02	1794.84	2228.64	915.22	1066.33
2002	1531.32	2271.84	2379.96	2737.56	799.56	1014.60
2003	1712.13	2416.92	2564.74	2992.63	828.50	1101.42
2004	1917.75	2709.60	2850.03	3296.74	886.37	1175.76
2005	2056.79	2914.39	3197.82	3703.35	1088.02	1325.12
2006	2252.50	3111.92	3680.17	4156.12	1238.27	1428.51
2007	2600.37	3628.03	4138.42	4710.85	1363.03	1658.59
2008	2974.76	4259.81	4361.88	5086.70	1469.97	1896.34
2009	3071.93	4478.53	4647.82	5648.84	1635.35	1951.91
2010	3052.57	4804.71	5021.07	6387.79	1718.62	2278.93
2011	3558.04	5506.33	5696.77	7081.14	2099.48	2573.41
2012	3855.56	6040.85	6146.84	7796.62	2209.10	2836.84
2013	3676.65	6311.92	7090.18	8678.04	2414.72	3032.69
2014	3804.01	6000.00	8192.20	10896.40	2571.66	3071.70
2015	3981.03	6359.70	9080.62	11705.30	2756.96	3327.40
2016	3862.80	6262.40	10076.80	12664.20	3053.30	3652.30

资料来源:根据《山西统计年鉴》《全国统计年鉴》基础数据,由笔者统计整理得到。

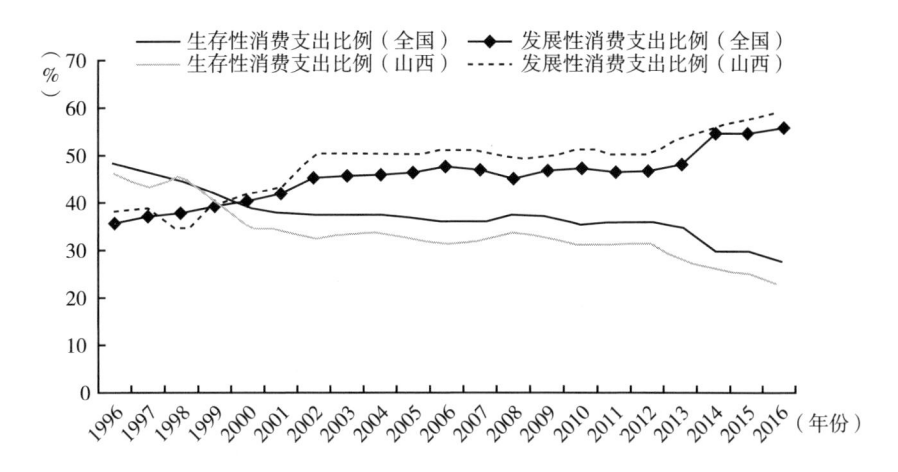

顺应消费结构升级趋势　加快推进山西供给结构调整

图1　1995~2016年山西与全国城镇居民的生存性消费支出比例和发展性消费支出比例

对各类消费支出与总消费支出的比值进行测算，得到如图2所示的生存性消费支出金额与发展性消费支出金额趋势。

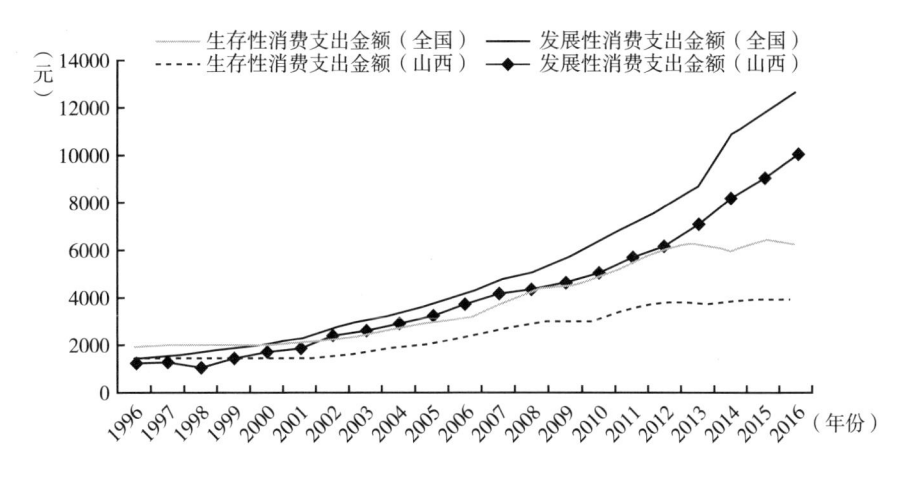

图2　1995~2016年山西与全国城镇居民的生存性消费支出金额和发展性消费支出金额

由表1可知，随着时间的推移，山西城镇居民的三类消费总体呈现上升趋势。由图1、图2可知，无论是消费的支出总额还是支出比例，山西与全国城镇居民的消费趋势一致，都是在2000年前以生存性消费为主，2000

年生存性消费和发展性消费曲线相交,实现从生存性消费到发展性消费的结构升级,此后发展性消费一直占据主导地位。但是从支出总额看,山西省的曲线始终居于全国曲线之下,这表明山西城镇居民的整体消费水平相对较低。

(三)生存性消费支出金额偏低,消费支出比例低于全国平均水平

由表2可知,1995~2016年,山西城镇居民的食品类消费支出比例,即恩格尔系数持续低于全国平均值,走势与全国基本保持一致,恩格尔系数日趋下降,这说明山西人民的生活水平在逐步提高。但同期,全国城镇居民食品类消费支出的绝对数从1766.02元增加到6262.40元,增加了4496.38元,增长了2.55倍,而山西城镇居民食品类消费支出的增加值仅为2595.63元,增长了2倍多[①],低于全国平均水平,与全国的差距日益拉大。

表2 1995~2016年山西与全国城镇居民的恩格尔系数

单位:%

年份	山西	全国	年份	山西	全国	年份	山西	全国
1995	47.99	49.92	2003	31.35	37.12	2011	31.34	36.32
1996	46.13	48.60	2004	33.92	37.73	2012	31.57	36.23
1997	43.29	46.41	2005	32.43	36.69	2013	27.92	35.02
1998	43.25	44.48	2006	31.41	35.78	2014	25.99	30.05
1999	40.26	41.86	2007	32.10	36.29	2015	25.17	29.73
2000	34.91	39.18	2008	33.78	37.89	2016	22.73	27.13
2001	34.27	37.94	2009	32.84	36.52			
2002	32.51	37.68	2010	31.17	35.67			

资料来源:山西城镇居民的恩格尔系数是由《山西统计年鉴》中的食品烟酒支出除以消费性支出得出的,全国城镇居民的恩格尔系数则由《全国统计年鉴》中的食品烟酒支出除以消费性支出得出。

(四)发展性消费支出增速偏慢,与全国平均水平差距显著

1995~2016年,山西城镇居民的发展性消费支出金额从976.04元增加

---

① 根据《山西统计年鉴》基础数据,由笔者统计整理得到。

到 10076.80 元，消费支出比例从 36.96% 增长到 59.30%。与全国相比，山西城镇居民的发展性消费支出金额增长速度缓慢，两者差距逐渐拉大，除 1998 年外，山西城镇居民的发展性消费支出比例基本高于全国（见图 3）。

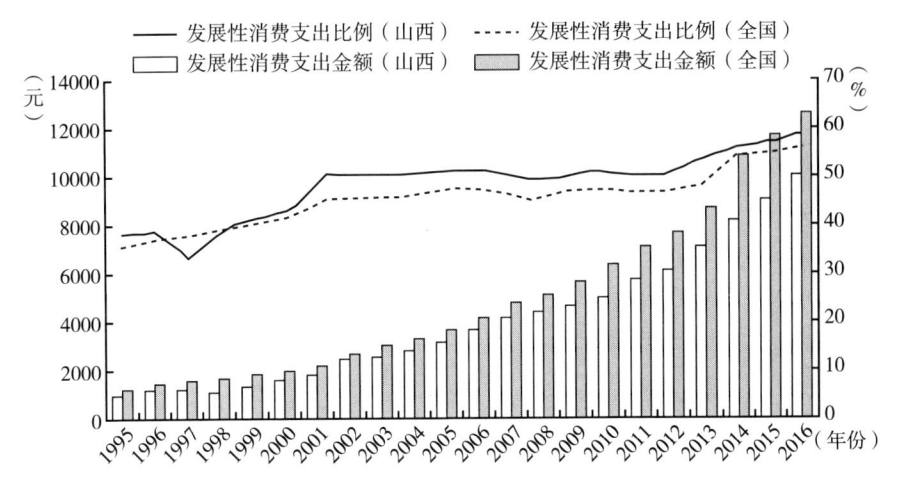

图 3　1995～2016 年山西与全国城镇居民的发展性消费支出金额及比例

衣着消费支出比例总体高于全国。除个别年份外，山西城镇居民的衣着消费支出金额与全国水平相当。相对应的，除 1998 年外山西城镇居民的衣着消费支出比例均高于全国平均水平（见图 4）。

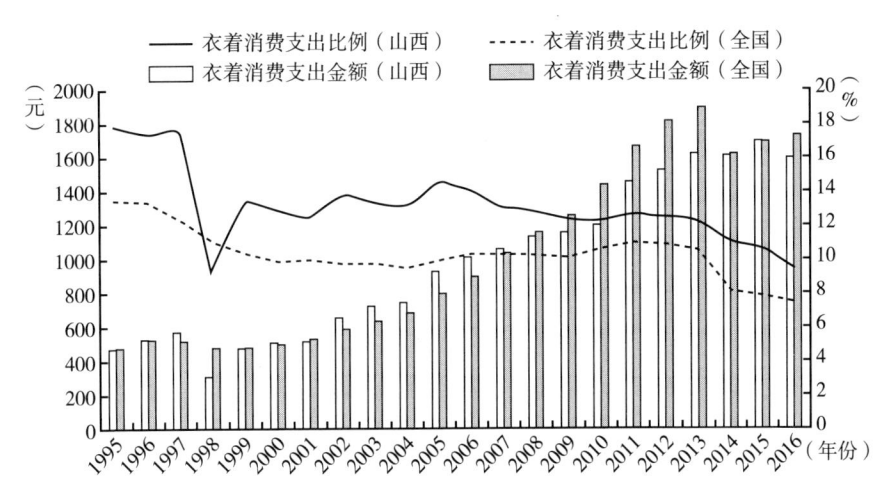

图 4　1995～2016 年山西与全国城镇居民的衣着消费支出金额及比例

居住消费支出比例反超全国。2006年前，山西城镇居民的居住消费支出金额略低于全国平均水平；2006~2013年，与全国平均水平基本持平；2014年之后，统计口径的变化导致居住消费支出金额急剧上升，与全国平均水平的差距骤增。从消费支出比例看，2003年前，山西低于全国平均水平；2004~2013年，山西高于全国平均水平；2014年后，全国平均水平反超山西。

交通通信消费支出滞后全国。1995~2016年，山西城镇居民的交通通信消费支出金额不断增长，消费支出比例整体呈现上升趋势，波动较大，二者均低于全国平均水平（见图5），山西的信息化水平较低，交通条件相对落后。

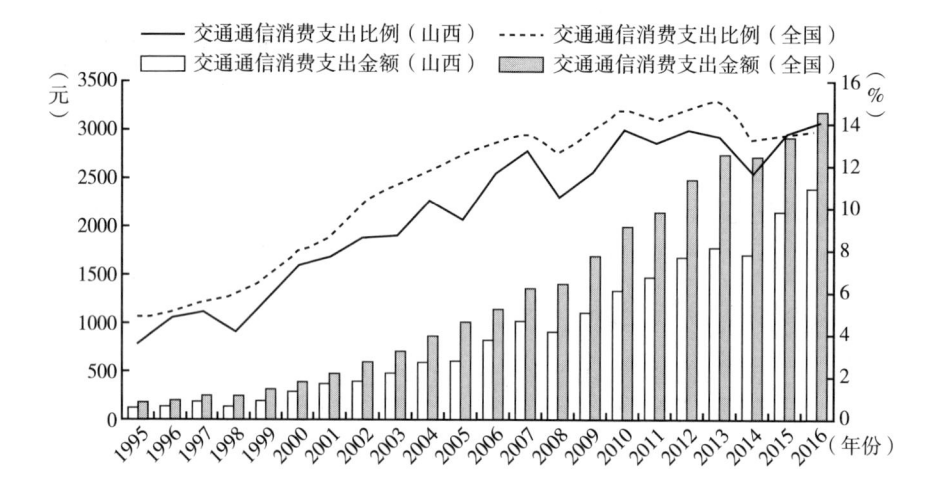

图5 1995~2016年山西与全国城镇居民的交通通信消费支出金额及比例

文教娱乐消费支出比例总体高于全国。2012年前，山西城镇居民的文教娱乐消费支出金额与全国的差距逐年拉大，但消费支出比例所差无几，趋势基本一致。2012年后，山西城镇居民的文教娱乐消费支出金额与全国的差距不断缩小，消费支出比例较全国平均水平高出2.5个百分点以上（见图6）。

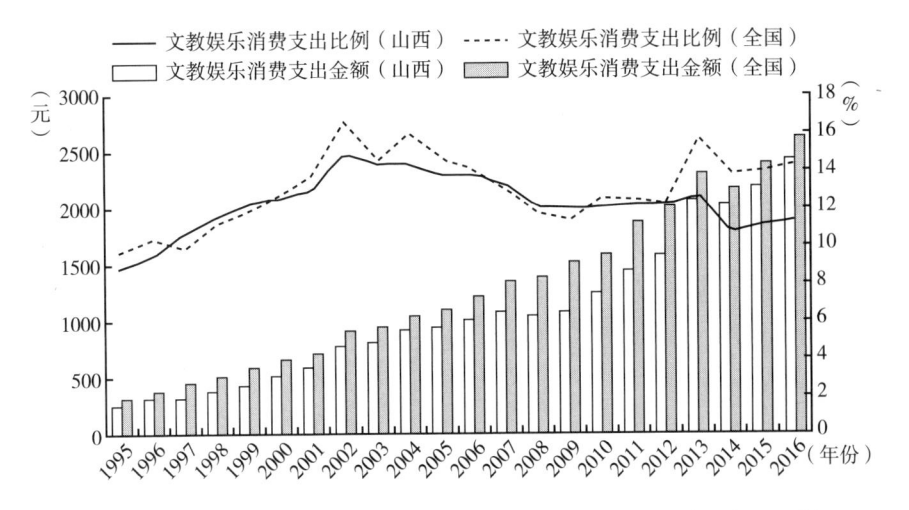

图6 1995~2016年山西与全国城镇居民的文教娱乐消费支出金额及比例

(五) 中间消费增速偏低，支出比例波动较大

1995~2016年，山西城镇居民的中间消费支出金额从295.03元增加到3053.30元，但增长速度偏低，支出金额与全国平均水平的差距逐渐拉大。1995~2001年，中间消费支出比例不断上升，2002年之后，与全国平均水平相差不大，波动范围为15~19个百分点。

在家庭设备及用品方面，山西与全国城镇居民的消费支出金额不断增长，两者的差距逐渐拉大，消费支出比例基本维持在6%~7%。在医疗保健方面，山西城镇居民的消费支出金额与全国平均水平所差无几，消费支出比例维持在8%~9%，比全国平均水平略高。

三 山西农村居民消费结构升级趋势

(一) 消费增速快于城镇居民，消费倾向先高后低

1995~2016年，山西农村居民人均纯收入由1208.30元增加到10082.50元，增长了7.34倍；与之对应，消费支出金额快速增长，由

927.99元增加到8208.80元,增长了7.85倍,且增长速度快于山西城镇居民;消费率整体呈现上升趋势,在2012年达到最高点82.58%,之后缓慢回落。2016年,山西农村居民的消费倾向略高于全国平均水平[①]。

(二)由生存性消费向发展性消费转变,滞后于城镇居民

为了便于比较分析,我们以城镇居民生存性消费、发展性消费和中间消费为聚类标准,对山西农村居民相应的消费项目支出加以合并计算,得到如表3所示的数据。

表3 1995~2016年山西与全国农村居民消费结构聚类分析

单位:元

年份	生存性消费 山西	生存性消费 全国	发展性消费 山西	发展性消费 全国	中间消费 山西	中间消费 全国
1995	586.03	768.19	225.78	408.15	116.18	134.02
1997	653.25	890.28	317.58	544.74	174.58	182.13
1998	592.19	849.64	290.04	557.77	174.21	182.92
1999	539.83	829.02	315.31	561.79	192.05	186.62
2000	558.86	820.52	366.47	634.14	223.71	215.48
2001	580.92	830.72	405.49	680.36	235.18	230.01
2002	594.20	848.35	476.82	744.00	283.62	241.77
2003	620.62	886.03	519.50	816.86	294.27	240.41
2004	748.90	1031.91	565.11	884.67	322.45	268.06
2005	830.48	1162.16	842.72	1059.19	204.49	334.05
2006	867.65	1216.99	1096.61	1230.89	288.98	381.14
2007	1033.68	1388.99	1293.38	1401.31	355.52	433.56
2008	1206.69	1598.75	1472.42	1565.31	418.43	496.62
2009	1224.60	1636.04	1609.10	1780.98	471.06	576.45
2010	1124.93	1800.67	1727.27	1927.04	582.93	654.12
2011	1499.61	2107.34	2132.91	2246.18	723.25	867.62
2012	1859.98	2323.89	2767.92	2442.04	938.29	1142.08

---

① 数据来源于《山西统计年鉴》。由于统计口径发生变化,2005~2013年的人均可支配收入数据来自人均纯收入,在此均用人均纯收入代替。

续表

年份	生存性消费		发展性消费		中间消费	
	山西	全国	山西	全国	山西	全国
2013	1885.06	2495.50	2965.04	2772.00	1056.80	1358.00
2014	2054.29	2814.00	3651.13	3886.50	1282.26	1682.10
2015	2150.25	3048.00	3932.66	4292.00	1338.26	1882.70
2016	2272.40	3266.10	4457.70	5152.70	1298.70	1710.90

注：因《中国统计年鉴》中1996年全国农村居民消费支出数据缺失，为方便比较，故删除1996年数据。

资料来源：根据《中国统计年鉴》《山西统计年鉴》相关数据计算所得。

1995~2016年，山西农村居民的三类消费总体呈现上升趋势（见图7）。1995~2004年，生存性消费处于最高水平；2005年，发展性消费和生存性消费水平持平，并在此之后占据主导地位，消费结构升级趋势与全国一致，年份领先全国一年。

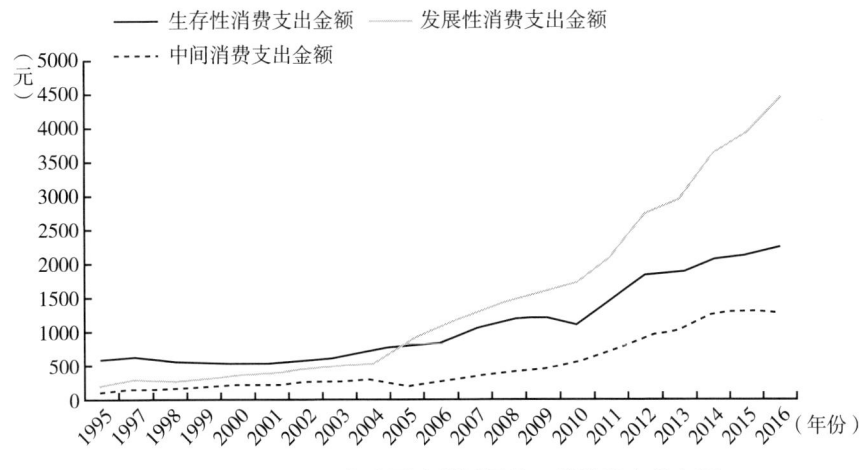

图7 1995~2016年山西农村居民的三类消费支出金额

注：因《中国统计年鉴》中1996年全国农村居民消费支出数据缺失，为方便比较，故删除1996年数据。

从支出总额看，山西农村居民的三类消费支出总额与城镇居民的差距显著，且呈日益扩大趋势。城乡居民三类消费支出总额的差距，分别从1995年的681.14元、750.26元和178.85元扩大到2016年的1590.4元、5619.1

元和1754.6元；城乡居民从生存性消费向发展性消费的结构升级分别发生于2000年和2005年（见图8），农村居民的消费水平明显滞后于城镇居民。

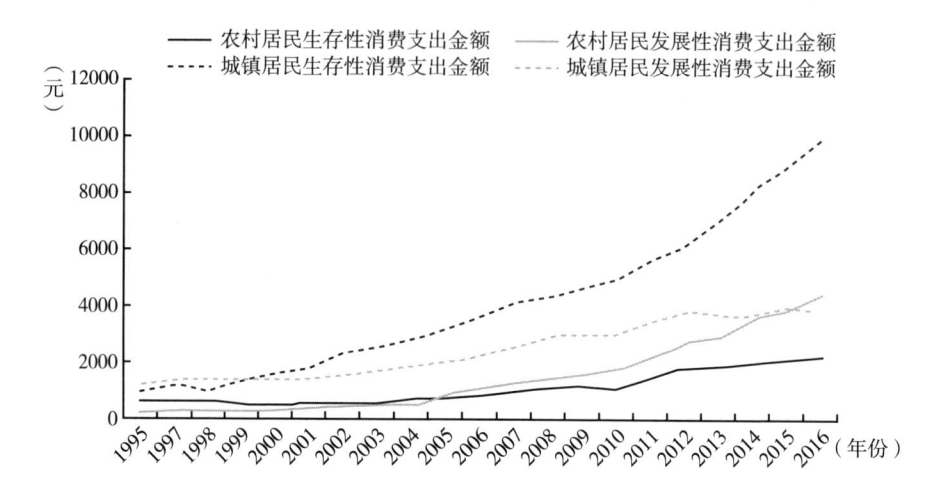

图8　1995~2016年山西城乡居民的生存性消费支出金额和发展性消费支出金额

注：因《中国统计年鉴》中1996年全国农村居民消费支出数据缺失，为方便比较，故删除1996年数据。

（三）生存性消费支出金额与比例均低于全国平均水平

1995~2016年，山西农村居民的食品类消费支出金额从568.03元增加到2272.40元，生活水平逐步提高，但低于全国平均水平近1000元。自1999年起，山西农村居民的恩格尔系数长期低于全国平均值（见表4）。表4数据说明，山西农村居民的恩格尔系数偏低，这是在消费支出偏低条件下减少食物支出导致的，并非整体消费水平高于全国平均水平。

（四）发展性消费不断攀升，支出比例与全国差距缩小

1995~2016年，山西农村居民的发展性消费支出金额从225.78元增加到4457.70元，增加了4231.92元，消费支出比例则从24.33%增长到54.30%。

1995~2005年，山西农村居民的发展性消费支出金额与消费支出比例

表4　1995~2016年山西与全国农村居民的恩格尔系数

单位：%

年份	山西	全国	年份	山西	全国	年份	山西	全国
1995	63.15	58.62	2003	43.27	45.59	2011	34.43	40.36
1996	58.39	—	2004	45.76	47.23	2012	33.42	39.33
1997	57.03	55.05	2005	44.23	45.48	2013	31.92	37.67
1998	56.05	53.43	2006	38.51	43.02	2014	29.38	33.57
1999	51.55	52.56	2007	38.53	43.08	2015	28.97	33.05
2000	48.64	49.13	2008	38.96	43.67	2016	27.68	32.24
2001	47.55	47.71	2009	37.06	40.97			
2002	43.86	46.25	2010	33.13	41.09			

资料来源：山西农村居民的恩格尔系数是由《山西统计年鉴》中的食品烟酒支出除以消费性支出得出的，全国农村居民的恩格尔系数则由《全国统计年鉴》中的食品烟酒支出除以消费性支出得出。

均低于全国平均水平，但两者的差距逐渐缩小，尤其是消费支出比例，从2005年起山西反超全国（见图9）。

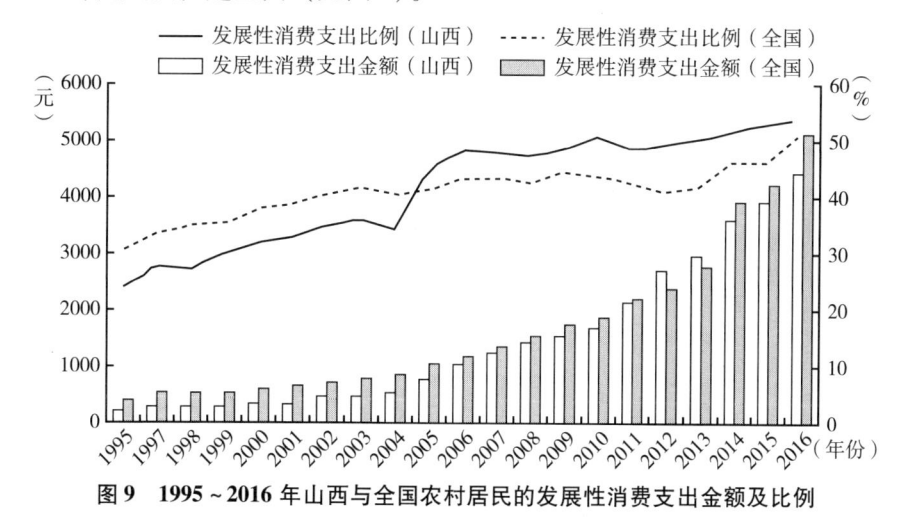

图9　1995~2016年山西与全国农村居民的发展性消费支出金额及比例

注：因《中国统计年鉴》中1996年全国农村居民消费支出数据缺失，为方便比较，故删除1996年数据。

衣着消费支出水平显著高于全国。1995~2016年，山西农村居民衣着消费支出从103.02元增加到565.30元，消费支出比例虽然总体呈现下降趋势，但是持续高于全国平均水平（见图10）。

居住消费支出比例略高于全国。1995~2016年，山西农村居民的居住

图 10　1995～2016年山西与全国农村居民的衣着消费支出金额及比例

注：因《中国统计年鉴》中1996年全国农村居民消费支出数据缺失，为方便比较，故删除1996年数据。

消费支出金额从77.62元增加到1798.30元，虽然总体低于全国平均水平，但是2005年后增速显著加快，消费支出比例在2011年后均高于全国平均水平（见图11）。这既与山西农村居民收入增速快于城镇居民有一定关联，也反映出山西农村居民对房屋建设的重视。

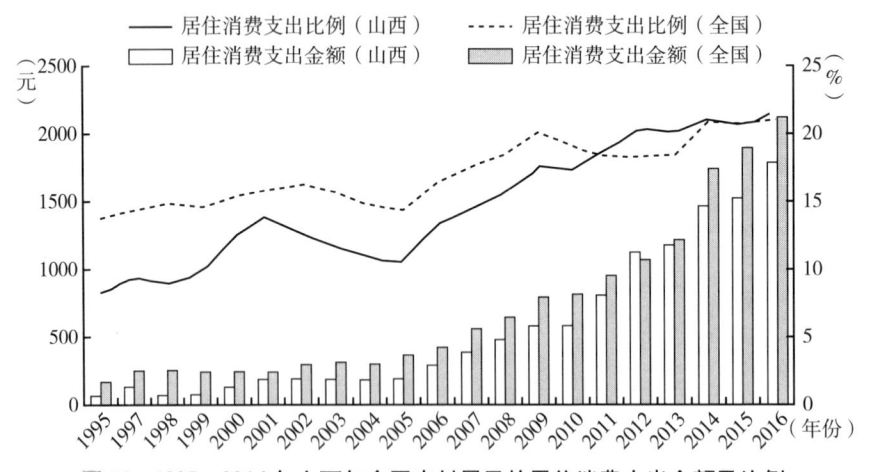

图 11　1995～2016年山西与全国农村居民的居住消费支出金额及比例

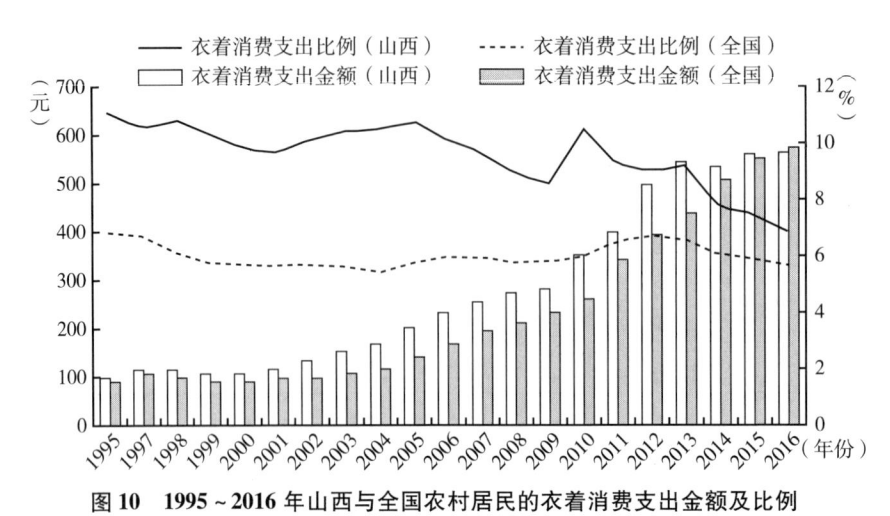

注：因《中国统计年鉴》中1996年全国农村居民消费支出数据缺失，为方便比较，故删除1996年数据。

交通通信消费支出水平落后于全国，增速放缓。1995~2004年，山西农村居民的交通通信消费金额与全国平均水平的差距由2.67元扩大到108.43元，自2005年起差距逐渐缩小，2012年、2013年一度反超全国，但此后三年再次与全国平均水平拉开距离，2016年扩大到了近400元，增幅与全国相比明显放缓。同时，1995~2016年，交通通信支出比例波动不定，呈现缓慢上升、快速发展和急速下降后再上升的趋势（见图12）。

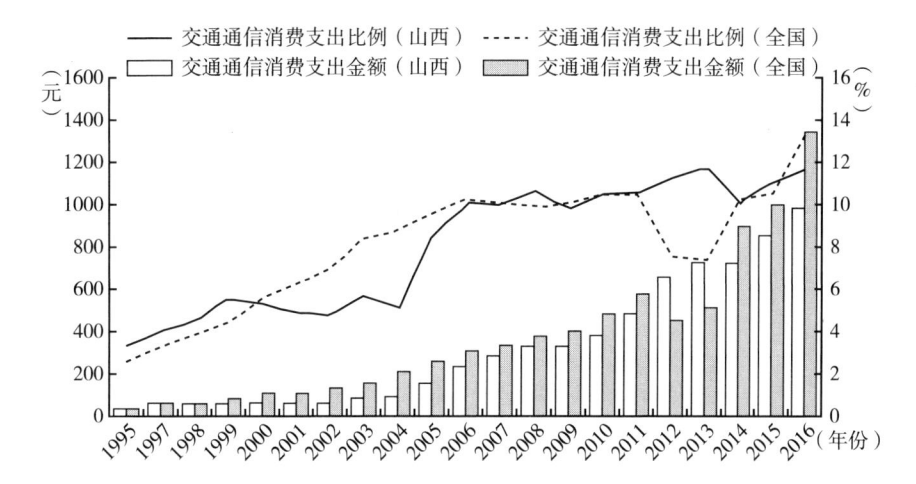

图12 1995~2016年山西与全国农村居民的交通通信消费支出金额及比例

注：因《中国统计年鉴》中1996年全国农村居民消费支出数据缺失，为方便比较，故删除1996年数据。

文教娱乐消费支出水平逐渐高于全国。1995~2016年，山西农村居民的文教娱乐消费支出金额从14.05元增加到1132.30元，增幅显著，尤其是2014年增加金额近400元。文教娱乐消费支出比例总体呈现先上升后下降的趋势，2005年以后，居全国平均水平之上（见图13）。

（五）中间消费支出比例波动较大，逐渐超越全国水平

1995~2016年，山西农村居民的中间消费支出金额从161.18元增加到1298.70元，支出比例波动较大。与全国相比，2005年之前，山西农村居民的中间消费支出金额和支出比例均低于全国平均水平，2005年之后几乎都

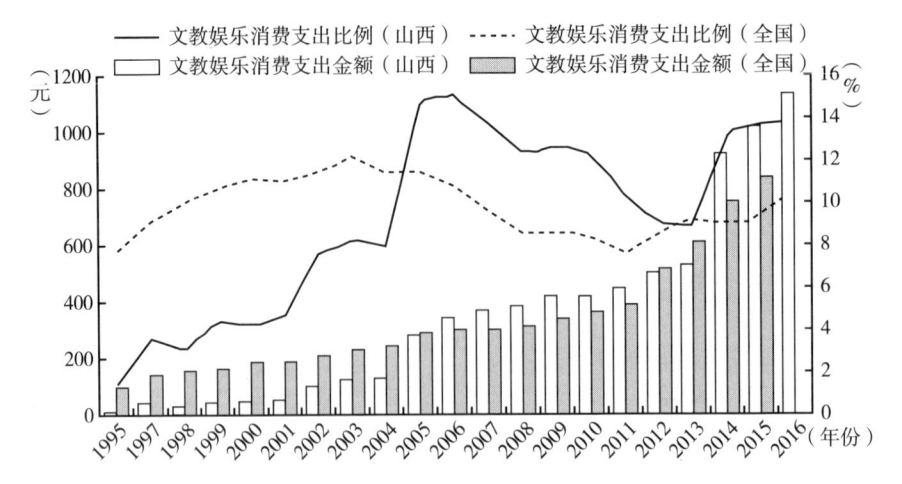

图 13　1995~2016 年山西与全国农村居民的文教娱乐消费支出金额及比例

注：因《中国统计年鉴》中 1996 年全国农村居民消费支出数据缺失，为方便比较，故删除 1996 年数据。

高于全国平均水平。

在家庭设备及用品方面，山西农村居民的消费支出金额从 1995 年的 42.95 元增加到 2016 年的 385.9 元，低于全国平均水平；消费支出比例在 3.6% 至 5.6% 之间小幅波动，与全国平均水平接近。在医疗保健方面，1995~2004 年，山西农村居民的消费支出金额逐年递增。2005 年，全省新型农村合作医疗初见成效，医疗保健消费支出金额下降至 102.9 元；2005 年后，消费支出比例与支出金额保持同步变化，逐年上涨；2011 年以后，全国农村居民的医疗保健消费增速明显快于山西农村居民，差距日益扩大。

四　加快推进山西供给结构调整的思路

由 1995~2016 年山西城乡居民消费结构演变可知，随着收入的提高，山西城乡居民的消费水平普遍提高，实现了从生存性消费到发展性消费结构升级的深刻变化。而供给结构调整的内涵，就是要从供给端入手，提高供给结构对消费需求变化的适应性和灵活性，不断让新的需求催生新的供给，让新的供给创造新的需求。因此，顺应消费结构升级趋势，调整新供给，消化剩余供给，是山西供给结构调整的方向。

（一）洞察消费结构升级本质，推动供给创新发展

消费行为的实现有两个核心要素：一是消费者"愿意"消费，二是消费者的收入"能够"为其消费埋单。

消费者"愿意"消费的，是满足其需要的产品与服务。根据马斯洛的"需要层次理论"，随着时间的推移，消费者"愿意"购买的消费品随高低层次呈螺旋式上升趋势，这是推动消费结构升级的根本原因。如民以食为天，当肚子填饱，"生存需要"得到满足后，就会滋生由果腹到健康、养生等食品需求，进而在"吃"的时间、地点选择上考虑如何彰显个人的社会地位，是否符合自我的个性与人生价值观。同理，城乡居民的其他七大消费项目，也会随着收入的增加而呈现需要层次的提升，而这些升级的需要能否有对应的供给，决定了消费能否真正实现、供给是否有效。一般而言，随着需要层次的升级，消费日趋呈现个性化与差异化，这就要求供给结构由数量化、规模化、同质化向精细化、定制化、差异化转型，竞争战略由价格导向、成本领先向新型商业模式、线上线下零售业态融合转型，价值链由聚集生产制造向研发、营销、服务创新等高增值环节转型。

消费者"能够"消费的，是与其收入及消费观念相一致的产品和服务。而山西城乡居民收入偏低，收入来源单一，其相对谨慎、远虑、保守的消费方式，在一定程度上限制了消费结构升级。一些大的消费拐点，也与住房、教育和医疗保健制度的改革、整体经济景气紧密相关。从这个角度看，供给结构调整，不应仅仅将目光放在如何供给高质量的产品与服务上，还应兼顾以改变传统消费观念为核心的消费者教育，并参与推动社会保障制度的全员覆盖，让消费者敢于消费、乐于消费。

（二）顺应发达地区消费趋势，带动供给有效产出

山西城乡居民的消费结构升级趋势在多方面与全国保持了高度一致：其

一，山西城乡居民各项消费支出金额日趋攀升，呈现消费水平的整体提升；其二，三类消费的支出比例趋势与全国相似，均为生存性消费支出比例日趋下降，发展性消费支出比例日益提升，中间消费支出比例相对稳定；其三，山西城乡居民生存性消费向发展性消费转变的年份与全国一致，农村居民的消费转变甚至领先于全国一年。但不容忽视的是，从消费总量和三类消费支出金额上看，山西城乡居民的消费水平明显滞后于全国，二者存在明显的时间差。

基于收入与消费之间显著的正相关关系，我们可以预期，全国居民消费支出总量与结构演变的规律，也正是未来山西消费结构发展的方向。因此，作为一个后进市场，山西企业在提供各类供给时，一方面，可参照借鉴全国，尤其是发达地区的消费演进规律，预测未来山西居民的消费趋势，以保证供给的产品和服务与城乡居民的消费需求保持一致，从而提高有效供给，降低消费向省外甚至国外市场流出的比例；另一方面，根据发达地区供给侧的经验教训，尽可能减少偏离消费需求趋势的无效供给，避免供给侧新剩余产生。

综观相对发达地区的消费，除发展性消费趋势日趋明晰、消费呈现个性化与差异化趋势外，还呈现以下特点：一是消费的服务化，即服务消费相对于实物消费的比例日趋增大；二是消费的信息化，即互联网、大数据、人工智能引领的消费市场日益扩大，线上线下相互融合的消费模式日渐成熟。这为山西供给侧向现代服务业、制造业服务化、信息创新及"两化"融合、大数据及定制营销等领域创新发展新供给提供了方向。

（三）正视城乡二元消费差异，引导供给向农村转移

城乡发展不平衡是我国经济发展的典型特征，山西亦不例外。尽管山西农村居民的消费支出增速快于城镇居民，但是从消费水平上看，山西农村居民的三类消费支出总额与城镇居民的差距明显。这一方面说明山西农村居民收入的增长为消费升级储备了支付能力和消费欲望；另一方面说明有限的购买渠道和相对单一的产品结构限制了农村居民的购买动力，农村居民的消费相对滞后于城镇居民。

与农村市场相对有限并存的是，城镇市场供给相对饱和，供给剩余难以消化。这为供给侧结构性改革提供了思路：一方面，要积极分析农村市场的消费特点与消费趋势，利用城乡市场发展的时间差，充分利用已有资源为农村市场提供所需的产品与服务，为剩余供给畅通农村渠道，消化旧供给；另一方面，企业应摒弃将城镇居民视为首要市场的固有思想，要将农村市场作为新供给的目标市场，有针对性地提供满足农村居民需要的产品与服务，同时，避免城镇供给同质化和供给剩余现象的发生，实现城乡居民对美好生活的共同追求。

（四）把握山西居民本土消费特点，促进供给与需求平衡

从消费支出比例看，山西城乡居民在特定消费项目上，亦存在与全国的显著差异，因此，在借鉴全国消费发展规律的同时，供给侧结构调整应重视山西城乡居民本土消费的特点。

一是山西省城乡居民的衣着消费支出金额与支出比例均高于全国平均水平，这说明山西城乡居民对衣着服饰的重视程度普遍高于全国。

二是山西城乡居民的文教娱乐消费支出金额与支出比例均高于全国平均水平，这说明山西城乡居民对文化教育的重视程度高于全国。同样，《中国省域经济综合竞争力发展报告（2015~2016年）》数据显示，尽管山西省在30个省份中大多数指标排在全国第25位之后，但是教育和文化的竞争力则分别居全国第17位和第6位，这也从另一个角度反映出山西城乡居民对教育的重视。

三是山西城乡居民的交通通信消费支出金额与支出比例均显著低于全国平均水平，这说明山西交通通信建设相对滞后，缺少相应的基础设施以确保山西城乡居民有条件提高这方面的消费。

对于前两个山西城乡居民重视的消费项目，山西省非煤企业及煤炭企业在转型发展时，可将衣着、文化、教育产业作为今后供给侧投资的主要领域。加大对当地居民衣着风格、材质偏好、购买渠道等方面的市场调研力度，以有效供给满足居民消费；从山西居民喜闻乐见的文化、教育产业与产

品入手，分析当前供给满足消费需求的程度与差距，精准定位目标市场，提高差异化供给能力，更好地满足本土需求，实现供需平衡。

而对于山西城乡居民显著落后于全国平均水平的交通通信消费项目，则应查找原因，从消费条件上为城乡居民提升消费水平与消费质量提供保障，通过消除消费短板，促进整体消费水平与质量的提升。如畅通城乡交通与通信渠道，提高宽带、网络在山西各城乡的覆盖程度和畅通程度，可作为山西供给结构调整的一个方向。

参考文献

[1] 程俊杰：《中国转轨时期产能过剩测试、成因与影响》，经济科学出版社，2016。
[2] 陈启杰等：《中国后工业社会消费结构研究》，上海财经大学出版社，2011。
[3] 迟福林主编《消费主导：中国转型大战略》，中国经济出版社，2012。
[4] 李建平等主编《中国省域经济综合竞争力发展报告（2015~2016）》，社会科学文献出版社，2017。
[5] 王宇：《居民消费对中国产业结构转型的影响研究》，上海人民出版社，2014。
[6] 《中国统计年鉴》（1996~2017年）。
[7] 《山西统计年鉴》（1996~2017年）。
[8] 《山西省"十三五"工业和信息化发展规划》，山西省发展和改革委员会官网，2016年12月13日，http：//www.shanxigov.cn。

专题报告三：效率变革
致力提升山西高质量转型发展支撑力

B.6 山西转型综改示范区潇河产业园区运行模式研究

顾颖 尤会杰[*]

摘 要： 受经济社会发展的影响，产业园区在不同的发展背景和发展阶段下需要不同的发展模式，每个阶段都要实现发展模式与经济发展的高度融合。山西作为全省域的改革试验区，在新时代背景下着力打造新的战略发展平台，适时成立了山西转型综合改革示范区。潇河产业园区作为示范区的专业化园区之一，是示范区建设的重要区域，也是最具发展前景的产业园区，还是实现创新发展的重要载体。在新的发展时期如何实现潇河产业园区的特色化、专业化发展，充分发挥示范引领作用，避免出现"僵尸园区""空心园区"，最大限度地提高资源要素使用效率，是新时代一项重要的研究课题。本报告在概括产业园区基本理论的基础上，通过梳理国内外有代表性的产业园区的发展经验，提出了潇河产业园区实施"4321"发展战略、采用"三步走"发展模式的建议，力求解决示范带动和制度创新难题。

---

[*] 顾颖，太原师范学院经济系，教授、山西大学硕士生导师，山西大学中国中部发展研究中心特聘研究员，主要研究方向为制度理论与经济改革、转型发展研究等。尤会杰，山西煤炭进出口集团有限公司战略研究中心一级主办，硕士、经济师，主要研究方向为企业发展战略及竞争力。

关键词： 资源型经济　转型综改示范区　潇河产业园区　运行模式

一　产业园区基本理论概述

产业园区作为产业集群的重要组成部分，担负着聚集创新资源、孵化新兴产业、推动城市化建设等重要使命，对区域经济发展具有举足轻重的作用。

（一）产业园区的基本概念、特征及分类

产业园区是指由政府或企业为实现产业发展目标而创立的特殊区位环境，从本质上说是由于生产行为和交易行为而带来的一种空间聚集模式，从表现形式上说是在一定面积的土地上聚集若干个企业的区域，是促进区域经济发展的一种有效方式。

产业园区具有五个主要特征：一是开发的土地面积较大；二是在开发的土地上建造了一定数量的工厂、建筑物和公共设施等；三是对入驻企业的资质、产业类型、土地使用效率等做出了明确限制；四是对园区环境建设制定了严格的执行标准；五是制定了科学的中长期发展规划。

产业园区常见的分类有以下三种：按行政审批及主管单位，可以分为国家级、省级、地市级、县级等；按发展模式，可以分为政府主导型、政企合作型、企业主导型；按产业，可以分为工业园区、经济技术开发区、高新技术产业开发区、特色产业园区、出口加工区、保税区、边境经济合作区等。

（二）产业园区发展的四个阶段

产业园区是经济社会发展的产物，不同的经济发展阶段会出现不同的发展模式，只有符合经济活动规律的产业园区，才可能具有强大的生命力。如果从产业园区的集聚方式和空间特征来考虑，产业园区发展大致可以划分为四个主要阶段，分别为生产要素集聚阶段、产业主导阶段、创新突破阶段、

财富集聚阶段。每个阶段产业集聚的动力和园区功能不同，导致园区在每个阶段的发展模式也不尽相同，具体见表1。

表1 产业园区发展阶段及主要特征指标

发展阶段	核心驱动力	产业类型	产业集聚动力	园区功能	主要代表
生产要素集聚	政府优惠政策单一作用	低附加值、劳动密集型产业	低成本	单一的产品制造与加工	发展水平偏低的产业园区处于此阶段
产业主导	政府政策和企业市场竞争力双重作用	外向型产业，以电子及通信设备制造业为代表	产业链导向，产业发展所需支撑配套条件较好	主要功能为产品制造	发展不错的高新区大体处于此阶段
创新突破	内力为主，靠技术创新和企业家精神	技术密集型、创新型产业，以高速信息网络技术、新能源、新材料为主	创新文化	科技研发与制造等相融合	中关村科技园、台湾新竹科技园区
财富集聚	高价值的"财富级"要素	文化创意、科技创新及其他高端现代服务业	高势能优势	复合型、具有现代化综合城市功能、产业集聚地、人气集聚区、文化扩散区、资本融通区	美国硅谷

资料来源：根据相关资料整理。

（三）产业园区运营模式综述

受2008年全球经济危机影响，在较长一段时间内，全球经济必将面临新的经济组织形式的重塑，我国经济社会发展也必然受到一定程度的影响，特别是对以产业集聚、产业成本为竞争手段的园区发展将产生深层次影响，不断促使其向以效率、质量、技术创新能力为竞争焦点转变。

自20世纪80年代以来，我国产业园区对经济发展的推动作用逐步显现，综合我国产业园区发展实践，可将我国产业园区运营模式大致分为两种：一种是传统型模式，另一种是创新型模式。

1. 传统型模式

（1）政府主导型模式

这种模式的主要特点是"政企一体，一套人马两块牌子，政府行政干预较多，市场化程度较低"。一般由地方政府成立领导小组，对涉及园区发展的重大议题进行决策部署，对园区的具体事务不进行干预。领导小组成立派出机构——产业园区管理委员会（以下简称管委会），负责行使具体的经济管理权限和部分行政管理权限，重点是构建完备的服务体系，营造良好的营商环境。同时，设立工委（党委），该机构与管委会合署办公。

（2）政企合作型模式

这种模式的主要特点是"政企分开，平台公司负责运营管理，具备一定程度的市场化"。此种模式与政府主导型模式的区别在于产业园区的管理与开发均由营利性质的公司负责，是否设立管委会可以灵活掌握，但即使设立了管委会，也不对园区进行经营管理，其职能与国有企业的党委会类似。由此可以看出，这种模式相对于政府主导型模式发生了较大变化，政府干预较少，市场化程度明显提高。

（3）企业主导型模式

这种模式的主要特点是"政企完全分离，企业完全负责园区决策与具体运营管理，市场化完全实现"。此种模式是政企合作型模式的进一步升华与发展，政府全部被剥离出去，完全依靠企业来对园区进行开发管理。这是一种市场化程度十分高的运营管理方式，符合时代发展趋势，能够充分发挥市场优胜劣汰的功能，是产业园区发展的最终归宿和落脚点。

2. 创新型模式

创新型模式主要来源于我国产业园区在实际发展过程中所形成的典型案例，本报告选取了具有代表性的四个模式。

（1）华夏幸福模式

这种模式属于典型的PPP开发运行模式，是河北固安县华夏幸福新城运作模式的实践案例，政府和企业形成了利益共同体，实现了合作各方的互利共赢。在这种模式下，政府与企业的职能界定清晰，政府负责重大决策、配套政策、公共服务。通过建立金融风险投资公司，华夏幸福基业股份有限公司（以下简称华夏幸福）具体负责园区的投资开发各类事宜，在设计、投资、建设、运营、服务等方面实现一体化运作。园区成立管委会，负责与华夏幸福对接协调相关事宜，不干预园区的投资开发。

（2）创新工场模式

这种模式来源于李开复创办的创新工场投资模式，属于投资咨询机构，旨在为创业企业提供全方位的投资培训平台，后被运用到产业园区运营方面。在这种模式下，政府与天使投资等金融投资机构合作，将园区的低风险、低收益与风险投资的高风险、高收益进行有机协同与耦合。政府主要负责在空间上提供支持，创新创业服务则交给专业的创业团队完成，最大限度地实现共赢。

（3）普洛斯物流地产模式

这种模式来源于普洛斯现代物流设施提供商推行的物流运行实践模式，后被引入产业园区运行之中，通过标准化、模块化等方式，将产业园区资产打包实现证券化后滚动开发。在这种模式下，园区企业通过引入外部地产基金，对园区进行专业化、特色化、差异化定位，进行严格的管理和运营，在园区达到一定收益规模并稳定之后，将资产打包实现基金化，从而再进行新一轮的开发。

（4）清华科技园模式

这种模式属于典型的轻资产与重资产协调运作的模式，来源于清华科技园在松江中山街道的项目，通过对轻资产公司与重资产公司进行有机分工，明确各自职责，突出重点，协调推进。在这种模式下，重资产公司承担土地招拍挂、规划开发、资产管理等职能，轻资产公司则需要与重资产公司签订委托服务合同，负责园区招商引资、企业服务等。

从以上产业园区运行模式分析来看，创新型模式是对传统型模式的进一步发展与优化，结合时代发展引入了金融资本运作的理念和方法，是新时期和新形势下的创新发展，但从本质上来看，园区运行模式的根本是处理好政府和企业的关系，将两者的优势发挥到极致，从而实现两者的互利共赢。产业园区的运营模式随着经济社会的发展也在不断地进行调整、完善与优化，是区域经济发展必须长期关注和研究的重要课题。

二 国内外产业园区发展模式比较与经验借鉴

产业园区在一个国家或地区经济发展中发挥的重要作用毋庸置疑，但是近年来，随着国内经济增速放缓，供给侧结构性改革等逐步推行，原有那种"圈一块地、布点产业、引些企业"的粗放型传统产业园区发展模式已丧失生命力，已经不能满足现阶段以及更长远时期的发展要求。在新的历史时期，只有通过总结发达地区成功的产业园区发展经验，综合内外部发展环境，创新思维，深化改革，力推"二次创业"，才能实现可持续发展。

（一）国外工业园区发展模式及经验

1. 美国硅谷

（1）基本概况

美国硅谷是世界范围内一流园区的典型代表，位于加利福尼亚州旧金山以南，其发展历程总体上可以分为四个阶段：第一阶段，"学术、工业、风险资本、创新公司"融合发展时期（20世纪50年代初至60年代末）；第二阶段，微电子时代（20世纪70年代初至80年代中期）；第三阶段，"信息社会"（20世纪80年代至90年代中期）；第四阶段，大发展时期（20世纪90年代中期至今）。

（2）发展模式剖析

硅谷模式成功的原因主要在于实现了大学、政府、风险资本投资以及企业家创新等的有机融合，充分发挥了各机构的优势，实现了高度的嵌入融合发展。概括起来，硅谷模式有三个特色。

一是首创"科、技、产"三位一体的发展模式，政府只发挥中介桥梁作用。这种模式不仅属于一种创新的社会技术，而是一种有机的网络渗透性合作组织，横向到边、纵向到底。

二是十分重视中小企业在园区发展中的中坚力量。硅谷一直非常重视并支持中小企业的发展，因为硅谷深刻认识到中小企业的发展优势，"体量小好调头"，能够最大限度地提升市场竞争力。

三是培育了独特的硅谷文化。充分吸收并发扬美国传统优秀民族文化，将民族自由主义、个人主义、创新精神等与现代高科技文化相渗透、相融合，形成特色的创新文化、时间文化和企业文化。

（3）政府角色与作用

硅谷的成功主要在于采用了市场发挥主导作用的运作模式。政府在园区发展过程中坚持"有所为，有所不为"，不直接干预园区的具体投资开发，只在土地的审批、交通条件的改善、研发投入的加大等方面给予政策优惠和扶持。在硅谷的扩建发展中，政府曾多次出面协调解决用地难题，改善硅谷的交通道路状况。

2. 德国慕尼黑高科技工业园区

（1）基本概况

该园区于1984年创立，是国内较为知名的科技园区，发展重点集中于高新技术，负责孵化高科技产业，成熟以后在国内复制推广。除此之外，园区还特别重视对传统产业的扶持和提升，由政府出资，通过降低土地价格支持传统产业谋求新的发展。

（2）发展模式剖析

该园区由政府和商会共同投资成立，园区内设管理招商中心，代表政府对园区的整体营商环境进行优化，并为入园企业提供全方位服务。管理招商中心聘任五名管理人员，其余普通员工采用市场化聘用。

（3）政府角色与作用

该园区实现了一定程度的市场化运作，政府不进行直接干预。在园区发展过程中，坚持以企业为主导，也即以民间和社会力量为主，政府只在资金支持和税收减免等方面介入。

3. 新加坡裕廊工业园区

（1）基本概况

该园区始建于1961年，历时7年，也即1968年全面完成基建，同年6月，新加坡政府成立裕廊镇管理局，负责经营管理园区及国内其他各工业

区。目前，该园区对新加坡GDP的贡献率超过30%，解决了国内40%左右的劳动力就业问题。

（2）发展模式剖析

该园区的运行模式属于政府主导型，园区的开发运营由政府成立的裕廊镇管理局公司全权负责，属于政府垄断。不管是园区发展所需的资金、土地，还是具体的招商事宜，均由政府做出统一安排。政府统一控制园区土地供给，负责园区招商的队伍由政府统一安排在世界各地。

（3）政府角色与作用

开发运行模式决定了该园区发展中政府所发挥的作用，该园区的发展得益于政府的全方位管理。通过设立若干政府分支机构，在园区规划、招商引资等方面实行直接控制管理；政府通过运用贷款或者补贴的形式支持园区发展，虽然目前资金来源渠道多样化，但仍以政府投资为主。

（二）国内产业园区发展模式及经验

1. 国内产业园区总体情况

近年来，伴随我国经济发展增速不断加快，产业园区被各级政府作为对外开放、招商引资的重要手段。以国家级经济技术开发区（以下简称经开区）和高新技术开发区（以下简称高新区）为例，2016年，全国共计365家国家经开区和高新区，其中国家经开区219个、国家高新区146个。2016年两类园区对经济发展的贡献见表2。据不完全统计，目前我国国家级、省级各类园区的总数多达数万个，产业园区对地区经济发展的带动作用十分显著，多地也将产业园区作为当地经济发展的龙头。

表2 2016年国家级经开区和高新区发展指标

单位：%

指标	两类国家级园区	全国	国家级经开区	国家级高新区
GDP增长率	8	6.7	7.1	8.9
上缴税收增长率	7.4	4.8	7.3	7.5
出口创汇增长率	-2.1	-2	—	—

资料来源：《2017中国产业园区持续发展蓝皮书》。

在2016年度我国百强产业园区中，从入选园区地域分布来看，我国东部产业园区入选数量仍然占据绝对优势，东部64家、中部21家、西部15家；从平均得分来看，东西部产业园区增速稳中趋好，中部产业园区增速缓中有降；从各省份入选产业园区数量来看，江苏、山东、广东、浙江名列前四名，数量分别为20家、11家、9家、7家，第五名有4个省份并列，分别为安徽、辽宁、湖北和河南，数量为4家；从入选百强产业园区的增减数量来看，江苏、浙江、湖南、黑龙江、广西和甘肃6个省份入选百强产业园区的数量增加，山西是百强产业园区数量减少的6个省份中的一个。

2. 苏州工业园区

（1）基本概况

该园区起源于中新两国政府间的合作项目，1994年2月经国务院批准设立，同年5月开始启动运行。该园区在成立10年后，也即2005年，地区生产总值比建园初增长了50倍，城镇职工和农村居民收入增长了5倍左右。2017年地区生产总值和城镇居民人均可支配收入增速均超过了7%。2017年入选全国百强园区，该园区排名第三，对于带动地方经济发展发挥了不可估量的作用。

（2）发展模式剖析

该园区总体运行模式属于政企合作型，但是其中发挥主导作用的不是政府而是企业，即中新苏州工业园区开发有限公司（以下简称中新公司）。该公司全面负责园区的投资开发、基础设施建设等具体的营运工作。园区设有管委会，是市委、市政府的派出机构，负责为入园企业提供"一站式"快速服务。

（3）政府角色与作用

政府在该园区的运行中提供政策待遇和优惠保证，对园区的具体事务不进行干预，政府负责为园区营造良好的招商环境，中新公司负责园区的开发等，以企业为主导，做到了政府与企业的有机协调配合。

3. 华夏幸福产业新城

（1）基本概况

2002年，河北固安县与华夏幸福基业股份有限公司（以下简称华夏幸福）合作，按照PPP模式打造产业新城。经过10多年的发展，目前固安县财政收入跻身全省前列，促进了该县从农业向现代化工业的转变。该种模式目前已经在国内数十个区域进行推广复制，成为产城融合发展的典范。

（2）发展模式剖析

这个产业城属于PPP开发运行模式，政府与企业的职能界定清晰，设立管委会，政府负责重大决策、配套政策、公共服务；华夏幸福是园区投资开发的主体单位，在规划设计、基建、公共设施、城市运营维护等方面进行全方位管理，坚持产业与城市发展相融合，走产融一体发展之路。

（3）政府角色与作用

PPP运行模式之下，企业发挥主导作用，政府负责重大决策、配套政策及服务等，对产业园区的发展不进行直接干预，只是监管公共设施及服务和价格等。这种模式最大限度地发挥了市场的主体作用，政府和企业形成了利益共同体。

4. 清华科技园

（1）基本概况

该园区于1994年筹建，1998年起步运转，规模初具。经过20多年的拼搏发展，不仅主园区成为中关村科技园区的优秀出色代表园区，而且逐步在全国各地建立了分园及创新基地，在科技园区的开发运行管理方面积累了丰富的经验，聚集了众多资源，是科技园区建设领域的一面旗帜。

（2）发展模式剖析

该园在建立之初就成立了"启迪控股股份有限公司"，负责对园区进行建设、运营与管理，着力构建"政、产、学、研、金、介"一体化的创新服务体系，致力于营造科技成果转化、科技型企业孵化、创新型人才培养的良好氛围，促进企学、企企、企政、企金等之间资源要素的互相流动、互惠互利。

（3）政府角色与作用

该园区在此运行模式下，充分发挥大学和企业各自的优势，通过构建创新一体化服务体系，不断增强对政府资源的吸引力，加速各方资源要素的集聚与融合。在这种模式之下,政府对园区的干预基本没有,园区反而协助政府制定相关的产业政策,并将实际落实效果予以反馈。但是,政府在园区发展中也给予了不同的支持和帮助,这与我国的基本国情密不可分。

(三)结论及启示

通过分析国内外代表园区的发展经验,结合表3中的主要内容,不难得出以下三个结论。

表3 国内外代表园区发展情况纵览

园区名称	成立时间	园区定位	运行模式概述
美国硅谷	1950年	高科技研发	政企合作,企业为主
德国慕尼黑高科技工业园区	1984年	全国高科技产业孵化中心	政企合作,企业为主
新加坡裕廊工业园区	1961年	现代化工业区	政府完全垄断
苏州工业园区	1994年	国家工业示范园区	政企合作,企业为主
华夏幸福产业新城	2002年	产业新城	PPP模式,企业主导
清华科技园	1994年	世界一流大学科技园	企业控制,政府支持

资料来源:根据分析材料自行整理。

一是园区发展模式与所在地的经济发展高度相关。国外产业园区在发展过程中,政府在其中只是发挥中介作用,不过多干预园区发展,以企业为主导,政府从政策上给予保障。新加坡裕廊工业园区属于政府主导型,这与其国家的经济发展情况以及工业园区所在地的条件有着极其密切的关系。由于各国的具体国情不同,国内产业园区与国外产业园区的发展也存在差异,但归根结底,市场化程度较高的园区,一般都属于经济比较发达、市场经济比较成熟的国家或地区。

二是园区的示范带动效应应该是市场自然选择的产物。对于市场发挥主导作用的园区来说,它的示范带动作用往往不是人为制造或者预先设定的,而是发展模式符合当地经济发展要求自然产生的,美国硅谷就是典型代表,其建立之初并未刻意追求带动示范效应,而是自身发展成功之后自然成为典范。但对于政府主导的园区,政府将示范带动意图强加其中,是政府的主动

要求。从一定意义上说，示范带动作用与一国或地区的经济发展程度呈正相关关系。

三是政府参与程度在一定程度上决定了园区承担的功能。不同的发展阶段，不同的发展模式，不同的政府角色，这三者是紧密相连的，而政府作用发挥的程度会影响园区承担的功能。一般来说，越是经济发展落后或者不成熟的国家或地区，政府垄断的情况就越多，政府干预园区发展较多，也就导致了园区承担的功能较多，这主要是由于控制园区运行的不是企业而是政府。

三 潇河产业园区运行模式构建

自2010年国家正式批复设立"山西省国家资源型经济转型综合配套改革试验区"以来，历届省委、省政府都对试验区发展做出了不懈努力，并取得了积极进展。但是，无论是从理论上，还是从实践上来说，资源型地区经济转型发展都是一个重大课题和难题，要想实现资源型经济地区的彻底转型发展，没有可以直接照搬的模板，需要在把握资源型经济发展规律的基础上，不断摸索、不断创新。

（一）产业园区成立背景

打造示范区促改革。在深刻总结历史经验、深入剖析省情的基础上，全省做出加快开发区建设的决策部署，将开发区作为转型综改的主战场、产业转型升级的重要载体、创新驱动发展的新动能引擎。建立转型综改示范区，是推进开发区改革创新发展的第一突破口，为此，2016年，山西率先在太原都市区整合8个园区[①]，成立山西转型综合改革示范区（以下简称山西转型综改示范区）。同年11月初成立山西转型综改示范区管委会筹委会，2017

---

① 8个园区即太原高新技术产业开发区、太原经济技术开发区、太原武宿综合保税区、晋中经济技术开发区4个国家级开发区，太原工业园区、山西榆次工业园区、山西科技创新城3个省级开发区以及山西大学城。

年2月山西转型综改示范区工作委员会、山西转型综改示范区管理委员会正式揭牌。

成立专业特色化产业园区。为了实现山西转型综改示范区的专业化、国际化、市场化发展，示范区整合几大园区，新设成立特色鲜明、差异显著的专业化产业园区，主要包括学府产业园区、唐槐产业园区、武宿综合保税区、科技创新城、潇河产业园区、阳曲产业园区等。

（二）潇河产业园区基本情况

潇河产业园区是山西省新设立的园区之一，属于转型综改示范区的下属园区，是山西转型综改示范区的重点区域，是太原都市区最具发展前景的产业园区，承担着示范区开发建设、创新发展的主要任务。该产业园区规划空间范围包括太原市（清徐、小店区）和晋中部分，合计总面积大约为340平方公里，最终要形成"一带、一心、两轴、多组团"的空间结构。园区产业的重点发展方向是新能源、新材料、信息网络技术、现代物流、生物医药等，最终发展目标是力争建设成为国家资源型经济转型示范先导区、中部地区重要的现代产业集聚区。

潇河产业园区是山西转型综改示范区建设的主战场，对示范区全面建设起着非常重要的作用。潇河产业园区自筹建开始，在迅速完成场所、设备、人员"三到位"的基础上立即开展并推进各项工作。截至2017年12月底，2017年度16项目标任务指标完成较好，规范园区内部管理流程，有序推进园区基建项目，稳步开展土地征拆工作，充分发挥服务保障功能，积极进行施工扬尘污染防治，为2018年乃至今后更长时期的发展奠定了良好基础。

（三）产业园区内外部环境剖析

面对高质量发展要求和新时代的发展特征，山西面临一系列重大课题，如何发挥转型综改试验区建设的战略牵引作用，如何建设"示范区""排头兵""新高地"，等等，事关山西资源型经济转型发展之路的探索和形成。

1. 理性分析外部发展环境

2017年全球经济继续保持缓慢复苏态势，贸易和投资发展势头较好，金融市场预期向好。但是各类风险威胁因素仍旧存在，对全球经济的影响不断深化。未来，世界经济增速预期有望提升，但威胁经济增长的风险不会在短期内消失，主题仍是"复苏"，调整与转型压力仍较大。

我国发展仍处于重要战略机遇期，中国特色社会主义进入了新时代，经济发展已由高速增长阶段转向高质量发展阶段，转变发展方式、优化经济结构、转换增长动力仍是较长一段时期的重要任务，需要坚定不移坚持质量第一、效益优先，需要坚定不移推进供给侧结构性改革，需要坚定不移推进"三个变革"，需要坚定不移提高全要素生产率。我国经济发展前景十分光明，但是面临的发展任务和挑战仍然艰巨。

进入新时代，山西在推进资源型经济转型改革和发展中的地位和作用愈加彰显，同时也对山西资源型经济转型发展提出了更新、更高的要求。努力走出一条转型升级、创新驱动发展的新路以及努力把山西改革发展推向更加深入阶段的重任愈显繁重。将深化供给侧结构性改革与深化转型综改试验区建设有机结合，充分发挥转型综改试验区建设的战略牵引作用，努力推动"三个变革"，将山西建设成为资源型经济转型发展示范区，等等，这些都是时代赋予的重大全新课题。

2. 客观审视自身优势和不足

潇河产业园区具有以下几个方面的发展优势：一是产业园区属于转型综改示范区，是山西省转型综改试验区的重要抓手、突破口，是实现资源型经济转型发展的重要载体，政策机遇和发展便利十分明显；二是示范区和产业园区都是在2016年底新设成立的，成立时间短，无历史遗留问题，无发展问题积累，轻装上阵，新生发展势头和活力十分强劲；三是发展定位和产业功能界定清晰，转型综改示范区内的每个园区都属于特色鲜明、优势显著的产业园区，从而避免了资源和管理上的一些交叉，产业发展脉络和层次十分鲜明。总之，产业园区诞生于较好的历史机遇期，面临新的发展环境、新的发展任务、新的发展契机。

虽然产业园区成立时间短，没有历史遗留难题，但经过一年的发展，在具体工作的推进过程中也遇到了一些障碍并暴露出一些问题，而这些问题产生的原因，可以归结为两个方面。一是产业园区与示范区的关系问题，也就是园区与示范区的权责划分、职责定位问题。示范区是典型的一区多园，既要保障政策的统一性，也应该对每个园区进行差别化对待，特别是在人事和资金等重大问题上，要明确授权事项和范围，以便更好地开展工作。二是示范和地方政府的关系问题，即经济事务和社会事务的划分问题。这个问题涉及园区的发展模式，由于示范区每个园区在经济事务和社会事务上的划分不同，有的园区，如潇河产业园区只管经济事务，但有的园区还兼顾社会事务。在具体事项的推进中，只管经济事务的园区就要做好与地方政府的衔接。对于征地、迁坟等社会事务，潇河产业园区作为协调推进单位，推进的力度有多大、如何保障、如何考核等，都是比较现实的棘手问题。

3. 科学定位产业园区未来发展方向

产业园区在我国区域经济对外开放、招商引资、管理创新等方面承担了不少职能，是推进产业集聚的重要载体和平台。综观近年来产业园区的发展情况，大部分园区能够对地方经济发展发挥重要的龙头和引领作用，但是其中也存在不少问题。个别地区迫于招商引资压力，政府动用一切能够利用的资源吸引大客户，各类公司纷纷冲着廉价资源而来，导致园区急剧扩张。由于没有形成持续的核心竞争力，后续出现了大量"僵尸园区""半截子园区""空心园区"等。

结合未来经济发展趋势，我国产业园区未来发展可能面临八个方面的问题：一是战略转型升级；二是产业结构优化与质量提升；三是产城融合发展；四是招商模式的精细化；五是园区营销模式的创新与突破；六是产业资本的引入与应用；七是招才引智竞争将白炽化；八是公共服务平台成为竞争利器。在新的历史发展期，产业园区既面临难得的发展良机，也担负着巨大的发展压力，如何规避体制机制障碍，在运营模式上实现重大突破，创新思维、深化改革，力争实现新时代下的"二次创业"，是一个需要下功夫研究的重大理论和实践课题。

（四）总体发展阶段与模式定位

受我国经济步入新常态、国内市场需求下降、传统产能过剩等因素影响，产业园区发展模式需要与经济社会发展要求相匹配，在坚持因地制宜原则的基础上要力求创新和突破。

1. 模式界定

2017年1月，潇河产业园区成立了事业服务中心，为山西转型综改示范区管委会下属事业机构，具体负责土地征收、协调地方政府、完善市政设施和公用配套设施、营造良好营商环境等。从目前该园区的运行来看，这种模式属于政府主导型，行政力量大于市场自发作用，市场化程度较低，还处于基础发展阶段。

2. 坚持"四个原则"

坚持科学发展。坚定不移贯彻创新、协调、绿色、开放、共享发展理念。牢牢把握改革发展的重要战略机遇期，更加重视质量和效益，努力推动质量、效率、动力变革，实现发展方式逐步转变。

坚持深化改革。坚持破除一切不合时宜的思想观念和体制机制弊端，以供给侧结构性改革为主线，着力加快建立多要素全方位协同创新服务体系，多方吸引优质资源，不断增强经济的创新力和竞争力。

坚持市场导向。以市场需求为立足点和归宿点，尊重并合理发挥政府的作用，坚持发挥市场的自由调节功能。充分激发企业在市场竞争中的动力和活力，逐步减少行政直接干预，合理协调政府和市场两种资源配置方式。

坚持和谐共生。牢固树立"绿水青山就是金山银山"的理念，坚持节约资源和保护环境的基本国策，落实最严格的生态环境保护制度，尊重自然、顺应自然、保护自然，坚定走人与自然和谐发展之路。

3. 实施"三步走"战略

总体发展步骤是，坚持与山西省经济转型发展紧密高度结合，力争用15~20年时间，从目前的政府主导型运行模式，通过政企合作型过渡模式，最终形成企业完全主导和控制园区运行、市场化程度极高的园区运行模式。

第一步，政府主导型模式。借鉴新加坡裕廊工业园区模式，充分发挥政府在基础设施建设、财税政策优惠等方面的优势，用3~5年时间，重点完成园区基础设施建设、招商引资基础工作，建立健全园区制度体系，初步建成政企研一体化的创新服务体系。完成"三制"和"三化"改革，在先行先试、招商引资、转型引领上实现新的突破。坚持"引资引智"同行，以龙头企业为主，加大研发机构和配套企业的引入力度，不断完善产业链条。至规划期末，现代化产业产值占园区总产值的比例超过30%，整个园区对示范区增加值的贡献率超过30%。

第二步，政企合作、企业主导型模式。借鉴苏州工业园区或华夏幸福产业新城模式，用5年左右时间，在前一阶段的基础上逐步退出政府行政干预，充分发挥企业的市场主体作用，努力形成政企双方分工协调的良好运行机制。通过建立政府和企业的"权力责任"清单，逐步明晰政府下放权力，进一步激发企业的创新创业活力。将构建现代产业体系作为工作重点，促进实体经济与科技创新、新型产业等协同、集约发展。至规划期末，现代化产业产值占园区总产值的比例以及整个园区对转型示范区增加值的贡献率达到70%左右，为2030年全省基本完成转型任务做出突出贡献。

第三步，企业完全主导型模式。借鉴清华科技园模式，在前一阶段的基础上，争取用10年左右时间，基本建成以现代服务业、高新技术产业为主的现代化、专业化、国际化园区，完全摒弃行政权力主导的传统型产业园区发展模式，形成"产业引领、创新驱动"的可复制、可推广的新发展模式，成为国内领先的专业化、创新型园区。至规划期末，现代化产业体系基本成型，现代化产业成为园区发展的牵引，形成园区自发自觉发展的内在动力体系，率先在资源型地区转型升级、创新驱动发展方面做出示范，为2035年全省基本实现社会主义现代化贡献巨大力量。

不同的发展阶段，需要选用不同的发展模式与之配套。但是，即使对于特定的园区，也没有最好的发展运行模式，也只是在当时经济发展条件下做出的相对较好的选择，只要做到了与当时所在地的经济发展高度融合，最大限度地利用好各种优惠政策，实现质量和效益的双发展，就是好的、合理的发展运行模式。鉴于此，潇河产业园区在发展过程中要因地制宜选取发展模式，既不能畏首畏尾、故步自封，也不能好高骛远、眼高手低。要在与国家、山西省和太原市经济发展相一致的情况下，大胆创新、先行先试，力求成为转型发展的标杆和旗帜。

4. 协调"两种关系"

有机协调"政府与市场""政府与企业"之间的关系。在园区不同的发展阶段和发展模式之下，要正确处理好"政府与市场""政府与企业"之间的关系，既要充分发挥政府"有形的手"的作用，又要发挥市场"无形的手"的作用；既要把握好政府干预的范围和力度，又要充分激发调动企业创新创业的积极性。积极学习领会，贯彻落实《国务院关于支持山西省进一步深化改革促进资源型经济转型发展的意见》（国发〔2017〕42号）文件要求，持续推进"放管服"改革，不断创新园区运营模式，逐步缩小政府干预面。逐步实现管理机构与开发运营企业分离，引导社会资本参与园区建设，支持以不同所有制企业为主体投资建设、运营、托管园区。

5. 实现"一个目标"

努力实现园区质量和效益"双丰收"，形成典型经验，并可复制、可推广。坚持推进"三个变革"，经过不断探索、不断实践，力争用最短的时间实现增长方式、产业结构、发展动力的转变，即实现增长方式由注重规模向更加注重发展质量转变，资源配置由简单粗放向集约高效转变，产业结构由以第二产业为主向以第三产业为主转变，增长动力由以行政干预为主向市场自由选择转变，环境建设由注重硬环境向更加注重软环境转变。

（五）实现路径与措施

在"4321""三步走"发展战略和模式的引领下，潇河产业园区既要"把握当下"，又要"谋划长远"，着眼于体制机制创新，着力破解限制园区长远发展的体制机制问题，分阶段、分步骤做好重点工作。

1. 科学把握"两个定位"

科学确定园区定位。园区既要立足示范区和转型综改区的发展要求，又要努力实现突破，高起点谋划发展，要将园区作为实现全省转型升级的重要抓手、转型综改示范的排头兵、开发区改革创新的突破口，先行先试，探索可复制、可推广的经验，为全省做示范、立标杆。

合理谋划产业布局。实施全产业链模式，坚持"一张蓝图绘到底"，重点围绕新能源汽车、新材料、电子信息、生物医药等产业，融合大数据，推动科研创新成果产业化，实现信息技术与智造技术深度融合，在智能制造等新一代产业技术变革中引领全省乃至中部地区发展。

2. 利用"多重叠加"战略模式

摒弃孤立、封闭的传统园区发展模式，深入研究国家发展总体战略，科学界定园区在国家总体发展过程中的定位与作用；认真分析所在区域的经济发展战略，将园区发展与当地经济发展有机协调；客观制定园区自身发展总体规划，增强对市场需求变化的敏感性。总之，园区的发展规划要实现与国家总体发展战略、区域经济发展战略、市场需求战略等有机衔接、协同嵌入。

3. 选用"满足需要转向设计需求"需求模式

园区的开发建设不应只停留在满足现阶段、局部需求上，还应该向引导需求、引领需求、设计需求上转变。首先，立足园区产业定位与布局，做好对产业发展的需求引导；其次，立足园区总体发展战略，做好对区域发展的需求引领；最后，立足园区服务目标，做好入园企业在招商模式、发展前景、服务体系建设上的需求引导，逐步从"低端的服务现有需要"向"高端的设计引领未来需求"转变。

4. 采用"多层融合发展"结合模式

随着交通枢纽的建立、信息技术的快速发展、互联网资讯的迅速渗透，产业园区必须努力实现"五结合"发展。要实现实体园区与网络虚拟园区的结合，充分发挥互联网技术的作用；要实现本地园区与远程园区的结合，充分实现区内与区外的结合发展；要实现重资产与轻资产的结合，全面发挥软硬资产各方的优势；要实现传统产业升级与新产业孵化的结合，不断优化产业结构；要实现本地资源与下级城区资源的结合，促进资源的合理高效流动。

5. 运用"多元发展"价值模式

坚持追求"长期、集约、高效"的价值回报方式，坚决摒弃"低廉拿地增值、商业住宅获利、引资落地分成、招商政府分税、要挟政府让利"等短期粗放的价值回报方式。通过建立完善的制度体系，建立入园企业的有序进入与退出机制，严把土地规划审批，建立健全激励制度体系，规范运行体制机制，从而形成标准化、系统化的多元价值实现模式，提高资源利用效率。

产业园区不是新生事物，进入新时代，我们需要赋予其新的发展内涵，提出更高的要求。综观国内外先进发达产业园区，每个园区都各具特色，没有可以拿来直接用的经验模式，需要我们在新的历史条件下加以灵活运用。潇河产业园区作为山西转型综改示范区中的一个园区，面对高质量发展阶段的要求，要坚持"适合自己的就是最好的"，秉持"没有最好只有更好"的工作精神，通过借鉴国内外先进产业园区的发展经验，因地制宜、大胆创新、用心用力，真正突破固有的思想观念、原有的体制机制束缚，争取在资源型经济转型发展的新阶段大有作为。

参考文献

[1]《国务院关于支持山西省进一步深化改革促进资源型经济转型发展的意见》（国发〔2017〕42号），中央人民政府网，2017年9月1日，http://www.gov.cn/zhengce/content/2017-09/11/content_5224274.htm。

[2]《党的十九大报告辅导读本》，人民出版社，2017。

[3]《中央经济工作会议举行　习近平李克强作重要讲话》，新华网，2017年12月20日，http://www.xinhuanet.com/fortune/2017-12/20/c_1122142392.htm。

[4] 楼阳生：《肩负重大使命　奋力转型发展》，《人民日报》2017年8月10日，第13版。

[5] 李志强主编《山西资源型经济转型发展报告（2017）》，社会科学文献出版社，

2017。
［6］李志强主编《山西资源型经济转型发展报告（2016）》，社会科学文献出版社，2016。
［7］李志强：《深化改革助力转型综改示范区建设》，《山西政协报》2017年5月26日，第00C版。
［8］叶江峰、任浩、甄杰：《中国国家级产业园区30年发展政策的主题与演变》，《科学学研究》2015年第11期。

B.7
新时代背景下山西建筑产业现代化园区发展研究

李志强 李泽*

摘　要： 建筑产业坚持现代化发展符合经济发展规律要求，符合我国新时代经济发展要求，符合山西资源型经济转型发展要求，具有较大的现实意义和历史意义，但是目前山西建筑产业发展与时代、地区、产业自身发展要求之间还存在一定差距，如何破解发展难题，实现真正意义上的转型升级，是一项重大的历史任务。本报告基于建筑产业化及产业园区的基本理论，深刻剖析新时代对山西建筑产业提出的新发展要求，以山西现有五大建筑产业现代化园区为具体研究对象，通过分析五大园区目前的建设进度以及存在的问题，结合经济发展特征要求和地区实际，从政策支持、发展模式、技术攻关、招才引智、考核监督等方面提出政策建议。

关键词： 新时代　建筑产业园区　产业现代化

我国经济社会发展步入新时代，经济发展被时代赋予了新的历史使命，

---

* 李志强，山西大学中国中部发展研究中心主任，山西大学经济与管理学院、山西大学管理与决策研究所、山西大学资源型经济转型发展协同创新中心，博士、教授、博士生导师，主要从事制度理论、资源型经济转型、战略与创新管理、标准化研究等。李泽，山西建筑工程集团有限公司企业发展部经理，硕士、经济师，主要研究方向为企业竞争力、国企改革改制。

准确把握和研判我国经济发展的时代特征及要求,积极适应新时代发展要求,推动建筑产业向现代化方向转型是大势所趋、历史使然,是"十三五"时期乃至更长时期内建筑产业改革发展的基本方向和重点任务。山西建筑产业必须在认真把脉发展现状的基础上,结合地区实际,以建筑产业内在发展规律和供给侧结构性改革为主线,借助五大特色现代化产业园区,促进山西建筑产业实现新一轮的大发展,真正实现建筑产业的转型升级,争做全国建筑行业的标杆和典范。

一 建筑产业现代化的内涵与特征

(一)基本概念

1. 建筑产业现代化

建筑产业现代化是指将建筑建设全过程所涉及的环节——开发设计、生产施工、物流运输、安装装配以及运营维护服务等全部贯通,统一集成到产业链系统中,从而实现建筑的研发设计、生产施工、运营维护等一体化。从本质上讲,建筑产业现代化是一种基于全产业链视角的产业组织模式,其最终目的是实现建筑产业生产方式的转变,提高质量、降低能耗、减少污染,实现可持续发展目标。

需要指出的是,建筑产业现代化与建筑工业化、建筑装配化属于三个不同的概念,三者既有区别又有联系。在内涵上,建筑产业现代化的内涵最广,不仅包括有形的设计、生产以及施工装配等,而且包括管理手段、信息技术等。建筑工业化和建筑装配化是建筑产业现代化的一环,其中建筑装配化是实现建筑产业现代化的核心和关键,目前我国装配式施工尚处于起步阶段,大多以现浇混凝土建筑为主。

2. 产业园区

产业园区是指为促进产业发展而创立的特殊区位环境,通过有效集聚资源、共享创造、关联发展,从而实现一定规模的产业集群,承担集聚创新资

源、培育新兴产业、助推城市发展等诸多使命。产业园区属于产业在空间和地域上的一种集聚模式，能够带来生产和交易行为的改变。

3.建筑产业现代化园区

综合建筑产业现代化和产业园区的基本内涵，不难得出建筑产业现代化园区的基本概念。建筑产业现代化园区是为促进建筑产业持续健康发展而设立的特殊区域环境，通过有效整合建筑产业链的上下游资源，共享并创新建筑资源要素，打造建筑现代产业体系和可持续发展模式，从而实现建筑产业安全、绿色、健康、协调发展。

（二）建筑产业现代化的主要特征

建筑产业现代化是伴随当代信息技术、先进建造技术、先进材料技术和全球供应链系统而产生的，基于建筑产业现代化的基本概念，可以概括出四个基本特征。

一是以绿色发展理念为引领。建筑产业现代化要求全面提升建筑工程质量和效益，提高资源要素使用效率，降低环境污染，实现质量与效益、质量与环保、效益与生态的有机协调发展。

二是以"五化"为主要手段。建筑产业现代化要求在研发设计、构件生产、施工、装修、管理五个方面实现现代化，要求建筑产业做到"设计有标准、生产在工厂、施工靠技术、装修按流程、管理凭信息"。

三是以产业链集成创新为主要途径。建筑产业现代化要求实现建筑产业链上下游资源的有效整合，做到从源头的设计研发到后期的装修维护一体化集成发展，是建筑产业全产业链的协同发展，而不是某个环节或者某个链条上的单一发展。

四是以实现全生命周期价值最大化为目标。建筑产业现代化要求建筑产业的设计、采购、生产、运输、装配、施工、管理、运营维护、拆除废弃等各环节和流程均要实现高效化、集成化，设计与采购对应价值规划，生产、运输、装配与施工对应价值形成，运营维护对应价值实现，拆除废弃对应价值消失。建筑产业现代化要求并能保证建筑价值在四个环节中的最大化。

总之,建筑产业现代化目标的实现,要基于全产业链基本理论,通过打造现代化、工业化的生产模式,运用现代化的信息技术和管理理念,改造提升传统建筑产业,实现建筑产业的绿色集约、安全高效发展。

(三)建筑产业现代化的技术实现路径

综合建筑产业理论及国内外建筑产业现代化发展经验,目前建筑产业现代化主要有三大技术实现路径。

一是预制混凝土装配式建筑,简称 PC。这种技术路径预先在工厂内制造好混凝土构件,至施工现场后采用装配的方式形成建筑物。这种技术的核心是构件预制与节点现浇相结合,能够最大限度地保证建筑物的整体性。特点是质量好、工期短、产业化程度高。

二是钢结构装配式建筑。这种技术路径以钢结构作为主要承重结构,同时与楼板系统、内外墙体系统共同组成完整的建筑体系。特点是柱网间距大,建筑布局灵活,由工厂完成全部构件的生产加工,装配化程度非常高。

三是木结构装配式建筑。以木质材料为主加工生产建筑物所需构件,也能进行装配式施工。特点是材料轻便环保,装配程度高,但是由于受林木资源限制,这种模式很难在全国大面积推广应用。

二 新时代发展特征及其对山西建筑产业的要求

(一)山西建筑产业发展现状

从地区建筑业发展情况来看,建筑业对山西地区经济发展做出了应有的贡献。从表 1 的数据不难看出,第一,山西建筑业对地区经济发展的影响力逐步扩大。2011~2017 年,山西建筑业总产值和增加值总额逐年增加,其中山西建筑业增加值占地区 GDP 的比重由 2011 年的 6.0% 上升到 2016 年的 6.9%,对经济的贡献度稳步提升。第二,山西建筑业对地区税收的贡献度稳步提高。山西建筑业的利税总额由 2011 年的 120.34 亿元上升到 2016 年的 187.52 亿元。

第三，从业人员数量逐年上升，从2011年的62.45万人增加到2017年的78.42万人，对缓解地区就业压力做出了贡献。第四，山西建筑业的规模逐步扩大。从建筑企业签订合同金额以及企业数量来看，2011～2017年，建筑企业数量增加超过600家。企业签订合同金额在2011～2017年增加了近1倍。总之，山西建筑业自身发展规模和实力不断增强，对于地区经济发展的贡献也在逐步提高。

表1 山西建筑业主要经济发展指标

指标名称	2011年	2015年	2016年	2017年
总产值（亿元）	2324.91	2931.26	3318.47	3566.57
增加值（亿元）	357.21	461.34	480.24	—
增加值占地区GDP比重（%）	6.0	6.6	6.9	—
利税总额（亿元）	120.34	179.15	187.52	—
企业签订合同金额（亿元）	4702.04	6333.01	7449.50	8589.28
企业数量（家）	1920	2285	2532	2538
从业人员数量（万人）	62.45	76.45	75.43	78.42

资料来源：国家统计局网站。

从中部六省建筑业发展对比情况来看（见表2），山西建筑业发展在规模和质量上还需提升。2016年，中部六省建筑业总产值增速均值为10.4%，山西为13.2%，虽然高于中部六省均值并居于六省之首，但绝对值居于六省之尾，且相差数额较大。从这个角度来看，山西建筑业亟须在做大做强上下功夫。

表2 中部六省建筑业总产值情况

地区	2016年建筑业总产值（亿元）	2016年建筑业总产值增速（%）	2017年建筑业总产值（亿元）
山西	3318	13.2	3567
河南	8808	9.4	10085
安徽	6407	6.2	6829
江西	5179	12.5	6167
湖南	7304	10.2	8423
湖北	11862	12.0	13391

资料来源：国家统计局网站。

从与全国建筑业发展平均水平对比来看，山西建筑业的发展指标有高有低，各项发展不平衡。从总承包及专业承包建筑企业完成的总产值指标来看，2016年全国平均增速为7.1%，山西为13.2%，增速在全国的排名由2015年的第25位前进至2016年的第5位；从建筑业总产值指标来看，2016年山西建筑业总产值占全国总产值的比重为1.7%，排名第21位。2017年全国31个省份的总产值均值为6901亿元，山西为3566亿元，远低于全国均值，排名第22位。从全国范围来看，山西建筑业调结构、促转型的发展任务还比较重。

（二）新时代赋予山西建筑产业新的历史使命

1.建筑产业现代化发展是建筑产业演变规律的内在要求

建筑产业走现代化发展之路，符合建筑产业由低级到高级的演变规律，同时也是经济发展规律的必然要求。建筑产业经历了由手工向机械施工、简单工艺向复杂工艺、个人直接经验向科学技术、粗放型管理向集约化管理、单一生产向多元经营、封闭向开放的逐步转变，完成了从最初的低级形态逐渐向高级形态的发展演变，是产业从低级向高级发展的历史必然，随着经济社会的发展而发展。目前，不仅建筑产业面临较好的外部政策环境，而且建筑产业也出现了技术拐点、成本拐点、关联产业拐点（主要是指钢铁业），建筑产业步入了转型发展的机遇期。

2.建筑产业现代化发展是新时代保持高质量发展的客观需要

我国经济发展进入工业化中后期，经济发展周期要求经济增速必须控制在7%以下，超高速是不正常的，是违背经济发展规律的，是不可持续的。从山西建筑业发展速度来看，2016年建筑产业总产值增速为13.2%，合同签订额增速为17.6%，主要发展指标增速均在10%以上，明显与我国高质量发展要求不符。

同时，从表3可以看出，山西建筑业劳动生产率在全国31个省份中排名靠后，且劳动生产率绝对值与全国均值相差较大，2016年全国建筑产业劳动生产率最高的广东为9.1万元/（人·年），而山西只有4.2万元/（人·年）；

企业技术装备情况排名虽然看似比较靠前，但2016年企业自有施工机械设备年末总台数、技术装备率分别与排名第一的江苏、天津相差数倍，当年江苏施工机械设备达到129万台，而山西不足20万台。2016年天津技术装备率为4.2万元/人，山西仅为1.9万元/人。产业增速快，产业发展质量偏低，山西建筑业亟须进行转型发展，适当放缓产业增长速度，提高产业发展质量。同时，供给侧结构性改革要求发展的着力点要放在实体经济上，并把提高供给体系质量作为主攻方向，支持传统产业转型升级。综合来看，山西建筑产业实施现代化发展战略符合新时代高质量发展要求，符合供给侧结构性改革要求。

表3 山西建筑业劳动生产率和企业技术装备情况

指 标		2012年			2015年			2016年		
		山西	全国均值	山西国内排名	山西	全国均值	山西国内排名	山西	全国均值	山西国内排名
劳动生产率[按增加值计算，单位:元/(人·年)]		41544	57203	29	46372	61751	28	42717	62095	31
企业技术装备	自有施工机械设备年末总台数(台)	208493	327654	15	193051	311088	15	197334	309011	15
	技术装备率（元/人）	18275	15207	5	18189	13129	5	19473	13458	5
	动力装备率（千瓦/人）	10	6.74	4	9	5.75	4	9	5.64	2

资料来源：根据国家统计局网站数据计算得出。

3. 建筑产业现代化发展是新时代完成经济结构战略性调整的题中应有之义

自我国经济步入新常态之后，经济向形态更高级、分工更优化、结构更合理阶段演化的趋势更加明显，过去那种低效率、不合规律、资源过度消耗、生态破坏严重、产能过剩的发展方式已不可持续，必须加以改变，不改变就没有出路。进入新时代，经济发展对质量和结构的要求更高，建设现代化经济体系是解决这些难题的关键一招，也是我国发展的战略目标。面对经济结构调整的战略要求，山西建筑业构建现代化产业体系，推动实现质量变革、效率变革、动力变革是新时期的重要任务。

山西建筑业发展不均衡，主要表现在以下三个方面。一是山西建筑业内部发展不均衡。从表4不难看出，房屋和土木工程建筑业总产值占建筑业总产值的90%以上，而建筑安装业总产值、建筑装饰业总产值、其他装饰业总产值占比不到10%，建筑业内部发展极为不平衡。二是投资资金来源单一，仅限于内资。从表5中建筑企业登记注册类型来看，内资建筑业企业数量占建筑业企业总数的99%以上，外商投资建筑业企业数量过少。三是山西省域内的地市之间发展极为不平衡。以2016年为例，太原建筑业总产值占全省的70.4%，其余10个地市占比平均不足3%。太原建筑企业数量占全省建筑企业总数的43.8%，其余10个地市占比平均不足6%。

表4　按行业分山西建筑业总产值分布情况

单位：亿元

指标	2011年	2012年	2013年	2014年	2015年	2016年
建筑业总产值	2324.91	2668.18	3034.37	3103.49	2931.26	3318.47
房屋和土木工程建筑业总产值	2142.05	2453.82	2740.99	2841.53	2696.97	3059.24
建筑安装业总产值	95.90	111.49	136.44	152.32	139.82	155.25
建筑装饰业和其他建筑业总产值	86.96	102.87	156.94	109.64	94.47	103.98

资料来源：国家统计局网站。

表5　按登记注册类型分山西企业数量

单位：家

指标	2011年	2012年	2013年	2014年	2015年	2016年
建筑业企业总数	2532	2285	2357	2189	2016	1920
内资建筑业企业数量	2526	2277	2347	2177	2004	1911
国有建筑业企业数量	143	139	148	166	163	173
集体建筑业企业数量	82	88	94	107	105	110
外商投资建筑业企业数量	3	4	4	5	5	4

资料来源：国家统计局网站。

4. 建筑产业现代化发展是新时代激活创新动力的必然要求

创新是引领发展的第一动力，加快创新型国家、创新型城市、创新型企业建设是大势所趋。从创新动力来看，科技创新是关键，要攀登全球价值链中高端；从创新主体来看，人才是第一推动力，具备较高知识水平和技能的专业人才不仅掌握核心技术，而且具有全球化视野，能够带来生产和管理的双创新。

山西建筑业目前发展的创新力不足，主要表现在以下三个方面。一是从建筑企业技术状况指标来看，技术装备情况总体上不容乐观，与全国发达地区建筑企业技术装备的差距较大，从表3中可以看出虽然山西建筑企业在动力装备率上的排名比较靠前，但是全国31个省份的差距不大，动力装备率在7千瓦/人及以上的省份达到了12个。同时，山西动力装备率在2012~2016年总体呈下降趋势。二是从专业技术人员构成来看，虽然目前山西建筑业建设监理企业从业人员中具有中高级技术职称的人员占企业总人数的近60%，但监理企业作为第三方质量监督机构，对建筑施工工程的质量不直接产生作用。而从表6中可以看出，对工程质量直接发挥作用的勘察设计机构专业技术人员分布情况来看，高级职称职工人数比例在2016年仅为10.1%，且近年来总体呈下降趋势，中级和初级职称职工人数占比近年来总体也在下滑。综合技术和专业人员状况，山西建筑业的创新动力不足，急需招才引智，为建筑业发展提供内生的动力源泉。

表6 山西建筑业勘察设计机构专业技术人员分布情况

指标	2011年	2012年	2013年	2014年	2015年	2016年
年底职工人数（人）	36455	39141	40950	95939	83025	70156
高级职称职工人数比例（%）	15.9	16.3	15.4	7.2	8.0	10.1
中级职称职工人数比例（%）	24.7	26.3	26.0	12.7	14.8	17.8
初级职称职工人数比例（%）	19.4	21.3	22.3	12.6	14.1	15.9

资料来源：根据国家统计局网站相关数据计算得出。

5. 建筑产业现代化发展是推动山西资源型经济转型发展的重要途径

随着新时代新征程的到来，山西省国家资源型经济转型综合配套改革试验区建设进入了攻坚期，山西省已经明确做出今后五年的战略安排，将深化供给侧结构性改革和深化转型综改试验区建设有机结合是今后经济工作的主线，转型综改试验区建设到了发挥战略牵引作用的关键时刻，要稳增长、促改革、调结构，逐步降低煤炭产业增加值占 GDP 比重，逐步提高制造业、文化旅游业、战略性新兴产业增加值对 GDP 的贡献率。同时，指出三个关键历史节点的战略目标，即到 2020 年要与全国同步全面建成小康社会，2030 年经济转型任务基本完成，2035 年社会主义现代化基本实现。面对新的历史任务，随着山西建筑产业增加值占地区生产总值的比重逐步提高，建筑产业对地区经济的影响力逐步显现，但是从目前产业发展状况来看，新的发展要求需要做出新的战略调整，在新时期做出新的业绩和贡献。

三 山西建筑产业现代化园区的现状与问题

（一）山西建筑产业现代化园区的成立背景及主要发展历程

2016 年底，王一新副省长到山西建设投资集团有限公司（原山西建筑工程集团总公司，以下简称山西建投集团）就如何加快装配式建筑和新型建材产业发展、传统建筑企业转型升级、寻找新的经济增长点等进行专题调研。王一新指出，在建筑产业现代化发展过程中，省政府要加大政策扶持力度，加强宣传引导，注重布局均衡，形成产业集群。山西建投集团要紧扣新时代发展要求，顺应建筑业市场趋势，依托自身优势，培育核心竞争力，立足山西，发展周边，寻机会于全国，在新型建材、装配式住宅方面走在全国前列，打造山西品牌。

2017 年初，楼阳生省长在山西省第十二届人民代表大会第七次会议政府工作报告中强调，要做大做强做优建筑业，集中全力打造省级建筑产业园区，大力扶持建筑企业建立全产业链的生产体系，实现设计龙头、构配件工厂化生产、建筑施工等一体化发展。

2017 年 11 月，山西省印发《关于促进建筑业持续健康发展的实施意

见》，提出要高瞻远瞩、长远谋划，重点在太原、大同、运城等地建设一批特色建筑产业园区，园区要在钢结构及混凝土结构、新型建材、预制构件等方面实现新的发展，同时要实现仓储、物流、会展、研发、教育培训等一体化发展。要对园区建设以及入驻园区的企业在用地、各类资金补助等方面提供差别化政策，目的是促进行业集聚发展。

山西建投集团严格落实山西省对建筑业发展提出的新要求和新方向，紧跟支持建筑业发展的新政策导向，遵循"创新、协调、绿色、开放、共享"五大发展理念，以"高起点、高标准、大战略"的姿态，加快顶层设计，着力打造"一个研发中心"，并在全省布局，致力于在"太原、朔州、吕梁、晋城、运城"五个地域分别建设装配式建筑产业园区，推动山西建筑业转型发展。

（二）全国及山西五大建筑产业现代化园区概况

1. 全国建筑产业园区总体情况

住建部出台的《"十三五"装配式建筑行动方案》明确指出，到2020年全国范围内装配式建筑要占到新建建筑的15%以上，其中重点推进地区、积极推进地区、鼓励推进地区所占比例分别要超过20%、15%、10%。同时，装配式建筑示范城市、装配式建筑产业基地、装配式建筑示范工程、装配式建筑科技创新基地的培育打造数量分别不低于50个、200个、500个、30个。

据不完全统计，截至2017年底，我国国内装配式建筑产业园区共有近30个，这些园区在名称上稍有不同，其中装配式建筑产业园居多，占80%，分别位于云南安宁、甘肃天水、湖北荆州、内蒙古林格尔县、海南海口、广西柳州、河北望都县、河南新郑、山东德州、山东淄博、广东东莞、陕西铜川、河南平顶山、广西横县、四川广安、广东江门、江西南昌县武阳镇、山东日照、河南临颍县、湖南湘西等地，其余20%分别为山东济宁卓达模块化建筑产业园、长春亚泰集团建筑工业化制品产业园、盐城中鹰国际装配式建筑科技产业园、宝坻住总装配式建筑产业园、山西建筑产业现代化园。

从目前全国建筑产业园区的情况来看，由于装配式建筑占比高低对建筑产业能否实现现代化起核心作用，所以国内各地区纷纷将装配式建筑产业园区的建设和发展作为重点。山西于2017年新设成立了建筑产业园区，从名称上凸显了现代化特色，基于全产业链视角，其发展视野和高度符合新时代发展特征。但从另一个角度来说，山西建筑产业现代化园区除了要做好装配环节的建设发展，还要兼顾其他上下游产业链条的发展，打通整个建筑产业链条，发展任务也十分艰巨。

2. 山西建筑产业现代化园区总体概述

山西建筑产业现代化园区由山西建投集团牵头推进，具体负责园区的一级开发，可以对部分重点项目进行直接投资，同时也需要进行市场化的招商引资。基于全产业链理论和思路，以产业园区为载体，以钢结构建筑、装修一体化、新型绿色建材为主题，引进国内建筑业先进企业，集聚全省建筑企业，以创新为驱动，逐步建成集研发、设计、生产、施工、运营于一体的全产业链集成体系，成为山西省首个国家级建筑产业现代化生产基地。

山西建筑产业现代化园区的划分有两类：一是按功能可分为硬件建设类和软件建设类，简称"623"项目建设。其中，硬件建设涉及"六区两基地"[①]，软件建设要求设立省级建筑行业云服务平台，依托该平台，搭建三个"互联网+"平台，分别为"+采购信息""+投融资""+技术服务"。二是按地域可分为五个产业园区，分别位于太原、晋东南、运城、吕梁和朔州。五个园区建成之后，能够基本实现山西全省域内的覆盖和辐射。

3. 山西五大建筑产业现代化园区建设进度

截至2017年底，山西五大建筑产业现代化园区基础工作取得初步成效。

太原园区。该园区用地总面积约为1900亩，建设总投资约58亿元，规划建设三个子园区，分别为潇河园区、科创城研发基地和经济开发区园区。其

[①] "六区"，即钢结构产业区、PC构件产业区、综合管廊等市政预制构件产业区、装修一体化产业区、绿色建材产业区、仓储物流会展区；"两基地"，即研发基地和教育培训基地。

中，潇河园区是起步区，重点是打造钢结构产业区、装饰一体化产业区、绿色建材产业区、工业仓储区及建筑装备产业区，建成全产业链协同运转的现代化产业园区。装饰一体化产业区及绿色建材产业区是该园区的发展重点，目的是建造绿色建材及装配式内、外装两大产业产品体系，并逐步开展研发设计、智能家居、物流配送等相关业务，最终形成完备、绿色、科学的建筑装饰供应链体系。

晋东南园区。该园区由山西建投集团与晋煤集团联合开发，园区建设的着力点为分布式能源智能综合利用。园区占地面积约为800亩，投资规模约为24亿元，工程建设分两期进行。一期工程以装配式钢结构、装配式综合管廊和混凝土预制构件为重点发展对象，二期工程则侧重于装饰装修一体化、新型绿色建材。园区建成达产后预计每年产值为40亿元，能够上缴利税2.3亿元，安排就业岗位1100余个。该园区已于2017年5月开工建设。

运城园区。该园区位于运城经济技术开发区内，占地面积为1000亩，计划投资30亿元。园区建设主要包含六个具体的产业园区，分别为钢结构产业园区、PC结构产业园区、市政预制构件产业园区、装修一体化产业园区、绿色建材产业园区、工业仓储产业园区。其中，一期项目用地300亩，投资10亿元，主要用于PC结构产业园区、综合管廊等市政预制构件产业园区及钢结构产业园区建设，于2017年12月正式启动园区建设，到2018年7月投产使用；二期项目用地300亩，投资10亿元，计划2018年7月开工建设，到2019年7月底投产使用；三期项目用地400亩，投资10亿元，计划2019年8月开工建设，到2020年6月底投产使用。后期计划再增加用地500亩，进行生产扩容。

吕梁园区和朔州园区。目前这两个园区还处于与当地政府对接协商阶段，双方就土地规划与审批、投资金额、运行模式、招商引资等内容进行全面接洽，园区还没有开展实质性的施工建设。

（三）山西建筑产业现代化园区建设存在的问题

目前，山西建筑产业现代化园区基本上处于起步建设阶段，暴露出的问题不多,但是通过借鉴其他先进地区建筑产业园区的经验,我们需对未来建设中可能出现的问题进行预判,对一些可能影响全局的细小问题进行分析,做到未雨绸缪、心中有数。总体来看,山西建筑产业现代化园区建设需要在以下几个方面加以重视。

一是政策支持力度有待加大。综观国内建筑产业整体发展情况可以发现,山西建筑产业整体发展层次低,结构不均衡,内生动力不足,与国内先进发达省份的建筑产业发展存在不小的差距。为了更好地实现"弯道超车",充分发挥优势,必须最大限度地争取政府的支持,制定优惠政策,在资金、技术、人才等方面给予专项扶持。

二是总体发展规划和具体发展目标有待细化。从目前情况来看政策法规体系还不健全,诸如《山西省绿色建筑发展条例》《山西省"十三五"建筑产业现代化发展规划》《山西省住宅产业现代化发展规划》《山西建造2030行动纲要》等政策法规还未形成,在推进建筑产业园区现代化发展体制机制、政策体系上还不够充分。同时,目前各园区年度发展目标及具体的月度工作计划并未制订,园区建设各项工作还没有具体的"战略规划蓝图"和"工作路线图"。

三是园区运行模式有待明确。园区运行模式不明确在一定程度上会导致园区体制机制产生障碍和问题,因此在大方向上一定要把握住,要注意发挥市场的自由选择作用,政府行政干预在不同的模式之下要有不同的限度。合理协调解决政府与市场的关系,既能保证发挥政府在宏观调控方面的作用,又能充分利用市场在资源配置方面的优势,从而理顺园区在技术研发、招才引智、激发活力等方面的体制机制。

四是园区与城市融合发展有待强化。从目前各产业园区的总体定位和发展目标来看,仅着眼于园区内产业层次和体系的构建,未能将园区所在地区的城市发展考虑在内。产业园区发展的最终目标应是城市综合水平的提升,因此要寻找产业和城市有机融合发展的切合点,实现产城融合发展目标。

四 山西建筑产业现代化园区发展的政策建议

(一)加大政策支持力度,助推高质量发展

出台专项政策扶持园区建设。要出台扶持建筑产业园区发展的针对性政策,对园区的定位、产业链条的各个环节,以及建筑设计、装配式住宅、地下综合管廊、海绵城市、绿色建材、现代物流、软件平台、研发培训等,细化政策扶持方向。制定出台《山西省建筑产业现代化园区建设实施意见》以及《山西省建筑产业现代化园区建设实施细则》,在土地出让或划拨的源头规定装配式建筑、安装建筑、装饰建筑的建设比例,从资金、技术、人才等方面配套推进,立足打造国内一流的建筑产业现代化示范园区。

出台招商引资优惠政策。相关部门要根据园区的定位,细化招商引资入园企业的条件、范围,从战略高度,抢占产业先机,集聚技术、人才等核心竞争力,高标准、严要求对入园企业进行全方位把关和考量,目标要明确,形成产业集聚和规模优势,加强企业间的互动交流,形成联动发展,打造拳头产品,各链条互相融合、相互促进,整体提升。

优化政务服务环境。要提高政务效率,为建筑产业园区手续办理开绿灯,特事特办,简化审批流程。在土地价格、规费、扶持奖励、财政资金等方面给予优惠政策,为建设方和入园企业提供"全程化、优质化、人性化"的全方位服务,把山西建筑产业园区建设成环境最好、服务最优、成本最低、效率最高的现代产业园区之一。

(二)明确建设发展模式,发挥示范效应

创新投资模式,政府引导、国企为主、民企参与。结合国内外园区建设经验,建议由政府出引导资金,国有企业主要参与,民营企业适度参与。对山西而言,建筑产业园区建设属于新兴事物,严格讲,起步园区只能成功不能失败。为确保园区建设首战打响,提高保险系数,应由政府出引导资金,

展现对该项工作推进的决心和态度；国有企业主要参与，更有利于园区推进；民营企业适度参与，为园区后续发展注入多元活力。

以国有企业为主导推进整体园区施工建设。政府要在园区规划和定位方面进行全面筹划，国有建筑企业具有园区设计、建筑施工、配套设备、标准体系、基础管理等天然优势，主导整体园区施工建设能够满足起步园区建设的需要。要充分重视园区基础设施建设，满足长远发展需要。

形成政府、国企、民企间的良性战略合作。要在园区的"里子"方面提前考虑，下功夫研究，对入园企业进行前期把关，对合作模式进行前期探讨，寻找符合山西建筑产业园区良性互动发展的路子。要坚持共谋、共建、共享的互利共赢理念，发扬合作精神，把最优质的产业链条企业吸纳进来、合作起来，提高产业关联度，形成完整产业链条，提升入园企业发展质量。

（三）集聚科技优势，打造发展内生动力

站在山西省调整产业结构、推进实施供给侧结构性改革的高度，把产业园区打造成技术高地，培育优势竞争力，重点在质量和效益上逐步缩小山西建筑产业与周边省份建筑产业的差距，实现"弯道超车"，振兴山西建筑业，加快山西"建筑大省"建设。

建立技术创新激励机制，构建企业自主技术创新体系，确定企业在科技创新活动中的主体地位，开展全方位、多层次的创新活动，激发技术创新中各因素的活力，用经济手段推动企业科技创新发展。要充分发挥和放大山西建投集团在综合研发设计、装配式住宅、大型钢结构吊装、装饰装修、古建筑、地下综合管廊等方面的技术优势，整合资质和国企资源，形成一批行业领先技术。加紧实施《装配式建筑行动方案》，以BIM技术为平台推动现代化进程，争取到2020年试点园区装配式建筑BIM全过程应用比例和工程总承包比例均达到50%以上。

整合原有的科研资源，孵化新技术、新工艺、新产品、新业态、新模式，加大产学研合作力度。发挥山西建筑工程有限公司建筑行业技术中心的作用，加强与太原理工大学、山西省建筑科学研究院的横向技术合作，综合

考虑建筑产业和施工产品的发展趋势，针对建筑业转型方向、技术重点难点进行技术研发；对标学习国内外先进建筑企业，引进现代化的建造技术，注重对引进技术的消化与吸收。

（四）完善引才聚才机制，抢占人才制高点

学习和借鉴其他省份的先进经验，制定适合山西省实际情况的人才引进留用机制，出台并细化支持高层次、高技能人才的措施，为人才提供全方位的后勤保障，为想干事、能干事、干成事的人才提供干事创业的平台。具体到产业园区，就是要发挥市场机制的作用，把有关建筑产业方面的经营管理人才、专业技术人才、高技能操作人才聚集起来，为建筑产业现代化贡献智慧；要发挥园区教育培训基地的作用，加大人才培养力度，加快人才补充，为建筑产业现代化提供强有力的人才保障。

借鉴发达地区建筑产业园区的发展经验，参考2017年吉林省《关于激发人才活力支持人才创新创业的若干意见》和江苏省《关于进一步加快苏南国家自主创新示范区建设的有关人才政策措施》相关人才激励政策，结合本地区实际，出台山西省建筑产业现代化园区人才政策，采用市场化手段，加快改革步伐，吸引人才集聚，力争取得积极效果。

（五）强化绩效考核，确保实现高效发展

由政府牵头强化对建筑产业园区建设的考核，细化考核责任状，对各地市产业园区建设明确建设内容和推进时间表，每年印发《山西省建筑产业现代化园区年度工作要点》《山西省建筑产业现代化园区发展水平监测评价办法》等，年度任务及月度计划要落实到单位和责任人，优先给予资源配置和政策倾斜，确保全省建筑产业园区建设顺利推进。每年举办两次考核评价，分别为年中和年末。建立月度例会制度，加强园区建设过程中的沟通与协调。

各施工主体责任单位要把建筑产业园区建设作为一项重点任务去抓，抓质量、重技术、保进度；园区负责商务的部门要加快招商引资的落地，按照园区定位和功能丰富园区建设内涵；技术研发部门要研究行业技术前沿问

题，适度引进技术，高起点、高标准引领建筑产业现代化发展；各政府部门要加大服务力度，提升办事效率，为园区入驻企业提供政务保障。

参考文献

［1］《国务院关于支持山西省进一步深化改革促进资源型经济转型发展的意见》（国发〔2017〕42号），中央人民政府网，2017年9月1日，http：//www.gov.cn/zhengce/content/2017-09/11/content_5224274.htm。

［2］《党的十九大报告辅导读本》，人民出版社，2017。

［3］《中央经济工作会议举行　习近平李克强作重要讲话》，新华网，2017年12月20日，http：//www.xinhuanet.com/fortune/2017-12/20/c_1122142392.htm。

［4］楼阳生：《肩负重大使命　奋力转型发展》，《人民日报》2017年8月10日，第13版。

［5］李志强主编《山西资源型经济转型发展报告（2017）》，社会科学文献出版社，2017。

［6］李志强主编《山西资源型经济转型发展报告（2016）》，社会科学文献出版社，2016。

［7］李志强：《深化改革助力转型综改示范区建设》，《山西政协报》2017年5月26日，第00C版。

［8］《国务院办公厅关于促进建筑业持续健康发展的意见》（国办发〔2017〕19号），中央人民政府网，2017年2月24日，http：//www.gov.cn/zhengce/content/2017-02/24/content_5170625.htm。

［9］《山西省人民政府办公厅关于促进建筑业持续健康发展的实施意见》（晋政办发〔2017〕135号），山西省人民政府网，2017年10月25日，http：//www.shanxi.gov.cn/zw/zfcbw/zfgb/2017nzfgb_17000/2017121d0q/szfbgtwj/201711/t20171121_348572.shtml。

［10］《国务院办公厅关于大力发展装配式建筑的指导意见》（国办发〔2016〕71号），中央人民政府网，2016年9月30日，http：//www.gov.cn/zhengce/content/2016-09/30/content_5114118.htm。

［11］《山西省人民政府办公厅关于大力发展装配式建筑的实施意见》（晋政办发〔2017〕62号），山西省人民政府网，2017年6月14日，http：//www.shanxigov.cn/sxszfxxgk/sxsrmzfzcbm/sxszfbgt/flfg_7203/bgtgfxwj_7206/201706/t20170614_306797.shtml。

B.8
以金融创新发展促进山西产业结构优化升级

李志伟 贾丽丹*

摘 要: 当前山西省正处于加快资源型经济转型发展的关键时期,通过金融创新发展支持促进产业结构优化调整是其重要的路径。因此,本报告运用理论和实证方法系统分析了近年来山西省金融发展与产业结构升级之间的相关关系,深入研究了山西省区域金融功能支持经济转型发展的效果及问题,并结合山西实际情况提出了促进山西金融支持产业结构优化升级的政策建议。

关键词: 金融发展 产业结构 优化升级

2015年以来,全国经济进入新常态,伴随着煤炭产业效益下滑和国外市场的冲击,目前山西省促进经济发展的首要任务是改变经济发展格局、推进产业结构优化调整。与此同时,山西也在着力促进地方金融稳定和金融服务实体经济发展,并相继发布了《关于促进山西金融振兴的意见》《关于进一步支持小型微型企业健康发展措施的通知》《关于加快我省多层次资本市场发展的实施意见》《山西省企业上市(挂牌)培育工程实施方案》等文件,并在2017年10月特别成立山西省金融稳定发展工作组。党的十九大报

---

* 李志伟,山西大学经济与管理学院、山西大学中国中部发展研究中心,博士、讲师,主要研究方向为产业经济发展。贾丽丹,首都经济贸易大学。

告指出，我国经济已由高速增长阶段转向高质量发展阶段，正处在转变发展方式、优化经济结构、转换增长动力的攻关期，建设现代化经济体系是跨越关口的迫切要求和我国发展的战略目标。而深化供给侧结构性改革、支持传统产业优化升级、加快发展现代服务业是建设现代化经济体系的重要内容。因此，山西应坚持把深化供给侧结构性改革与深化转型综改试验区建设紧密结合起来，充分利用好当前全省经济发展逐步由"疲"转"兴"、经济结构呈现积极变化的形势，积极实施创新驱动、转型升级战略，通过加快金融创新发展，充分发挥金融要素在经济发展中的引导作用，促进山西实体经济的发展，提高全要素生产力，进而促进山西产业结构优化。

一 山西省金融支持产业结构优化的概况

（一）山西省金融业发展现状

山西省 GDP 在 2017 年底已达 14973.51 亿元。与此同时，山西省的各个行业部门也随着经济的增长不断地快速成长，其中金融业的表现非常显著（见表 1、表 2）。就金融业而言，截至 2016 年底，山西省 GDP 的 10.57% 即 1379.43 亿元来源于省内金融业的增加值。就金融机构发展而言，山西省的金融体系实现了多维度的态势，中介机构不再仅仅局限于银行业，在保持银行业良好运行的同时，积极发展了证券、保险等行业。截至 2017 年 12 月末，山西省社会融资规模存量为 32838.1 亿元，山西省金融机构本外币各项贷款余额为 22573.8 亿元，双双创历年新高，有力地支持了山西实体经济发展。其中，人民币各项贷款余额为 22463.9 亿元，同比增长 11.1%，在全国排名第 23 位，比 2016 年底上升 5 位。2017 年末全省共有上市公司 38 家，仅占全国上市公司总数的 1.1%，在全国排名第 21 位，在中部六省排名第 5 位[①]。除此之外，山西省的保险市场也在促进经济发展的道路上有着不容忽视的贡

---

① 数据来源于中国人民银行太原中心支行《2017 年山西省金融运行情况》。

献。山西省继2016年保费收入突破700亿元之后，2017年保费收入继续保持快速增长势头，达到823.9223亿元，整个保险行业发展势头良好。

表1 山西省金融业整体发展状况

年份	金融业增加值（亿元）	山西省GDP（亿元）	金融业所占比重（%）
2003	118.48	2855.23	4.15
2004	110.29	3571.37	3.09
2005	135.07	4230.53	3.19
2006	169.63	4878.61	3.48
2007	218.73	6024.45	3.63
2008	290.91	7315.40	3.98
2009	361.64	7358.31	4.91
2010	448.30	9200.86	4.87
2011	519.32	11237.55	4.62
2012	639.61	12112.83	5.28
2013	809.90	12665.25	6.39
2014	897.26	12761.49	7.03
2015	1140.54	12802.58	8.91
2016	1379.43	13050.41	10.57

资料来源：Wind数据库。

表2 山西省金融业相关指标情况

年份	城乡居民储蓄存款（亿元）	全年债券成交额（亿元）	保费收入（亿元）	保险密度（元/人）	保险深度（%）
2007	5422.40	2.8	180.36	537.0	3.2
2008	7048.60	7.8	260.89	769.0	4.0
2009	8099.43	15.9	289.25	843.0	4.0
2010	9223.00	6.7	365.30	1066.0	4.0
2011	10505.50	45.0	364.67	1020.0	3.3
2012	11997.00	17.9	384.65	1065.0	3.2
2013	13339.40	4072.6	412.38	1142.0	3.0
2014	14145.18	5698.5	465.37	1275.7	3.7
2015	15675.85	7342.0	586.73	1601.0	4.4
2016	17231.10	12142.5	700.55	1902.8	5.4

资料来源：Wind数据库。

（二）山西省产业结构变迁与现状

山西省的产业结构随着经济的发展在不断地调整改变（见图1、表3）。1984年，山西省三次产业比重为23.43∶52.23∶24.34，呈现"二三一"的模式，第二产业的贡献率远高于其他两个产业，在当时山西省的产业结构中最为重要，而第一产业则呈现较低水平。2017年山西省的产业开始呈现"三二一"的初级结构模式，三次产业比重调整为5.2∶41.3∶53.5，第三产业正逐步成为促进山西经济发展的重要驱动力，但是与理论上成熟的产业结构相比，山西省的产业结构模式仍然需要继续优化。

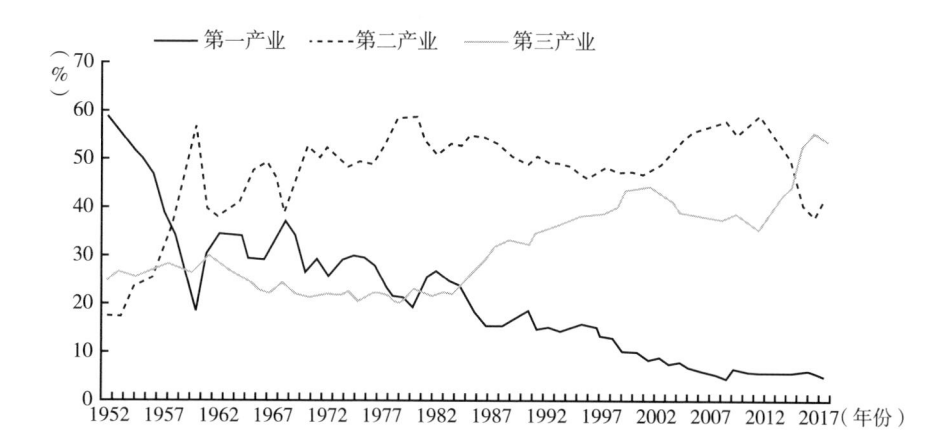

图1　1952~2017年山西省三次产业比重

表3　2003~2017年山西省GDP构成

单位：亿元

年份	第一产业产值	第二产业产值	第三产业产值	GDP
2003	215.19	1463.38	1176.65	2855.22
2004	276.30	1919.40	1375.67	3571.37
2005	262.42	2357.04	1611.07	4230.53
2006	276.77	2755.66	1846.18	4878.61
2007	311.97	3454.49	2257.99	6024.45
2008	313.58	4242.36	2759.46	7315.40

续表

年份	第一产业产值	第二产业产值	第三产业产值	GDP
2009	477.59	3993.80	2886.92	7358.31
2010	554.48	5234.00	3412.38	9200.86
2011	641.42	6635.26	3960.87	11237.55
2012	698.32	6731.56	4682.95	12112.83
2013	741.01	6613.06	5311.18	12665.25
2014	788.89	6293.91	5678.69	12761.49
2015	783.16	5194.27	6789.06	12766.49
2016	784.57	4926.40	7217.37	12928.34
2017	777.86	6181.8	8013.85	14973.51

资料来源：Wind数据库。

（三）山西金融支持产业结构优化调整的分析及对比

1. 山西省金融支持产业结构优化调整的分析

山西省目前金融支持产业发展机制仍然以传统型为主导，经济体制依附于国内大环境，属于政府主导型经济体制。在企业、银行和政府的三边关系中，政府的地位更高，主导权更多。政府凭借自身高效的财政投融资资金实力，在金融调控方面能说到做到、有力有效。就企业层面来说，存在公共关系的少数大型国有企业更容易从银行取得贷款融资，而更多的中小型企业则很难拿到贷款，融资不易。数据显示[1]，即使小微企业从银行业得到的贷款较少，但其中超过70%的银行贷款也来源于国有大型银行。这是由于目前山西省银行业仍然占据金融系统的主导地位，资本市场发展没有实现完全多元化的良好态势，而且其他商业银行的地位不高，应对风险的能力较差，对中小企业贷款更加谨慎。

就金融支持方式而言，政府不仅通过金融市场对资金进行分流供给，而且通过各种方式进行直接信贷配给，能够顺利执行政府产业政策和需要

---

[1] 数据来源于《山西省银行业监管统计指标季度情况表（2016年）》。

政府扶植发展的产业部门则是这些信贷的吸收者。山西省信贷资金则主要向钢铁和煤炭大集团企业聚集，这些钢铁和煤炭大集团企业的并购重组对信贷资金的需求非常大，使得银行面临单一客户集中度和行业集中度过高的风险。2016年，山西省煤炭企业应收账款快速增加，导致资金链极度紧张，资金压力较大，从而不得不转而向银行申请信贷支持，将企业经营问题反映到金融层面，而同年山西省出台了《关于加大金融支持力度的实施细则》，旨在使各区域金融机构提高对山西省特殊支柱产业——煤炭产业地位的认识，进而积极争取金融机构总部的财政资金支持。通过对各煤炭产业的评级分析，按照层级资金支持的原则，对发展平稳且财务良好的煤炭类企业继续进行财政金融方面的扶持。以国内金融发展背景为基础，山西省以银行等金融机构为主的间接融资居于主要地位，相对应的金融支持工具也就将间接金融作为主导工具，直接融资在整体融资中的比例还较小。对山西而言，金融结构有待优化，资本市场还没有达到多位一体的程度。同时，山西金融业也存在许多问题，如金融系统不健全、信用规制不充分、相关金融法例不完备等。因此，山西省实施产业政策的工具主要是银行等间接融资机构，通过支配信贷资金的数目、信贷投向等政策，以储蓄的方式积聚产业发展资本，并将这些资本通过政府政策调控分配到主导产业中。

2. 与英美等金融发达国家的对比

在金融支持机制方面，美国非常发达的资本市场使得市场中的投融资机制高度市场化。在企业、银行和市场的三边关系中，市场的地位更高，主导权更多。英、美等国否决直接投资的方式，而是通过担保、资产证券化等间接方式支持国家产业发展，尽可能地发挥民间金融机构分配资金的作用，尽量施展市场体制在产业优化中的能力。在金融支持方式方面，美国市场经济非常发达，产业政策宽松。在调整优化产业结构的过程中，更多地依托市场环境和间接手段对生产要素进行合理的供给分配，最大限度地削弱政府直接干预的力量。而且，美国政府不会直接干预某个产业部门的投资，而是通过修订一系列的法例条文等间接手段来利用有形资本为发展型产业部门营造良好的投资环境，进而调整产业结构。在金融支持工具上，英、美等国的资本市场层次繁杂，为不同信用评级和发展规模的企业部门提供了筹资的可能性，使得各种企业部门的需要得到了满足。因此，美国资本市场为不同信用评级和发展规模的企业提供了融资的可能，提高了资产流动性，而战略性产业部门成长过程中的风险也同时被金融市场承担并分散。

二 山西省金融发展与产业结构优化调整关系的实证研究

（一）指标选取及数据说明

1. 指标选取

根据配第－克拉克定理，随着一个地域国民经济的不断发展，该地区的产业结构最终将趋向于第二、第三产业对总产值的贡献度逐渐上升、第一产业对总产值的贡献度逐渐下降的模式。下文将选取产业结构优化率（ISR，产业结构优化率＝1－第一产业产值/区域GDP）指标来衡量山西省产业结构的调整状况。

近年来，随着经济的发展，山西省金融业也在不断成长壮大，山西省的金融市场体系呈现多样化的态势。鉴于山西省目前金融业呈现多元化发展态势，非银行类金融业务虽处于附属地位，但是其影响力也不容忽视，故将山西省的银行类金融机构业务以及股市、债市作为研究金融发展的对象。本报告分别从三个方面对山西省区域金融业的发展状况进行计量。①金融相关率（FIR）。FIR＝（金融机构存款余额＋金融机构贷款余额＋股权债权融资额）/GDP，用以反映金融规模。②金融中介效率（FAE）。FAE＝金融机构贷款余额/存款余额，用以衡量资本市场配置资金的效率。③金融储蓄结构（FSS）。FSS＝城乡居民储蓄存款/金融机构全部存款，用以衡量资本市场吸收存储的能力。

2. 数据说明

文中使用的所有计算数据均来自2003~2016年《山西统计年鉴》和

Wind数据库，并经过整理分析得出。下述检验对变量做对数处理，以消除实证中可能存在的异方差问题。

（二）实证检验

1. 单位根检验

对实证变量进行单位根检验，以避免在进行时间序列分析时产生"伪回归"的问题，滞后阶数由AIC和SC准则确定。由表4得出，原始序列lnISR、lnFIR、lnFAE、lnFSS都不平稳，经过一阶差分处理后的差分变量DlnISR、DlnFIR、DlnFAE均平稳，lnFAE经二阶差分后平稳，因此变量lnISR、lnFIR和lnFSS均为一阶单整。ln$ISR \sim I(1)$，ln$FIR \sim I(1)$，ln$FSS \sim I(1)$，ln$FAE \sim I(2)$。

表4　ADF检验结果

变量	ADF	临界值 1%	临界值 5%	临界值 10%	结论
lnISR	-1.880768	-5.124875	-3.933364	-3.42003	不平稳
一阶差分	-4.119567	-5.295384	-4.008157	-3.460791	平稳
lnFIR	-3.106331	-5.295384	-4.008157	-3.460791	不平稳
一阶差分	-3.916424	-4.420595	-3.259808	-2.771129	平稳
lnFAE	-2.758056	-4.200056	-3.175352	-2.728985	不平稳
一阶差分	-3.802042	-5.295384	-4.008157	-3.460791	不平稳
二阶差分	-3.770405	-4.582648	-3.320969	-2.801384	平稳
lnFSS	-0.608646	-5.124875	-3.933364	-3.42003	不平稳
一阶差分	-2.719831	-2.81674	-1.982344	-1.601144	平稳

2. 协整检验

表5表明，在5%的显著性水平下，山西省金融发展与产业结构调整长期均衡。以此为基础，根据MLE得出长期协整方程：

$$\ln ISR = 0.28887\ln FIR + 0.183256\ln FSS$$

标准差：　　（0.02271）　　（0.02783）　　　　　　（1）

表 5　Johansen 检验

特征根	迹统计量(P值)		最大特征值(P值)		协整向量个数
0.959961	45.51107	0.0004	32.17891	0.0010	没有*
0.713616	13.33216	0.1032	12.50422	0.0931	至多一个
0.079460	0.827944	0.3629	0.827944	0.3629	至多两个

注：*表示在5%的显著性水平下拒绝原假设。

由上述协整方程式分析得出，每当山西省金融相关率增加1个百分点，产业结构优化率就会增加0.28887个百分点；而每当山西省金融储蓄结构增加1个百分点，产业结构优化率就会减少0.183256个百分点。

3. Granger 因果关系检验

根据表6的计量结果可以得出，FIR是引起ISR变化的格兰杰原因，反之不成立；FAE与ISR、FSS与ISR之间不存在因果关系，这表明山西省金融规模的扩张会影响产业结构的改善，反之不然。可见，2003~2016年，山西省金融业的发展有利于调整各产业比重，优化出更合理的产业结构。但是总体上来看，这两者之间并没有呈现相互影响的态势，这种情况表明当前山西省产业调整和金融发展仍旧存在一些问题。

表 6　Granger 检验

原假设	观测量	F统计值	显著性水平	是否接受
FIR 不是 ISR 的格兰杰原因	12	5.35023	0.0495	R
ISR 不是 FIR 的格兰杰原因	12	0.16916	0.6917	A
FAE 不是 ISR 的格兰杰原因	12	0.037964	0.5549	A
ISR 不是 FAE 的格兰杰原因	12	0.13591	0.7219	A
FSS 不是 ISR 的格兰杰原因	12	0.21493	0.6553	A
ISR 不是 FSS 的格兰杰原因	12	1.73867	0.2238	A

注：R 表示拒绝；A 表示接受。

4. 山西省金融发展对二次产业增长贡献度的差异分析

在分析完二者的长期协同关系之后，我们以上述结论为前提，更深层次地研究山西省金融业发展对产业结构的影响程度。这个分析以下面的回归方程模型为依据，自变量选定为金融发展指标，相应的因变量则是三次产业产值。根据上述协整分析及 Granger 分析的结果，建立回归方程：

$$\ln y_i = \beta_{i0} + \beta_{i1} \ln FIR + \varepsilon_i \qquad (2)$$

式（2）中的 y_i 用以衡量每年第 i 产业的 GDP；ε_i 表示残差项；$i=1$、2、3，分别表示第一、第二、第三产业。首先对各变量做对数处理，消除异方差对模型分析的影响；其次对山西省三次产业产值进行 ADF 检验（见表7），以避免"伪回归"。由表7得出，$\ln y_1$、$\ln y_2$ 和 $\ln y_3$ 均为一阶单整。

表7 ADF 检验结果

变量	ADF	临界值 1%	临界值 5%	临界值 10%	结论
$\ln y_1$	-1.901367	-5.124875	-3.933364	-3.420030	不平稳
$D\ln y_1$	-3.616711	-4.297073	-3.212696	-2.747676	平稳
$\ln y_2$	-0.637222	-5.124875	-3.933364	-3.420030	不平稳
$D\ln y_2$	-1.990610	-2.816740	-1.982344	-1.601144	平稳
$\ln y_3$	-1.344995	-4.200056	-3.175352	-2.728985	不平稳
$D\ln y_3$	-3.387355	-4.297073	-3.212696	-2.747676	平稳

对式（2）进行回归分析（见表8）。实验结果显示，三个方程调整后的 R^2 均接近于1，说明模型的拟合优度较好，并且本模型的各检验值都通过检验，表明模型是有意义的。根据计量结果可以得出以下结论，FIR 与三次产业产值的变动方向都相同，即 FIR 每增加1个百分点，会相应带动第一产业产值增长 1.854962%，第二产业产值增长 4.913195%，第三产业产值增长 3.770582%。由此可以分析得出，2003~2016 年，山西省金融业规模的扩大对第二产业产值的促进作用最大。

表8 山西省金融发展对三次产业产值影响的回归结果

产业	β_{i0}	β_{i1}	R^2	调整后的 R^2	F 值
第一产业	3.776032	1.854962	0.627600	0.590360	16.852870
（t 值）	1.813887	4.105224			

续表

产业	β_{i_0}	β_{i_1}	R^2	调整后的 R^2	F 值
第二产业	3.196919	4.913195	0.822504	0.754754	84.760227
（t 值）	13.01592	12.18179			
第三产业	2.774300	3.770582	0.782928	0.831221	79.339657
（t 值）	12.77430	13.05608			

（三）检验结果原因分析

从上述的分析中可知，山西省金融发展与产业结构调整长期均衡，但是山西省金融发展水平与产业结构发展的格兰杰关系是单向的，换句话说，金融发展促进了产业结构的调整和优化。产业结构优化对省内金融体系的发展没有太大的影响，造成这一结果的主要原因如下。

第一，山西省的储蓄向投资转化效率不高。将经济中的储蓄通过中介转化为市场投资是金融最主要的表现形式，投资－储蓄转化率的高低直接反映了国家或地区的金融发展状况。从存贷比这一指标可以看出（见图2），总体来看，山西省的存贷比在2013～2010年不断下降，在2010～2017年又逐年上升，但是始终低于全国水平，这表明山西省金融系统在2010年以前以

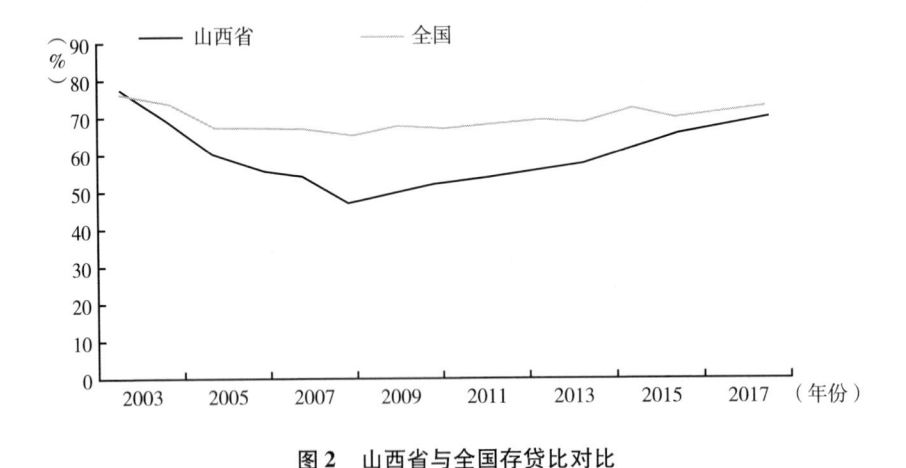

图 2　山西省与全国存贷比对比

资料来源：Wind 数据库。

银行为主导，使得金融系统内部积累的很多储蓄难以得到释放，导致资金的运行效率不高，之后随着各种金融中介的兴起，山西省金融业在不断复苏的同时将更多的储蓄注入市场，促进了山西省经济的发展。

第二，在山西省企业部门进行融资时，银行贷款是筹集资金的主要方式，而来源于股票市场与债券市场的比例则很小。截至2016年末，山西省企业部门银行贷款总额为1768亿元，占总融资额的45.36%；而企业债券与股票融资总额为483亿元，占总融资额的12.39%[①]。这样的融资结构一方面使得金融风险较多地集中于银行，难以符合国家相关管理条例对金融行业内部体系风险分散化的要求；另一方面，企业偏好银行贷款和信托贷款等，这使得企业部门利息负担过重，财务杠杆率大幅升高，资本结构安排不合理。

第三，信贷融资投向过度偏倚。由于国有大型银行在金融市场中的重要地位和"关系主义"的存在，有着政府部门潜在担保的少数国有企业更容易受到银行的青睐进而取得贷款。山西省信贷资金主要偏倚于钢铁和煤炭等传统支柱产业，相比较而言，大多数中小型企业很难拿到贷款，融资不易。整个经济体中，非公有制经济发挥着重要的作用，为山西省缓解人员就业问题以及促进山西省各个产业部门的发展做出了巨大的贡献，但是民营企业从金融市场中得到的信贷支持远小于公有制企业，这就造成了山西省大部分中小型企业出现融资难、科研难、创新难的问题，这些问题都制约着企业的发展。企业发展因为资金的短缺而受到限制，其发挥的职能作用就会下降，这就使得山西省的产业结构受到限制而迟迟得不到调整和优化。

三 促进山西金融支持产业结构优化升级的对策及建议

为了推进山西省资源型经济的转型进程，根据上述的分析与经验借鉴，为进一步提升山西金融效率，促进山西产业结构优化升级，本报告提出以下对策与建议。

---

① 数据来源于《山西省金融运行报告（2017）》。

（一）完善金融体系，积极扩大金融发展规模

山西省可以以供给侧结构性改革为契机，不断完善并且多维度地均衡发展省内金融系统各个金融行业。在此基础上不断深化金融体制改革，优化金融结构，建立服务实体经济、促进产业结构升级的现代型金融体系，使山西省金融系统可以高效分配社会资本，惠民惠企。第一，顺应金融科技发展的新趋势，加快银行业多元化发展，在保持住五大银行稳健运行的基础上，积极开展科技金融、绿色金融、普惠金融等业务。同时，大力促进中小银行及各类城市商业银行的创新发展，加快发展速度，扩大规模，提高相应的风险应对能力，提升中小银行服务市场的能力，满足社会各部门的需求。第二，保险领域应依据产业发展趋势，积极培育引进高级人才，加大创新力度，促进保险资金进入产业融资领域。保险产品的创新应积极利用大数据、云计算、区块链等先进技术，降低交易成本，满足不同层次客户的需求，不断提升客户体验。第三，证券行业应积极扶持省内科技战略型企业的发展，为发展良好的科技战略型企业降低融资成本，帮助其在新三板、主板上市，提高融资效率，以促进山西省产业结构的调整与优化。

（二）建设多维度的信贷市场，提升金融发展效率

受银行"惜贷"、民间资本发展以及互联网金融的影响，山西省金融发展效率呈现"U"形趋势。因此，需大力建设多维度的信贷市场，进一步提升金融发展效率。第一，山西省很多大型国有企业占用银行信贷资金高居不下，导致银行发展受阻。因此，银行业应稳健经营，在保证内部资产具有充分流动性的前提下提高自身的信贷资产质量，这样才能使社会资金在不同产业部门之间顺畅流转。第二，省内商业银行的信贷产品要进一步切合山西的实际发展需求，优先向山西省产业结构调整的重点倾斜，进一步优化调节各级信贷资金的数量与结构，提高金融发展效率。银行业通过对信贷资金结构与数量的调整，创新信贷产品，让资金最大化地流入具有较强带动作用的企业部门，满足各个行业部门的融资需求。银行业要在控制经营风险的前提

下，降低融资门槛，创新信贷组合工具，使资本流入发展潜力好的产业部门。第三，山西省银行业应认识到提升金融效率对产业结构调整与升级的重要意义，合理配置金融资源，将更多的社会资本引入具有战略性和发展性的产业部门，使经过市场分配的每一单位的资源都能得到最大限度的利用，有效推动山西经济增长。

（三）健全多层次资本市场，完善金融发展结构

山西省资本市场起步较晚，发展时间不长，相关的管理操作经验相对缺乏，省内金融业要借鉴国内外多层次资本市场的发展经验与教训，建设更具包容性和适应性的多层次资本市场，提升服务不同类型和发展阶段企业的能力，有效满足多元化的投融资需求。另外，积极鼓励发展快、潜力大、信誉好的企业在新三板、创业板、中小板上市，发行企业债券，提高直接融资特别是股权融资的比例，进而降低社会融资成本，缓解融资困境。推动以加快企业发展、提升综合竞争力、提高产业集中度为目的的企业并购重组和股权转让。进一步淘汰产能过剩、技术落后、能耗大的企业，积极发展创新型、科技型、绿色型、现代化的企业，加快新型主导产业的培育，提高全要素生产率，促进省内产业结构合理化和高级化。此外，要积极合理地利用产业投资基金，挖掘非上市企业的潜在价值，使市场中资本的积极性被充分调动，企业发展在有资金保障的情况下得以驱动，确保各类投资主体进入社会服务领域能够被一视同仁，满足多维度的投融资需求。

（四）支持金融创新，以创新型金融推动产业发展

山西省的金融创新坚持自上而下与自下而上相结合的原则，强化政府引导作用，促进金融机构不断创新化、个性化。在宏观层面，政府应大力推进金融制度创新，打破传统国有金融机构的垄断地位，鼓励新型金融业态的发展，培育多元化的金融经营主体，采取公平的市场竞争原则，为金融市场创新发展提供有利的政策环境。积极打造省级区域的金融集聚圈，提高金融集聚效应，降低金融服务交易成本。鼓励优质的创新型金融企业入驻，吸引优

质社会资金流入，逐渐形成虹吸效应，进而降低信息流通成本，提高资金运转效率，形成良性循环，逐步扩大金融集聚圈，加快金融创新。进一步完善税负优惠政策，吸引战略投资者和工商企业投资。在微观层面，要提高对省内区域商业银行、村镇银行及金融机构的重视程度，完善相关基础设施的配置，加快区域性金融机构的发展。联合多家优质上市公司、国有企业共同设立特色科技金融服务机构，在以金融创新助推产业升级的道路上，打通科技金融服务实体企业的"最后一公里"。金融科技逐步渗透到产业供应链中，加速赋能供应链金融，有利于产业优化协同、提高效率、降低成本等。

（五）优化金融生态环境，为产业结构调整提供有力保障

金融生态环境是衡量一个地区经济和金融发展状况的重要指标。有了好的金融生态环境，金融系统中各部门的经营效率就会提高，才能使金融机构根据市场变化及时调整其支持行为，以充分发挥其支持作用。因此，金融主管部门应大力推进社会信用体系建设，进一步优化金融信用环境。加强政府增信，创新融资机制，完善相关制度，充分发挥政府引导基金作用，充分利用社会资金融资。创新财政金融服务模式，充分发挥保险机制作用。政府对优质企业设立风险补偿金或通过第三方增信金融机构，改善融资主体的信用等级，增加银行对企业贷款的额度，这样既能分散银行承担的风险，也能降低企业的融资难度和成本。鼓励发展省内企业信用担保机构，创新企业担保机制与产品，加强担保机构的内部风险管理，发挥其事后风险释放的优势，减轻银行业负担，从而进一步完善区域金融风险内控和风险管理预警机制。

（六）加强金融人才队伍建设，奠定产业结构发展基础

在金融业快速发展和改革的同时，金融人才短板逐渐显现。创新型金融需要更多的优秀金融人才投入，金融产业的快速发展需要金融人才的带领，区域金融竞争需要金融人才作为踏板。为了避免山西省金融业发展受人才短缺所制约，省内相关部门应重视培育金融人才，提高在人才方面的核心竞争力，同时应充分利用省会太原拥有众多高校的优势，加大省内高校与金融机

构进行科研合作的力度,为地区金融发展培养更多复合型的人才。山西省政府与各类金融机构要提供更多的优惠政策,放眼国内外,吸引省外优秀金融人才,吸收先进的金融发展经验,同时留住省内金融人才,在人力资源方面为山西省金融业的发展打下坚实的基础。对金融专业人才进行考核评价,实时记录金融人才的发展状况,通过金融人才信息库建立对金融从业者的综合评价体系,从而实现对金融人才有目标地引进与开发。

参考文献

［1］牛启春:《西部地区金融发展对产业结构和城市化影响的实证研究》,《金融经济》2008年第20期。

［2］伍海华:《经济增长、产业结构与金融发展》,《经济理论与经济管理》2011年第5期。

［3］谢沛善:《中国高新技术产业发展金融支持制度优化设计》,《经济研究参考》2011年第47期。

［4］雷清、杨存典:《金融发展与产业结构优化关系的实证研究》,《统计与决策》2012年第8期。

［5］王定祥:《中国金融发展与产业结构优化的实证研究——基于金融资本视角》,《西安交通大学学报》2013年第5期。

［6］刘骁毅:《中国金融结构与产业结构关系研究》,《财经理论与实践》2013年第3期。

［7］李俊:《金融发展、产业结构升级与经济增长——基于我国东、中、西部面板数据的实证研究》,华东交通大学硕士学位论文,2014。

［8］张沛:《金融发展对产业结构调整的影响研究》,山西财经大学硕士学位论文,2015。

［9］周晓艳:《金融发展、产业结构和地区资本配置效率》,《中央财经大学学报》2015年第5期。

［10］周乐:《山东省金融发展对产业结构优化的影响研究》,山东大学硕士学位论文,2016。

［11］谢佳志:《包容性金融发展的产业结构升级效应》,《当代经济研究》2017年第3期。

B.9 新时代山西旅游官方微博营销效果提升策略[*]

和芸琴[**]

摘　要： 新时代社会的主要矛盾发生转变，要求产品与服务的升级，以更好地满足人民对美好生活的需要。新时代社交媒体成为沟通交流、获取信息的主要渠道。其中，微博因其媒体属性更强，吸引了众多旅游机构开通官方微博，提供旅游资讯，与粉丝共享并积极互动，从而更好地打造旅游品牌。本报告以山西旅游发展委员会新浪官方微博为重点分析对象，通过对其微博内容与互动情况的研究分析，发现存在一些问题，如对微博营销的重视程度不够，内容及推送形式比较单调，宣传不够深入，互动较稀少，沟通不够高效，等等。为此，要转变工业时代的推销观念，用好互联网时代的沟通渠道，从理念定位、内容、形式三方面入手，树立营销意识，搭建权威信息平台，优化设计内容，整合营销形式，充分发挥官方微博的媒体属性与社交属性，提升山西旅游官方微博的营销效果，更好地服务于山西转型综改建设，塑造山西旅游新形象。

关键词： 新时代　山西旅游　官方微博　微博营销

---

[*] 本报告为教育部人文社会科学研究青年基金项目"社交媒体对企业内外部声誉影响的研究"（15YJCZH062）阶段性成果。
[**] 和芸琴，山西大学经济与管理学院、山西大学中国中部发展研究中心，博士、讲师、硕士生导师，主要研究方向为企业战略与文化、产业组织管理。

习近平总书记在党的十九大报告中指出，"中国特色社会主义进入了新时代"，社会的主要矛盾在新时代已转化为人民日益增长的美好生活需要和不平衡不充分的发展之间的矛盾。为解决此矛盾，要求服务升级、消费升级，以满足人民对美好生活的需要。旅游作为民众放松、休闲的主要方式，成为生活消费的重要环节。山西作为旅游大省，正着力整合资源推动全域旅游发展，打造"黄河""长城""太行"三大旅游品牌。为满足新时代人们旅游出行的要求，应为游客提供更好的旅游服务与体验，充分利用新时代社交媒体营销平台，综合运用社交工具，助力山西旅游品牌的塑造与效果的提升。

一 新时代官方微博作用日益凸显

（一）微博已成为主要社交渠道，官方微博数量剧增

2017年8月中国互联网络信息中心（CNNIC）发布的《第40次中国互联网络发展状况统计报告》数据显示，截至2017年6月，我国网民规模达到7.51亿人，互联网普及率为54.3%，手机网民规模达7.24亿人，各类手机应用的用户规模不断扩大，场景更加丰富。其中，微博的用户规模接近2.91亿人，网民使用率为38.7%，相当一部分用户访问和发送微博的行为发生在手机终端上，手机微博用户规模接近2.59亿人，高达88.95%的微博用户使用手机终端访问微博。可见，微博已经成为中国网民使用的主流网络媒介。从微博的交流属性来看，微博是基于社交互动进而传播信息的平台，用户关注的内容呈现越来越明显的按兴趣划分细分领域的特征。微博用户主要来自一线城市，女性居多，大多为20～29岁、本科及以上学历的城镇网民。这表明微博用户由于收入水平、受教育程度较高，对消费、服务的品质会有更高的要求。微博作为自媒体，鼓励用户自动生成内容，改变了信息传播的范式，话语权发生了转换，使得信息的传播速度与广度都迅速提升。微博用户的庞大规模及其更具开放性、及时性、互动性等特征吸引着越

来越多的组织机构开通微博，成为网络信息发布与互动交流的主力军。以微博为代表的社交媒体的兴起极大地激发了旅游业的生机与活力，旅游机构官方微博的数量也迅速增长，充分利用微博平台传播旅游资讯，开展旅游营销。

（二）旅游微博营销优势明显，用户关注度提升

2016年10月新浪微博数据中心发布的《微博旅游数据报告》指出，2015年10月1日至2016年9月30日，在微博平台上有12.5亿次提及旅游目的地、5.6亿次搜索旅游目的地，9623万人提及旅游目的地、3795万人搜索旅游目的地。旅游微博以其低廉的成本、便利的连接、信息的快速传播、及时的双向互动、能够为旅游消费决策提供有效信息等独特优势逐渐成为旅游网络运营的全新平台。

旅游官方微博是旅游机构在微博平台上运用文字、图片、表情、视频等形式进行信息的沟通与交流，进而实现旅游品牌形象的塑造。互联时代，旅游机构利用官方微博低成本、快捷、便利的信息传播优势，并借助于与旅游者的双向互动沟通，提高旅游者的黏性。在微博平台上，旅游者对旅游信息搜索形式的转变，有助于减少长期以来旅游业中存在的信息不对称问题，旅游者由被动推介变为主动搜寻接收，旅游信息的供方与需方可共享旅游资讯。越来越多的游客通过微博获取旅游信息，旅游微博中的评论会影响旅游者的出游决策，影响其对旅游目的地、旅游服务项目以及服务设施的选择。越来越多的旅游者在获得旅游体验之后倾向于在微博中分享，评论旅行见闻，发表所观所感，因此旅游机构的官方微博逐渐成为旅游机构信息传播的重要平台，其功能正逐步替代旅游官网。

二 山西旅游官方微博情况分析

为了聚焦研究对象，本报告特别选定官方微博中更具官方色彩的政务微博进行数据分析。《人民日报》、人民网舆情监测室发布的"2017年三季度

政务微博影响力排行榜"对全国所有通过微博认证的机构官方微博进行评价,数据统计周期为2017年7月1日至2017年9月30日,旨在评估各地区对新媒体的综合应用能力和应用效果,着重从四个维度——传播力、服务力、互动力和认同度考核各地政务微博。全国十大旅游局微博排名情况见表1。

表1 全国十大旅游局微博

排名	微博	认证信息	传播力	服务力	互动力	认同度	总分
1	福建省旅游发展委员会	福建省旅游发展委员会	70.90	89.23	84.43	59.84	81.18
2	福州市旅游发展委员会	福州市旅游发展委员会官方微博	71.13	72.68	93.03	73.09	78.52
3	乐游上海	上海市旅游局	78.64	78.00	80.55	70.57	78.15
4	江苏旅游	江苏省旅游局旅游信息中心官方微博	79.31	84.98	73.03	61.91	77.96
5	青岛市旅游发展委员会官方微博	青岛市旅游发展委员会官方微博	73.33	80.43	75.07	64.53	75.81
6	南京市旅游委员会	南京市旅游委员会官方微博	71.51	81.13	73.13	60.31	74.72
7	济南市旅游发展委员会	济南市旅游发展委员会官方微博	75.42	76.52	74.86	65.51	74.70
8	山东省旅游发展委员会	山东省旅游发展委员会官方微博	74.53	74.76	74.58	63.22	73.51
9	活力广东	广东省旅游局官方微博	66.47	82.57	71.31	57.21	73.44
10	威海市旅游发展委员会	威海市旅游发展委员会官方微博	66.32	82.03	69.81	59.58	72.98

资料来源:《2017年第三季度人民日报·政务指数微博影响力报告》,人民网,2017年11月24日,http://yuqing.people.com.cn/n1/2017/1124/c364056-29666428.html。

根据榜单排序,在排名第24位的山西省政务微博中可以发现,山西十大旅游局微博排名情况见表2。

表2　山西十大旅游局微博

排名	微博	认证信息	传播力	服务力	互动力	认同度	总分
1	平遥古城旅游官网	平遥县旅游局官方微博	55.47	51.15	56.31	47.79	53.23
2	山西省旅游发展委员会	山西省旅游发展委员会	56.30	28.42	57.54	38.36	43.72
3	阳泉市旅发委	阳泉市旅发委官方微博	42.60	16.37	42.18	34.44	31.16
4	山西运城旅游	运城市外事侨务和文物旅游局官方微博	47.04	9.96	44.32	26.77	29.36
5	来忻州旅游	山西省忻州市旅游局官方微博	30.85	6.02	52.15	22.13	26.43
6	榆次区文物旅游2016	山西省晋中市榆次区文物旅游局官方微博	26.89	1.87	56.42	0	23.05
7	沁源旅游	沁源县旅游局	33.29	5.27	40.95	18.88	22.94
8	阳城国际徒步大会	阳城国际徒步大会官方微博	0	0	0	0	0
9	悠悠阳城—旅游	山西省晋城市阳城县旅游局官方微博	0	0	0	0	0
10	和顺消夏旅游	山西省晋中市和顺县旅游局官方微博	0	0	0	0	0

资料来源：《2017年第三季度人民日报·政务指数微博影响力报告》，人民网，2017年11月24日，http://yuqing.people.com.cn/n1/2017/1124/c364056-29666428.html。

对比表1与表2的数据不难发现，山西与全国十大旅游局微博在四大评价维度以及总分上存在差距。为了更全面地了解山西旅游官方微博的运行状况，本报告拟以山西旅游发展委员会官方微博为对象，进行重点分析，以发现存在的问题。

（一）基本情况分析

本报告所研究的旅游官方微博是经旅游目的地管理机构认证而建立的微博账号，主要是以管理机构的名义向旅游者、社会公众传达有关旅游目的地的相关旅游资讯。借助网络信息技术，微博不仅可以帮助人们快速地获取信息，而且影响着包括旅游活动在内的各类生活消费。由于没有商业利益的诱导，旅游者的亲身体验可信度更高，旅游目的地品牌形象的口碑传播效果更好。

为了顺应时代的变化，2011年以来各地旅游机构纷纷投入人力、物力、财力开通官方微博，进行微博营销。山西省也不例外，各级旅游部门也纷纷在新浪网上开通微博，省级的，如山西省旅游发展委员会官方微博；地级市的，如长治旅游通（长治市旅游发展委员会官方微博）、山西运城旅游（运城市外事侨务和文物旅游局官方微博）等；县级的，如沁源旅游（沁源县旅游局）；还有旅游景区的，如世界遗产云冈石窟官方（云冈石窟研究院、云冈旅游区管理委员会官方微博）、平遥古城旅游官网（平遥县旅游局官方微博）等。这些旅游官方微博无疑具有更高的权威性，作为旅游宣传的官方信息发布源，有助于国内外旅游者了解山西各地的人文风貌和风土人情。

本报告以山西省旅游发展委员会官方微博为例进行重点分析。山西省旅游发展委员会官方微博是旅游发展委员会认证的官方微博，2011年4月6日落户于新浪微博，代表官方发布山西省的各类旅游资讯，服务于广大游客，是旅游者与旅游政府部门间零距离沟通、互动的平台。截至2017年12月6日，山西省旅游发展委员会官方微博共发布6974条微博，拥有粉丝187565人，微博关注者有465人。

（二）官方微博数据的内容分析

山西特有的旅游资源与气候条件，使得旅游的淡旺季较为明显，官方微博中发文数量有明显差异。如2017年11月微博数量仅有12条，且其中10条为转发微博。为呈现更多的数据样本以更好地展示微博的情况，特挑选旅游旺季中2017年7月的微博为样本，收集包括发文数量、发文时间、内容主题、信息形式、信息来源、信息推送以及网民转发、评论、回应与态度等内容变量在内的数据进行统计分析。

1. 发文数量与发文时间

2017年7月山西省旅游发展委员会官方微博全月的发文量为83条，日均发布量为2.68条。其中，7月5日、6日、12日、14日单日发文数量最

多，均为6条。

在此期间，"山西省旅游发展委员会官方微博"的发文时间主要集中在15：00～17：00，并且都在工作日（周一到周五）发布。

2. 内容主题

山西省旅游发展委员会官方微博的重要工作职责是宣传推广山西省的旅游资源与形象，因此主导官方微博内容的应是山西省的各类旅游资讯。通过对山西省旅游发展委员会官方微博内容的整理分析发现，其主题主要为旅游宣传，内容丰富，涵盖多个话题，如山西美景、山西美食、红色记忆、唐风晋韵、晋揽山河、玩在山西，在其博文内容上也突出了山西省旅游资源的特色，如面食、太行山、温泉、大院等，在热门微博关键词中可以看出句句不离山西，这些内容为外地旅游者获取山西旅游信息提供了丰富的素材。除了内容呈现本土化特色外，山西省旅游发展委员会官方微博也与山西热点话题相结合，如7月正逢"人说山西好风光"第二季，官方微博也与山西卫视互动宣传"城市旅游电视竞演"，以吸引更多网友的关注。同时，作为政务微博，亦对国家大事进行宣传，设置有"喜迎十九大　弘扬家风"主题，信息有5条；并于7月7日设置了"'七七事变'八十周年纪念日　红色记忆"主题，介绍八路军、太行精神。

基于对山西省旅游发展委员会官方微博内容的统计分析，可将其基本内容归纳为旅游宣传、旅游活动交流、旅游政务信息三类。在2017年7月1～31日山西省旅游发展委员会官方微博发布的83条微博中，旅游宣传类有68条，占样本总数的81.9%；政务旅游信息类有9条，占样本总数的10.8%；旅游活动互动交流类有6条，占样本总数的7.2%（见图1）。

从图1数据可以看出，围绕山西旅游信息的宣传是山西省旅游发展委员会官方微博内容中的主导信息。受众通过阅读此类信息，能够更及时和全面地了解山西的旅游资源，从而对山西旅游形象形成综合认知。

3. 信息形式与信息来源

在微博平台上发布信息可以采用文字、图片、表情、音乐、视频、链接等多种形式。根据山西省旅游发展委员会官方微博收集的数据，分析得出其

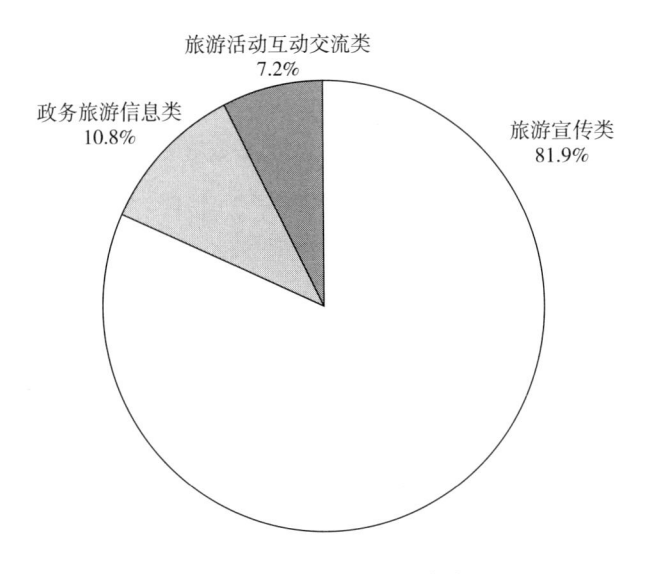

图1 微博内容主题统计

微博内容采用表情、视频、音乐、链接等形式发布的信息极少，在2017年7月发布的83条微博中仅有1条链接，2条有视频，2条有表情，其余则以"文字+图片"的形式展现。

博文内容的来源一般可分为原创信息与转发信息两类。2017年7月山西省旅游发展委员会官方微博发布的信息主要是原创信息，转发信息仅有4条，只占发文总量的4.82%。

4. 信息推送

新浪微博为了提升信息传递的效率，提供了@功能，即发布信息时@用户名，这样该用户就能够看到发布的信息并进行回复，还可以直接点击到该用户的页面，从而实现精准的点对点式的信息传播。在山西省旅游发展委员会官方微博2017年7月发布的83条微博中，仅有5条使用了推送功能，占总量的6.02%，且主要集中在"人说山西好风光"电视竞演活动中"@山西卫视"，推送给山西籍名人的则仅有1条。

5. 网民转发、评论、回应与态度

在所分析的83条微博信息中，有50条微博被转发，占发文总量的

60.2%，但最高转发数仅为 8 次；有 33 条微博被评论，占发文总量的 39.8%，评论数最高为 8 次，其中只有 2 条微博评论做出了回复；有 70 条微博被点赞，最高点赞数为 8 次。为了更好地了解微博用户对博文的感知，整理了评论中网民的态度，汇总如下（见表3）。

表3　网民对博文评论的态度

网民评论的态度	数量(条)	占比(%)
正面	13	39.4
中立	15	45.5
负面	5	15.2
合计	33	100

三　山西旅游官方微博营销存在的问题

山西省旅游发展委员会官方微博在人民网舆情监测室发布的"山西十大旅游局微博"中位列第二名，经过上文的重点分析，发现其也可代表或反映出山西各旅游官方微博的一些普遍问题，需要进一步思考与研究。

（一）营销意识不够，功能定位不清晰，官方微博的权威性和平台的互动性存在矛盾

旅游官方微博具有权威性，其所发布的博文可能比较宏观，信息量较少，受关注度不高，缺乏情感沟通。尤其是政府旅游部门的官方微博具有一定的导向性与政策性，人们可能会认为其内容与日常生活的关系不紧密，因而缺乏关注的兴趣，毕竟粉丝关注旅游微博的最主要目的是希望能为其旅游消费提供有价值的信息，能够获得真实具体的旅游消费体验信息。旅游官方微博发布的内容中有令人向往的美景与美食，但为什么参与互动的人很少？这可能是因为粉丝认为"官方"二字有点"高大上"，觉得内容和自己并无太大关联，也可能是因为这些信息内容对于粉丝来说已不再新鲜，因此粉丝

关注度低。通过对比分析，发现山西省旅游发展委员会官方微博的信息数量并不多，并且只在工作日发布，内容虽有主题但整体看碎片化程度高，难以在海量的信息中被关注。与旅游政务微博排行榜排名靠前的微博账号对比发现，山西省旅游发展委员会官方微博的粉丝数量较少，发布的旅游信息的转发量、评论量很少，回复率也很低。微博上发布的信息只是旅游机构单方的信息传递，缺乏人性化的互动与双向沟通。一般而言，微博上仅提供单纯的旅游产品信息，这些信息往往无人关注，需要将微博运营赋予人格特征，改变以往传统的买方与卖方的关系，增加信息的趣味性与个性，只有像朋友间的沟通交流那样，才能吸引更多的粉丝，为公众所接受，产生更大的转发量与回复量。

（二）博文内容较单调，营销宣传不够深入，媒体属性不强

微博内容一般可分为主导信息与辅助信息两大类。旅游官方微博的主导信息应包括旅游景点介绍、特色产品介绍、相关旅游服务资讯推介、旅游促销活动推广等，辅助信息则是为了密切与粉丝的情感沟通而加入的温馨、轻松、搞笑的生活互动以及热点新闻、名言警句、时事新闻、活跃话题等信息。通过分析发现，山西省旅游发展委员会官方微博粉丝数量虽超出18万人，但其内容多为对主导信息的宣传，缺乏辅助信息。主导信息中更多的是以"文字＋图片"的形式进行简单介绍，内容平淡，缺乏幽默性和品读性，难以引起粉丝的兴趣，致使大部分微博内容的转发、评论和点赞的人数只是个位数，说明其运作模式与内容话题不是粉丝最感兴趣的。从量上来看，也存在更新速度较慢、数量较少的问题，这会导致微博的即时性、快捷性的优势无法发挥。要掌握好更新时间与更新速度，尽量避免旅游微博平台上的信息被迅速覆盖，降低沟通效率，直接影响粉丝对目的地营销信息的接受率。

从上文统计结果可以看出，在山西省旅游发展委员会官方微博发布的且有评论的33条微博中，只有2条官方微博做出了回应。回应数量少的原因可能是官方微博为了避免解释不当或引起麻烦而选择了缄默。但据对评论的观察以及与其他排名靠前的旅游官方微博的比较发现，部分粉丝在评论中提

出了疑问,但官方微博运营主体并没有给予回复。这会造成信息的单向传递,缺乏互动,其短期负面效应可能并不显著,但若长期持续下去会降低粉丝的关注度与忠诚度,使其对微博发布的信息不再感兴趣,甚至会取消关注,致使旅游机构的微博营销失去意义。

(三)社交互动形式单一,营销渠道简单化,社交属性不明显

与传统的营销渠道相比,微博营销可通过制造热点话题、名人关注推广、互动式营销来突破人数、地域的限制,吸引全国乃至全球的用户成为参与者,这是一个能够快速扩大影响力与知名度的平台,使得当前"微博卖旅游"的方式很流行。但在实际操作中山西旅游官方微博的内容虽话题丰富,但由于社交互动不到位,内容设计更多的是官方微博的自说自话,与粉丝缺乏互动,受众参与的热情不高,对信息的接受程度有限,营销推广的效果很弱,大多数内容都淹没在众多的微博之中,难以得到粉丝的长期关注。而且,旅游机构的官方微博,尤其是政务微博还不能完全"接地气",对利用当前热点发起评论,或是运用推送功能充分发挥名人效应不够重视,营销渠道比较单一,传播能力有限,而且微博营销也不能如其他媒体广告或促销活动那样迅速得到效果反馈,导致对公众感知的反应比较慢,这会直接影响本地旅游品牌形象的塑造。

四 新时代山西旅游官方微博营销效果提升的策略建议

新时代要求在新媒体环境下,旅游机构将官方旅游信息资源通过微博这一亲民社交性的平台发布,并能与关注者进行对话、互动、双向沟通,增进对目标市场的了解,以便对目标市场进行精准分析,进而提供定位精准、贴心到位的旅游产品和旅游服务,以更好地满足人民的美好生活需要。

(一)树立微博营销理念,完善功能定位,打造权威平台

旅游机构的官方微博因其代表官方形象,必然不能完全像个人微博那样

随心所欲、风格多变，应本着谨慎负责的态度，考虑所发布信息的影响力，既要重视形式和噱头，也要重视功能和用途。

1. 提高对微博营销的认识，打造微博营销平台

微博作为一种全新的自媒体和交流工具，具有其他社交媒体所无法比拟的传播力，其及时、便捷、灵敏的特点与旅游具有良好的契合点，这决定了旅游官方微博的营销价值，国家旅游局也在2014年将微博营销确定为智慧营销的代表方式之一，这展示出旅游微博营销的价值与市场潜力。山西旅游官方微博要摆正位置，从服务者的角度，满足民众对信息的渴求，增加人文关怀，与粉丝进行平等的沟通交流，增强粉丝对官方微博的认同感与归属感；发布微博时对内容要进行严格审核和把控，通过在线交流、回复评论等方式加强情感联系，实现良好的互动，提高粉丝对微博关注的持续性；要建立有效的预警机制，妥善处理负面信息，及时进行澄清与沟通，防止事态蔓延；要重视微博的建设运营工作，研究微博传播规律，合理有效利用微博这一营销平台，充分发挥微博在旅游营销方面的作用，不断提升营销效果。

2. 线上线下相结合，打造旅游信息发布的权威平台

旅游官方微博是旅游机构官方信息发布的渠道，应是最具权威性的。因此，成为旅游信息资源发布的权威平台，是其自身最主要的功能定位。明晰这一定位，有助于旅游官方微博对其作用的界定。但线上平台并不能孤立存在，必须与线下的产品、服务相关联。山西旅游官方微博发布旅游权威信息，民众依托此平台表达意见、提供建议，实现双向沟通互动，及时将民众在微博平台上提出的问题、意见和建议整理归类，上报给相关部门及时解决，并将反馈意见告知公众，通过线上问题线下解决，将有效提升旅游官方微博平台的作用。

3. 提升旅游资源品质，打造旅游微博品牌的平台

山西旅游官方微博会在其主页上展示当地的旅游资源，其目的也是吸引旅游者关注的目光，促使其发生旅游活动。但在网络信息飞速传播、难辨真假的环境中，旅游官方微博要树立自身的品牌形象，注重旅游价值的传递，以多种信息表达形式全面展示给关注者，并能及时互动，提升微博人气，同

时有效曝光虚假、欺客等负面的旅游信息，保障旅游产品与服务的品质，由此赢得用户的信任，激发旅游动机，促进旅游消费，提升山西当地的旅游经济效益。

（二）挖掘游客诉求，优化设计内容，掌控营销节奏，增强官方微博的媒体属性

1. 面向游客个性化需求，寻求突破点

旅游官方微博为了确保达到营销的目的，要实现由"秀"到"卖"的实质性转变，要重视目标顾客的现实需求与潜在需求，有针对性地开展营销工作。山西旅游官方微博可以主动选取目标人群，发布一些他们感兴趣的话题和内容，吸引他们的关注，以便对其进行调研，进而搜集更多的一手数据与资料。旅游官方微博也可以利用微博数据分析工具，定量与定性相结合，挖掘粉丝的态度、特征、爱好以及相关行为的数据，充分了解掌握粉丝的核心诉求，确定微博营销的主题，制定切实有效的营销策略，为下一步的营销工作做好相应准备。

2. 优化内容，突出差异化特色

提升山西旅游官方微博营销效果的最重要因素是提高微博内容的质量，进而提升转发率，增加评论量，这要求旅游官方微博发布的内容有自己的特色，注重差异化建设，打造个性微博。

微博的内容要贴近游客生活需求，不断丰富内容，围绕旅游产品、旅游活动、旅游环境、旅行服务等多方面充实主导信息，再根据山西省特色、各景区的具体情况以及新闻热点，制造并发起粉丝感兴趣的话题，调动广大粉丝积极参与讨论；还可以有选择地加入一些生活、娱乐、时尚、名人、美食等方面的辅助信息，增强微博的趣味性与传播性。

微博内容的表述形式，也是提升内容质量的重要方面，一个风格显著的官方微博自然会吸引众多的关注者。因此，山西旅游官方微博在内容的表达上应尽量用优美生动或幽默风趣的文字来撰写博文，对语言进行锤炼和修饰；还可以采取加入音乐、添加链接、搭配视频、插入微电影等方式弥补微

博字数限制的不足,从而扩展阅读内容。要增强博文表达的人性化,塑造官方微博的亲民形象,这样容易得到用户的肯定,促进情感沟通,有效拓展或维护官方微博与粉丝间的良好关系,从而达到提升旅游机构与山西旅游业整体美誉度的目的。

3. 增加微博更新数量,掌控官方微博营销节奏

山西旅游官方微博要提高关注度、增强可信度、树立权威性,着力打造品牌,既要提升微博信息的质量,也要注重增加信息发布的数量。

随着智能手机的迅速普及,大多数微博用户使用移动客户端登录,这使得微博的传播者数量更多、更分散,传播内容更加多元化、碎片化,传播渠道更加高效化、便携化,这些特点要求必须加快旅游官方微博更新的速度,及时发布旅游目的地的最新旅游信息、旅游政策,多中取优,重点推出特色信息和优势资源信息。同时,针对微博用户使用微博的高峰期以及活跃时间段,有重点地进行信息发布与更新,吸引更多用户的评论,并及时给予回复,保证沟通顺畅,有效地拉近旅游目的地与游客的距离。

(三)改善微博交流形式,突出整合营销,增强官方微博社交属性

1. 注重情感沟通互动,增加粉丝的数量

微博营销的效果来自基于社交互动而产生的"口碑营销",通过互动,激发更多的个体参与进来,在更多的圈子或群体中传播开来,加大传播力度,增加粉丝数量,提升品牌价值。因此,在山西旅游机构的微博营销中,一方面要不断扩大粉丝队伍,在传统媒体或其他社交媒体上发布推送,加强旅游官方微博的宣传,以吸引更多的粉丝关注,还可以加强与其他机构的官方微博或其他省份旅游官方微博的互粉、互评以及建立子微博保持密切关注等;另一方面要保证粉丝关注营销效果的质量。为此,要重视与粉丝的互动交流,不能只是利用微博平台进行单纯的信息发布。可定期发起一些旅游微活动、互动转发抽奖等话题,激发粉丝关注互动,从而建立长期稳定的关系,提高知名度。为确保粉丝的忠诚度,要认真回复粉丝反馈的信息,从而扩大影响力。只有当旅游机构与受众间是用情感连接而非利益连接时,旅游

官方微博的营销效用才能得到最大化的显现。

2. 释放话语权，强化名人效应

官方微博作为权威的信息发布源，具有更大的话语权。但由于微博使用群体的多元化，每个社会成员都可以发表自己的观点和看法，因此要提升山西旅游官方微博的营销效果，可以适度释放话语权，依托当地人进行内生式营销，也可以通过转发一些非官方微博用户的真实旅游体验、经历和心得来吸引大众参与，还可以举办相关旅游主题的征集活动，请当地民众描述本地景点特征，上传照片、视频，记录故事，展现当地的特色风情，赢得深厚的群众基础，从而达到预期的宣传效果。

在关注普通人旅游行为的同时，为了增强微博信息传递的时效性、互动性和社会性，旅游官方微博也要关注名人微博和时下热点话题，当其中出现与山西相关的旅游景点时，旅游官方微博可以在第一时间@明星并转发，这可能会吸引普通旅游者和粉丝的关注与转发，促使宣传效果最大化，从而达到营销的目的。此外，山西各行各业名人众多，要充分发挥"意见领袖""明星微博""微博达人"的作用，他们本身的粉丝数量众多，只要他们关注并转发旅游官方微博的信息，必然会产生极大的宣传效应。因此，实现与"名人"的相互关注，适时进行互动交流，会使山西旅游官方微博得到最大限度的关注与了解，以此充分利用口碑传播，提高影响力。

3. 注重营销多渠道配合，实施整合营销

在竞争激烈的互联网时代，单靠一种营销方式的单打独斗，越来越难以取得理想的营销效果。尽管微博营销具有巨大的营销价值，但是山西省旅游机构在提升旅游官方微博影响力的同时，务必要加强同其他沟通渠道的配合，深度整合报纸、杂志、广播、电视等传统营销渠道与网站、论坛、微信等新型营销渠道，以完整、系统的运营取得良好的营销效果，这既是各旅游机构内部管理的重要环节，也是山西旅游形象展示的必然要求。

旅游消费是生活消费的重要一环，新时代要更好地满足民众对美好生活的需要，要求旅游服务品质升级。旅游官方微博作为互联网时代兴起的营销传播平台，它随着用户群数量的增加和素质的提升而起着越来越重要的作用。各旅游机构要积极参与其中，与时俱进，不断探索山西旅游官方微博营销效果的提升之道，更好地为人民、为普通旅游者服务，扩大当地旅游产业的影响力，发挥自身官方平台高信任度的优势，做到沟通接地气，塑造一个开放、互动、有人情味的营销服务平台，提高旅游者对山西旅游的美誉度和忠诚度，全力塑造山西旅游新品牌。

参考文献

[1] 程萍、严艳：《旅游微博新媒介对旅游者的吸引力研究——基于对艺龙旅行网新浪微博的网络文本分析》，《旅游论坛》2012年第3期。

[2] 《第40次中国互联网络发展状况统计报告》，中国互联网络信息中心网站，2017年8月4日，http://www.cnnic.net.cn/hlwfzyj/hlwxzbg/hlwtjbg/201708/t20170803_69444.htm。

[3] De Moya M., Jain R., "When Tourists are Your Friends: Exploring the Brand Personality of Mexico and Brazil on Facebook", *Public Relations Review*, 2013, 39(1).

[4] 廉同辉、余菜花、袁勤俭：《基于内容分析法的旅游微博主题研究——以国家旅游局新浪微博为例》，《现代情报》2016年第4期。

[5] Litvin S. W., et al., "Electronic Word-of-mouth in Hospitality and Tourism Management", *Tourism Management*, 2008, 29(3).

[6] 刘春婷：《中国旅游主管部门官方微博营销的现状、问题与对策研究》，首都经济贸易大学硕士学位论文，2013。

[7] Philip Pearce, Maoying Wu：《旅游目的地开发的内生式营销》，祝春敏译，《旅游学刊》2013年第2期。

[8] 《2017年第三季度人民日报·政务指数微博影响力报告》，人民网，2017年11月24日，http://yuqing.people.com.cn/n1/2017/1124/c364056-29666428.html。

[9] 《2016微博旅游数据报告》，新浪旅游网，2016年12月6日，http://data.weibo.com/report/reportDetail?id=338。

[10] 喻国明：《微博：影响力的产生机制与作用空间》，《中关村》2010年第4期。

[11] 张曼：《微博时代的旅游营销创新形式研究——以四川省旅游局官方微博为例》，《技术与市场》2012年第6期。

专题报告四：动力变革
致力提升山西高质量转型发展创新力

B.10
山西省加快科技创新成果转化的政策建议

常涛 吴佳敏 裴飞霞*

摘　要： 科技成果转化是以科技创新驱动山西省资源型经济转型升级的关键环节。本报告从政策体系、融资机制、基地建设、服务平台等方面剖析山西省科技创新成果转化的进展及其存在的问题，并进一步提出相应的发展思路、路径及政策建议，以期为山西省以科技创新驱动转型发展提供可参考的政策建议。

关键词： 科技成果转化　科技创新　资源型经济转型

科技创新是推进现代区域经济转型发展的关键突破口。科技成果转化作为科技创新的一大重要环节，是实现创新科技由潜在生产力转变为现实生产力的关键。当前，山西省正处于资源型经济转型升级的关键时期。在这一重要时期，国务院于2017年9月专门针对山西省提出进一步深化改革促进资源型经济转型的意见并给予重大战略性支持，并强调指出科技创新成果转化在山西省落实创新驱动经济转型发展战略中的重要性。因此，山西省亟待发

---

* 常涛，山西大学经济与管理学院、山西大学中国中部发展研究中心，教授、博士、硕士生导师，主要研究方向为科技创新、知识管理与人力资源管理。吴佳敏、裴飞霞，山西大学经济与管理学院。

挥政府的宏观政策引导作用，健全和完善科技成果转化过程中相关要素的创新机制，有效推动科技成果转化为现实生产力，使科技创新真正成为推进山西省资源型经济转型发展的驱动力。

一 山西省科技创新成果转化的发展现状

（一）近年来的进展

近年来，山西省政府高度重视推动省科技创新成果转化的工作，通过在相关政策、融资、基地建设、服务平台等方面的大力推进，在一定程度上为进一步提升科技创新成果转化能力奠定了基础。

在政策方面，山西省依据省内科技创新成果转化问题以及资源型经济转型实际，出台并实施了鼓励科技创新成果转化的一系列扶持政策，以技术、人才等要素为着力点，积极推进科技创新成果转化。近年来，在早期制定的《山西省促进科技成果转化条例》《山西省推动产学研合作实施办法》等相关政策的基础上，山西省先后出台《山西科技创新城促进科技成果转化暂行办法》《山西省转型综合改革示范区促进科技成果转化扶持办法（试行）》《山西省促进科技成果转化若干规定（试行）》等政策，着力以企业为主体推进产学研合作，进一步增强科技创新成果转化效能。此外，《山西省支持创新若干政策》《山西省科技创新促进条例》等法规和规范性文件中也涉及科技成果转化的相关内容。这些政策的制定和出台，为加快科技成果转化提供了坚实的政策性支持。

在融资方面，山西省在财政投入及科技金融服务等方面，多项措施并举，撬动各类资本投入科技成果转化领域。一方面，山西省积极探索新型财政投入方式，充分发挥市场配置资源和政府引导作用。2016年，山西省政府积极组织筹措2亿元，专门设立科技成果转化贷款风险补偿资金[1]，组织

---

[1] 山西省科学技术厅：《山西省科技创新工作专题访谈》，2016年10月31日。

成立了4个联合基金（煤基低碳联合基金、山西省煤层气联合研究基金、山西省煤基合成精细化学品专项研究基金、山西省中药现代化关键技术研究振东专项基金）[①]，为科技成果转化提供资金支持。另一方面，积极完善科技金融服务，建立科技成果转化专项引导资金支持、风投资金参与、产权交易一体化的协同转化机制。同时，政府鼓励金融机构积极开展知识产权质押、股权质押等服务，并加强对中间商担保机构的支持，其中省内担保公司因担保而遭受损失的，对最终损失给予30%但总体每年不超过500万元的补偿[②]。通过多项措施并举，力求多元化拓展企业在科技成果转化过程中的投融资渠道。

在基地建设方面，山西省以转型综合改革示范区为依托，着力打造一批科技创新成果产业化基地，促进科技成果转化的相关创新要素集聚。随着2017年初山西省转型综合改革示范区的正式开工建设，将建立8个产学研园区（包括4个国家级开发区、3个省级开发区以及山西大学城产业园区）[③]。截至2017年底，省级开发区中的山西科技创新城累计引进华能集团、中国科学院过程所、清华大学等高端研发机构46家。此外，还包括14个国家级重点实验室、7个省外国家工程技术中心[②]、省内60%以上的省级重点实验室、7家大型煤炭企业研发总部以及19所高校[④]，同时还聚集了全省近一半的高新技术企业[②]。这些园区建设促成了一流研发机构及企业的汇集，无疑在推进山西省科技创新成果转化上发挥着重要作用。总之，转型综合改革示范区的建设，为山西省科技成果产业化基地的形成奠定了坚实基础，进一步推动了科技成果转化进程。

在服务平台方面，近年来，山西省积极搭建线上与线下相结合的科技成果转化平台，进一步健全科技支撑服务体系。一方面，以科技中介服务体系

[①] 山西省科学技术厅：《山西省科技创新工作专题访谈》，2016年10月31日。
[②] 山西省人民政府办公厅：《山西科技创新城促进科技成果转化暂行办法》，2016年2月1日。
[③] 数据来源于山西转型综合改革示范区官网，http://www.sxsfq.gov.cn/?pcyea r = 31 - 67&id = 33。
[④] 李蕾：《建设山西科技创新城成果转化区的初步思考》，《山西科技》2017年第1期。

为核心，以中小企业、高等院校、科研院校、创业者为服务对象，通过线上创建涉及科技计划管理信息服务、科技成果转化和知识产权交易管理服务、科技资源开放共享管理服务、科技报告服务、高新技术企业管理服务等的一系列科技综合管理服务平台。另一方面，通过线下搭建科技资源、科技金融、创业孵化三大科技创新综合服务平台。其中，"科技成果转化和知识产权交易服务平台"专门为科技成果转化而设立，于2017年12月正式上线运营[1]。该平台以企业技术需求为导向，通过采取省、市、县三级协同模式，为科技创新成果的供方、需方、中介服务方等提供"专业化、低成本、无假日"的"科技红娘"服务，真正做到把"推动成果转化，激发创新活力"落到实处。搭建上述服务平台是解决科技成果转化"最后一公里"问题的关键举措，为山西省构建新型科技成果转移转化体系提供了重要支撑。

通过以上工作，山西省在科技成果转化方面取得了良好成效。据统计，1985~2016年，山西省拥有专利数已累计达58342件，其中2015年和2016年发明专利数分别为9863件和10062件[2]，仅两年专利数就约占10年总数的34.15%，科技创新成果突出。此外，2015年山西省科技活动产出率为35.43%，比上年上升5.04个百分点[3]；2015年山西省高新技术产业化指数为71.29，比上年增长6.59%[2]。这两项数据增幅均高于全国同年数据增幅。总之，前述工作的扎实推进为山西省进一步加快科技创新成果转化奠定了坚实基础。

（二）发展中存在的问题

1. 有待进一步健全融资机制

长期以来，山西省科技投资体制较为单一。一方面，科技成果转化资金的市场供给渠道比较单一，单纯依靠政府财政资金的投资模式仍然没有从根

---

[1] 山西省科学技术厅：《山西科技成果转化和知识产权交易服务平台正式启动上线》，2017年12月21日。
[2] 山西省知识产权局：《山西省2015年专利申请授权状况表》。
[3] 《2015全国及各地区科技进步统计监测结果》，中国科技统计网，2016年6月30日，http://www.sts.org.cn/tjbg/tjjc/tcindex.asp。

本上改变，亟待开拓来自社会各界的投资渠道，引导风投、众筹等新的融资渠道进入科技成果转化领域。另一方面，山西省仍缺乏为企业贷款服务的专业化科技评估机构。由于科技成果转化资金需求高，转化后的市场价值又具有不确定性，专业化科技评估机构的缺乏将会增大金融机构针对科技成果转化的信贷风险，导致紧缩贷款。因此，亟待积极引导和鼓励包括银行在内的金融机构开展与科技成果转化有关的知识产权质押、股权质押等贷款业务，同时还要着力培育相关专业化科技评估机构，进一步健全科技创新成果转化的融资机制。

2. 有待进一步加强人才队伍建设

虽然山西省日益重视科技成果转化的人才队伍建设，但是目前还无法充分满足科技创新需求。由科技创新成果转化的阶段性特征明显，创新成果从实验室走向市场的过程中需要经历技术投入、消化吸收、技术中试等多个步骤，且不同阶段的人才资源需求也存在差异。例如，成果研发阶段需要研发人才，而商品化阶段则需要更多的市场经营人才。然而，国家统计局最新数据显示，截至2016年底，山西省规模以上工业企业R&D人员共计2.95万人，仅占全国总数的1.09%，大幅落后于全国平均水平[1]，仅有10887名专家型人才从事科技成果转化和知识产权交易服务工作[2]，科技领军人才和市场经营人才也存在短缺。因此，山西省亟待储备、培育丰富的人才资源，促进科技创新成果转化能力的提升。

3. 有待进一步加强产学研合作

为推动科技成果有效转化，山西省积极采取措施鼓励和促进产学研合作，但是在如何深度提升产学研合作水平上尚处于探索阶段。具体来说，一方面，近年来，政府在多项政策中都提到了建立科研人才及团队双向流动机制，打破其身份限制，以此促进产学研合作，但这些相关举措有待进一步落实，尚需进一步切实保障科研人员的福利、待遇等利益，以解决科研人员的后顾之忧。另一方面，企业、高校、科研院所在运行机制上存在差异，致使

---

[1] 数据来源于《中国统计年鉴2017》。
[2] 数据来源于山西科技成果转化与知识产权交易平台网站，http://www.kj15331.com/。

各方在合作上难以协同。存在的典型问题是，高校、科研院所在科研前期（如项目申报、项目评审等）已建立较为完善的管理机制，但是在科研后期（如中试、推广、应用等）的管理机制还很缺乏，且二者与企业的管理体制各成体系，直接影响了科技成果转化过程中的资源配置等，导致产学研在本质上脱节，使一些重要的科技创新成果仍然"躺"在高校和科研院所里"睡大觉"。因此，山西省需要进一步鼓励产学研合作，完善合作机制，使各方优势互补，推动科研成果商品化、产业化。

4. 有待进一步发挥服务平台功能

近年来，山西省促进科技成果转化的相关服务平台数量明显增加，但总体服务功能仍有待完善。首先，科技成果转化的中介服务机构发育较迟缓，服务体系中的中介咨询功能需要加强。据统计，截至2017年底，山西省科技成果转化和知识产权交易平台较少，仅有27家中介机构[2]，并且部分中介机构的权威性和服务水平还有待进一步考证，这在一定程度上导致了科技成果与企业之间缺失桥梁，使企业错失生产良机。其次，在山西现有服务平台中，数据更新的时效性和完善性还有待加强。例如，"山西科技数据共享平台"中有关科技统计指标的数据还不完备，致使政府、企业、相关产业部门在进行决策分析时缺乏确凿的科学依据。可见，现阶段的科技服务平台还无法充分满足山西省科技成果转化的需求，在一定程度上制约了山西以科技促发展的经济转型。

5. 有待进一步建设科技成果产业化基地

近年来，山西省致力于依托山西转型综合改革示范区打造科技成果产业化基地，但是，在国家政策利用率上的不足，导致以高新技术产业开发区为依托的科技成果产业化基地发展还较为缓慢，在全国范围内处于落后状态。据统计，截至2017年初，全国共有156家国家级高新技术开发区，而山西省只有2家分设在太原市和长治市，仅占全国总数的1.28%[1]。由此

---

[1]《国务院批复10家高新区升级为国家高新区》，科技部官网，2017年2月23日，http://www.most.gov.cn/kjbgz/201702/t20170222_131150.htm。

可见，山西省在高新区政策机遇的利用上存在不足，影响了科技创新成果的转化进程。

二 山西省科技创新成果转化的路径及策略

（一）基本思路

深入贯彻党的十九大精神以及《国务院关于支持山西省进一步深化改革促进资源型经济转型发展的意见》，以促进山西省资源型经济转型发展为根本目标，以科技创新驱动为动力引擎，以加快推进科技成果转化为现实生产力为突破口，充分发挥政府的引导作用，着力完善科技成果转移转化服务体系，拓展多元化融资渠道，培育科技成果转移转化人才，加强科技成果转化基地建设，进一步健全以企业为主体、市场为导向、产学研深度融合的科技成果转移转化创新体系，促进山西省由资源型经济向科技创新型经济转型发展。

（二）发展路径

1. 政府引导

坚持政府引导，加快职能转变，推进简政放权，注重政策引导与监督工作。为推动科技成果转移转化，政府职能应该由直接控制型转变为宏观引导型，并扩大企业自主权，强化政府监督管理职能。同时，为进一步发挥政府在健全市场机制、优化服务体系、加大财税支持、推动基地建设、加强人才培养以及创新合作机制等方面的职能，需要制定相关的政策法规来支持和引导有关各方协调配合、共同努力，促进科技成果转移转化又好又快地发展。

2. 市场导向

坚持以市场配置科技创新资源，以科技成果转化的市场需求为导向，积极开发科技成果的市场应用潜能。企业应该遵循市场规律，紧紧围绕市场需求，充分发挥其在科研开发方向选择、项目实施和科技成果应用中的主导作用。企业处于科技成果转移转化的主体地位，必须根据市场导向来发挥企业家整合人才、技术、资金的关键作用。此外，只有处于市场近端的企业准确及时地把握市场需求，再由其牵头与高校、科研院所等机构联合研发并进行科技成果产业化，才能有效完善"以市场促转化"的推动型科技创新链。

3. 协同联动

实现山西省科技成果转移转化又好又快地发展是一项重大工程，需要省政府与各市县政府的协调配合和共同努力。省政府需制定相关政策和激励措施，支持科技成果向县域转化，提高各市县进行科技成果转移转化的积极性。同时，要加强政府各部门之间在政策落地、资源配置等方面的统筹协同，着力形成共促科技成果转化的合力。

4. 机制创新

树立"以发展促进创新，以创新驱动发展"的理念，积极探索并建立基于科技创新成果转化的创新机制。在该过程中，要充分发挥资本、人才、服务等各构成要素在科技成果转化中的催化作用，加快对多元化科技投融资创新机制、人才培养及评价创新机制、科技服务平台创新机制、科技成果转化基地创新机制等的建设，促进各方面有机统一、相互促进，加快科技成果转化全要素创新机制建设。

（三）对策建议

1. 强化政府在推动各市县科技成果转化中的引导作用

加大政府支持力度，完善相关政策体系。切实落实《国务院办公厅关于印发促进科技成果转移转化行动方案的通知》和《国务院关于印发实施〈中华人民共和国促进科技成果转化法〉若干规定的通知》，相关部门应遵循实际，以调动各方积极性为原则，在已经出台的相关政策的基础上，聚焦利益分配、税收、知识产权等，进一步制定可操作性强的实施细则，着力引导并推动科技成果转化。

加强山西省政府与各市县政府之间的协同合作。首先，各政府部门对科技成果转化问题要保持高度的一致性，省政府要做好对各市县政府的正确引导，确保各级政府部门真正领会政策内涵和各类相关法规的要求，并积极营造一种上下合力、互相监督的良好氛围。其次，为了及时了解和准确掌握各地的科技成果现状，加强信息的交汇与发布，政府有必要建立覆盖全省的重大科技成果转化数据库，拓宽重点领域（如高端新型电子信息、节能环保、生物医药、新能源等）科技成果发布渠道。此外，各市县、各部门应加强对这些科技成果数据资源的开发利用，通过设立专门的技术转移服务机构，运用新一代信息技术（大数据、云计算等）对科技成果信息资源进行分析整理，有效运用于政府的决策管理中。

2. 提升科技成果转化的市场化服务水平

加强科技成果转化中介服务机构建设。首先，要健全法律法规，力求从法律上肯定科技中介服务机构在市场中的地位，为其合法权益提供法律保障。其次，建立以政府、公共、私人"三位一体"的科技中介网络，从咨询服务、科研开发、科技成果评估、科研人员培训等方面探索多元创新支持服务模式，以帮助政府加强对金融、技术、人才等生产要素市场中各类科技成果转化资源的协调配置与管理。最后，通过制定优惠性和约束性政策规范科技中介服务机构的有效运行，加强政策引导、宏观把控和监督管理；通过组织专门免费培训和定期考核，积极鼓励优秀学者和技术专家加入，为促进科技成果转移转化提供高水平、高效率的服务。

加强科技成果转化第三方评估机构建设。政府可以根据科技评估机构和资产评估机构的表现及贡献核发相应资质牌照，鼓励它们积极开展客观、公正的科技成果转化评价业务研究，大力培育科技成果转化第三方评估机构，促进科技成果转移转化的进程。此外，还需融入现代信息技术提升科技成果知识产权服务水平。具体来说，可以运用大数据、云计算等先进技术，搭建知识产权综合服务网络平台，推动"互联网+知识产权"计划，免费或低成本开放各种著作权和工业产权等基础信息，为山西省高新区和科技创新城中的加盟企业提供知识产权咨询、评估、代理等服务，形成一批基础专利和核心专利。

3. 加大对科技成果转化的多元化投入

加大对科技成果转化的财政支持力度。首先，切实落实好国家对山西省重大科技成果产业化扶持的专项资金和山西省重大科技成果产业化基金，鼓励各地设立科技成果转化、知识产权运营等专项资金，并积极引导各类社会资金投入，支持区域重点产业科技成果转化。其次，积极开展研发项目融资贴息试点工作。鼓励在省域高校及省级科研机构设立试点单位，试行研发项目牵头人自主融资开展研发活动。由省财政根据同期银行贷款利率对自主融资给予全额贴息，建立融资项目后补偿奖励制度。对研发失败或科技成果收益不足以偿还贷款的项目，给予一定的财政补偿；对融资成功并用科技成果收益足额还贷的项目，对项目牵头人及做出重要贡献的研发人员给予财政奖励。鼓励社会各界投资设立各类科技成果转化基金，鼓励银行等金融企业与其他非金融机构支持产学研合作项目。借助资本市场的力量，建立多元化的风险投融资体系，积极调动社会力量加大科技成果转化方面的投入。科技成果转化失败的一个主要原因是科技成果转化中后期资金的缺乏，阻碍了一些高价值科技成果进行产业化、规模化的进程。政府可以尝试进行以股份制为主要形式的科技成果转化运营模式的探索，强化中小企业与科研院所之间的利益联结与运营联结，广泛整合各类社会资源，加快科技成果转化。

4. 加强科技成果中试基地与产业化基地建设

加强重点科研转化中试基地建设。中试是影响科技成果转化进程的重要环节。科研人员在实验室开发出来的科研成果需要进行中试，在此过程中对可能出现的问题进行分析并寻找解决方案，从而确保实际生产的工业化规模阶段得以顺利完成。因此，有必要建设一批重点科研成果转化中试基地，对符合中试条件的科研成果进行有效的测试和指导，为科技成果成功产业化奠定坚实基础。

加强科技成果产业化基地建设。以高新技术产业开发区及重点科技园区为依托，集聚创新资源，着力建设一批科技成果产业化基地。同时，山西省作为一个中部省份，建设科技创新城是推进山西转型综改试验区建设的重大工程，政府应该本着开发合作、利益共享的原则，与现有的符合条件（建

设条件适宜、交通区位优越、产业基础扎实）的高新技术产业园共同努力，力争打造升级成为示范型科技成果转化产业园区。

5.加强科技成果转化的人才队伍建设

加强科技成果转化人才培育。完善科研人员及团队双向流动机制，重点培育科技成果转化过程中各环节所需的专业人才，尤其是稀缺人才。此外，提高科研事业单位技术人员的工资待遇，遵循开放、竞争、流动的创新型人才配置机制，建立一套基于能力、业绩、科技成果转化价值"三位一体"的薪酬制度，充分调动人员投入科技成果转化的积极性，将更多的科技成果转化为有潜在市场需求和应用价值的新材料、新工艺、新技术、新产品等。加强科研人员的长期激励。完善科研机构、高校领导人员科技成果转化股权奖励管理制度。引导建立健全科技成果转化内部管理与奖励制度，自主决定科技成果转化收益分配和奖励方案，建立对科技人员的股权激励等中长期激励机制。

加大对科技成果转化人才的专项资金投入。通过科学评估，确定人才投入资金的方向和重点，对制约人才发展的关键点进行扶持，力求资金效益最大化。要在推进科技成果转化基地建设的同时，考虑对相关人才软硬件设备的建设，把人才的储备和培养与科技成果转化的其他要素结合在一起。

6.加强基于科技成果转化的产学研合作

以企业为主体，建立企业、高校、科研院所"三位一体"的长效协同机制。积极引导企业准确及时地把握市场需求，主动申请政府发布的科技研发项目，并与高校、科研院所等机构以各种形式联合研发和进行科技成果产业化。同时，完善对高校、科研院所的绩效评价政策，引导其建立鼓励成果转化和与企业科研合作的内部评价考核体系及各种管理制度，从制度和激励政策两方面保障产学研合作的长效性、稳定性。

充分利用国内国际创新创业资源，促进科技成果转化。鼓励省内企业"走出去"，与省外及境外技术先进企业、技术转移机构、高校、科研院所建立战略联盟，通过共享合作促进科技成果转化。鼓励和扶持企业通过并购、收购的方式获得境外高技术企业的资源以及一些初创企业的基地，打造属于自己的海外孵化基地或研发基地。此外，还可以与国内外应用科技研究院、优秀科学园、高校等机构进行合作，建设一批高水平的国际联合创新基地，推进先进科技成果的研发与转化。

参考文献

［1］陈忠、李金惠：《广东近年促进科技成果转化政策分析及落实建议》，《中国科技产业》2017 年第 6 期。

［2］常晓敏、姚蓓蓓：《山西省高校协同创新中科研成果转化分析》，《山西高等学校社会科学学报》2016 年第 8 期。

［3］李蕾：《建设山西科技创新城成果转化区的初步思考》，《山西科技》2017 年第 1 期。

［4］范毅：《山西省科技成果转化服务平台现状研究》，《科技情报开发与经济》2015 年第 16 期。

［5］李金惠、郑秋生、翁锦玉：《关于贯彻落实〈广东省促进科技成果转化条例〉的若干思考》，《科技管理研究》2017 年第 9 期。

［6］李金惠、郑秋生：《浅析广东促进科技成果转化的现状、问题及对策》，《科技与创新》2017 年第 9 期。

［7］李菁：《浅谈广东省科技创新国际资源服务信息平台建设与技术成果转化》，《科技管理研究》2012 年第 18 期。

［8］林映华、廖晓东：《财政资助项目的科技成果权属及转化评价研究——基于广东省实例》，《决策咨询》2017 年第 4 期。

［9］刘佳：《山西省规模以上工业企业科技成果转化效率评价及对策研究》，太原理工大学硕士学位论文，2016。

［10］刘一鸣、魏晔：《从科技创新角度促进山西省科研成果转化》，《科技情报开发与经济》2014 年第 20 期。

［11］毛正清：《促进科技成果转化的科技风险投资引导基金运作模式的研究——以山西省为例》，山西大学硕士学位论文，2013。

［12］王睿、白羽、王鸿禄：《山西省新经济条件下具有知识产权的科技成果转化模块》，《科技情报开发与经济》2013 年第 15 期。

［13］余波：《广东科技金融对科技创新的影响研究》，华南理工大学硕士学位论文，2016。

B.11
促进山西省科技成果资本化、产业化的政策建议*

景保峰**

摘　要： 本报告分析了山西省科技成果产出的基本情况，阐述了科技成果资本化、产业化的进展，指出存在以下问题：高新技术产业化水平低，研发机构、高校科研成果转化率低；政策体系不完善，落实不到位；利益分配机制不合理，激励措施不完善；专业化科技服务体系不健全，专业化人才缺乏；科研院所转制滞后，新型研发组织建设重视程度不够；企业研发投入少，承接和吸纳能力不足，产学研合作有待加强。在此基础上，提出以下政策建议：深化科技成果转化体制改革；完善科技成果保护、评估和定价机制；完善人才评价、激励和培养机制；完善金融支持体系，加快科技成果资本化和产业化；优化科技成果转化服务体系，活跃技术交易市场；加强成果产业化项目示范，支撑产业转型升级；推进创新创业，促进科技型企业集群发展。

关键词： 科技成果　资本化　产业化

---

* 本报告为2016年度第二批山西省哲学社会科学规划课题"山西省科技成果资本化、产业化路径选择及政策建议研究"（2017054009）的研究成果。
** 景保峰，山西大学经济与管理学院，管理学博士、讲师、硕士生导师，主要研究方向为技术创新管理、人力资源管理。

促进山西省科技成果资本化、产业化的政策建议

　　山西省资源型经济转型发展和实施创新驱动发展战略，迫切需要深化科技体制改革，构建以企业为主体、市场为导向、产学研深度融合的技术创新体系，促进科技创新成果转化。科技成果资本化①、产业化②是推动科技与经济融合、加速科技成果转化为现实生产力的内在要求。山西省研发经费、科技人才投入力度不断加大，专利、论文等科技成果产出不断增多，但存在创新成果与市场需求脱节、成果转化率低、产业吸收能力弱等问题。本报告分析了山西省科技成果产出的基本情况，以及科技成果资本化、产业化的进展和存在的问题及成因，力争提出有针对性的可行的政策建议，助推山西省科技成果转化。

一　山西省科技成果产出的基本情况

（一）科技成果产出量总体呈逐年上升趋势

　　2008～2015年，山西省国内专利申请受理和授权数总体呈上升趋势，2015年分别为14948件和10020件（见图1）。根据山西省知识产权局统计，2017年1～3月，山西省国内专利申请受理3980件、授权2447件。1999～2015年，山西省农业植物新品种权累计申请174件、授权80件，为创新成果资本化、产业化奠定了坚实基础。

（二）科技成果产出以企业为主体

　　科技创新成果的主要产出源是企业。2015年、2016年山西省工矿企业专利申请授权数分别为5608件和5292件，占比均超过50%，大专院校、科

---

① 资本化，即以科技成果作为资本投入企业，与企业其他资本共同经营、共担风险、共享利润，形成新经济实体的过程。
② 产业化，即对科学研究与技术开发所产生的有实用价值的科技成果，通过后续开发、技术扩散、产品生产、市场推广等，将成果转化为新的产品、工艺和服务，达到一定市场规模后形成产业的过程。

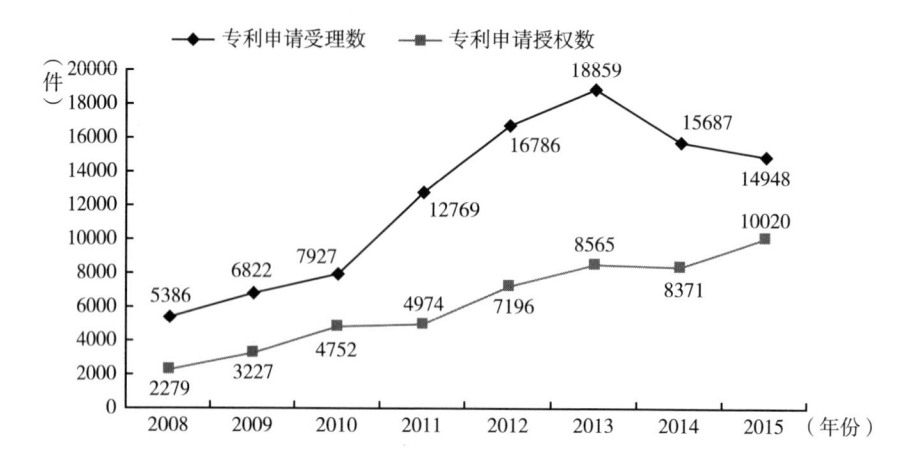

图1　2008~2015年山西省国内专利申请受理数和授权数

资料来源：《中国科技统计年鉴2016》。

研单位、机关团体占比相对较小（见图2、图3），这说明山西省以企业为主体的技术创新体系逐步建立，具有一定的科技创新潜力。

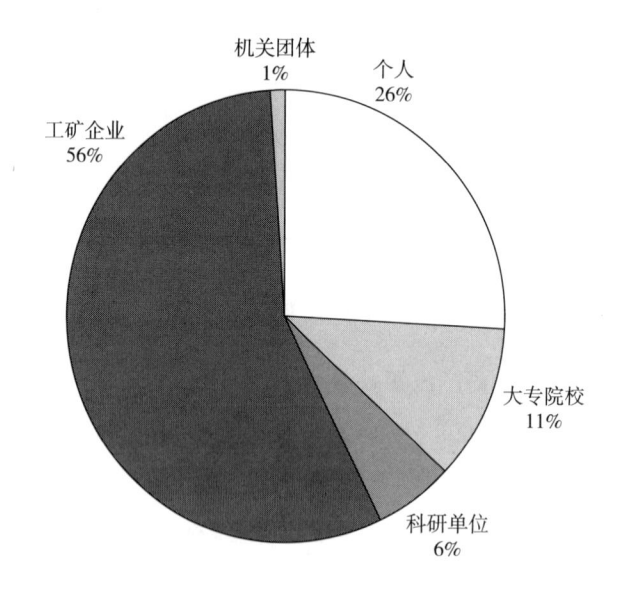

图2　2015年山西省专利申请授权数来源分布

资料来源：山西省知识产权局官网。

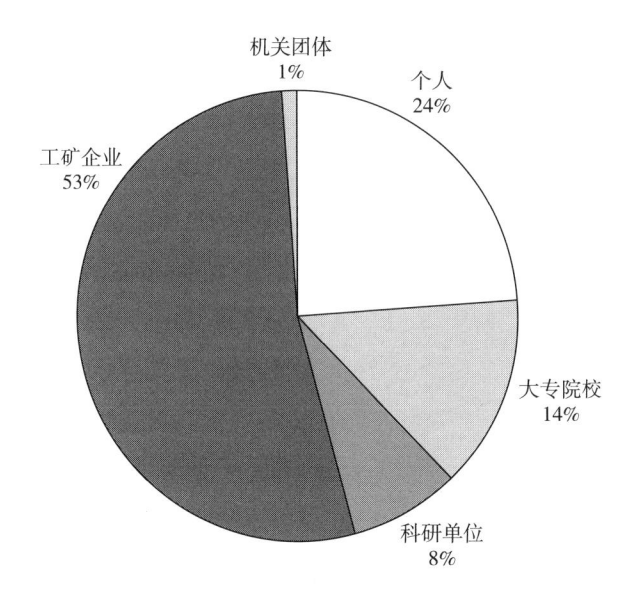

图3　2016年山西省专利申请授权数来源分布

资料来源：山西省知识产权局官网。

（三）科技成果组成以发明专利和实用新型专利为主

专利成果的构成以发明专利和实用新型专利为主。2015年山西省国内发明专利申请受理数为5680件，实用新型专利申请受理数为7911件，二者占申请受理总数的91%。2015年山西省国内发明专利申请授权数为2432件，实用新型专利申请授权数为6037件，二者占申请授权总数的84%。2015年山西省国内专利申请受理数及申请授权数分布情况见图4、图5。

二　科技成果资本化、产业化的进展

科技成果资本化、产业化初见成效。山西省2014年规模以上工业企业新产品销售收入为924.7亿元，新产品出口为58.1亿元。山西省2015年规模以上工业企业新产品销售收入为833.3亿元，新产品出口为158.4亿元。山西省2015年高技术产业新产品销售收入为67.0亿元，比2014年增长8.64%。

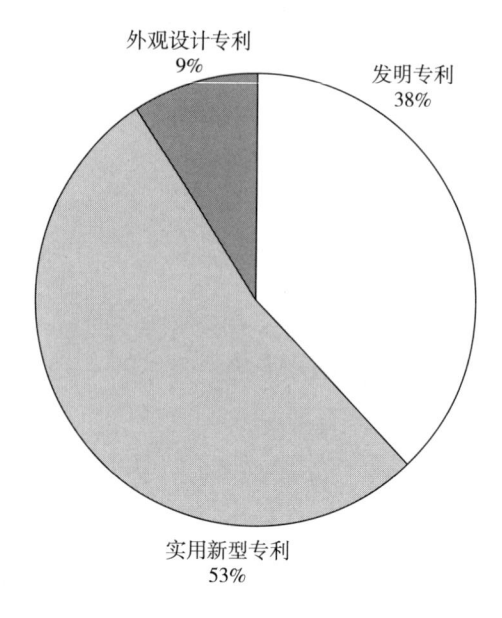

图4　2015年山西省国内专利申请受理数分布

资料来源：《中国科技统计年鉴2016》。

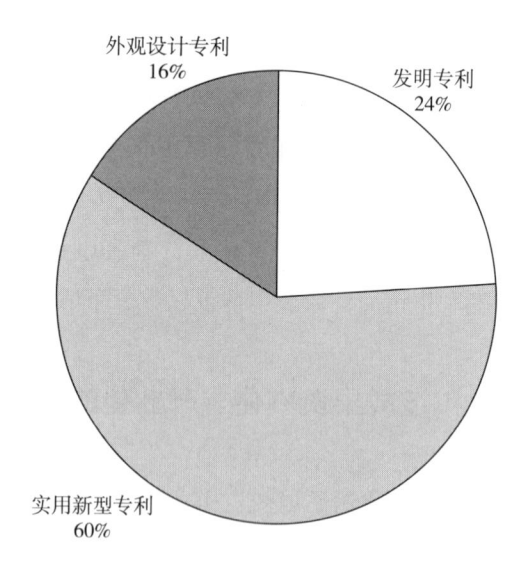

图5　2015年山西省国内专利申请授权数分布

资料来源：《中国科技统计年鉴2016》。

太原市2015年技术合同成交额为21.96亿元,比2014年增长162%。太原市2016年上半年技术合同成交额为41.61亿元,完成全年目标任务的71.7%[①]。

科技成果资本化、产业化服务组织初步建立。山西省2015年科技企业孵化器有17个,孵化基金总额为8456万元,在孵929个企业,累计有582个企业毕业。国家技术转移示范机构有山西省科技咨询服务中心等6家;拥有技术经纪人21名,占总人数的14.58%;促成项目成交180项,其中战略性新兴产业项目成交87项、重大技术转移项目成交41项;组织交易活动31次,技术转移培训2364次,服务企业2034家,解决企业需求419项[②]。截至2016年12月,共有16家企业入列国家级知识产权优势企业。出台《山西省产业技术创新战略联盟管理办法(试行)》,已在晋药、耐火材料、超重力环保、生态绿化、石墨烯、煤气化技术及装备、乳制品、中医药中老年健康、煤机装备等产业组建技术创新战略联盟。成立山西大学-阳煤集团催化剂研发中试基地、山西省知识产权服务联盟。山西省科技成果转化和知识产权交易服务平台上线。

科技成果资本化、产业化政策措施逐步完善。出台《山西省促进科技成果转移转化行动方案》《山西科技创新城促进科技成果转化暂行办法》《山西省科技成果转化引导专项(基金)管理暂行办法》《山西省网上技术交易成果转化项目补助管理办法》,启动科技创新券试点工作,定期组织企业开展投融资路演对接活动。

技术输入和技术输出变化幅度不大,技术输入大于技术输出。山西省2008~2015年技术输入和技术输出变化幅度不大,就合同数而言,技术输入明显大于技术输出(见图6)。2015年山西省技术合同认定登记695项,成交额为51.19亿元;输出技术合同698项,成交额为51.20亿元;吸纳技术合同2999项,成交额为97.24亿元[③]。

[①] 褚艳:《太原加速科技成果向生产力转化》,《山西经济日报》2016年8月29日,第001版。
[②] 数据来自《中国火炬统计年鉴2016》。
[③] 数据来自《2016年全国技术市场统计年度报告》。

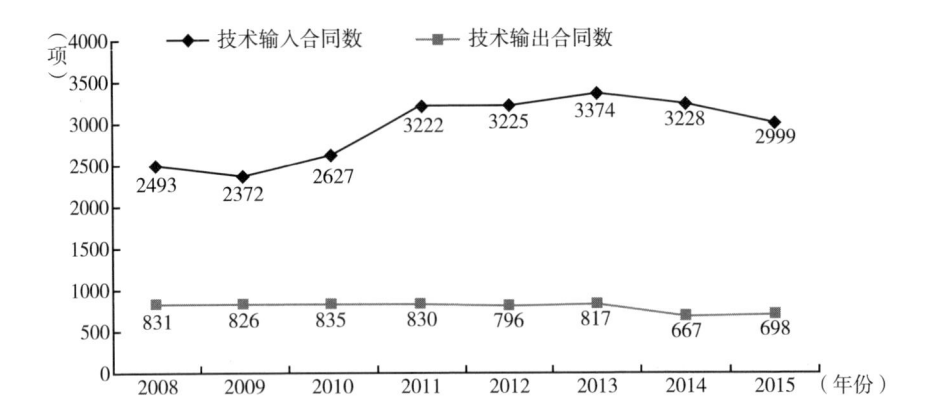

图6 2008~2015年山西省技术输入与输出合同数

资料来源：《中国科技统计年鉴2016》。

三 科技成果资本化、产业化存在的问题及成因

（一）高新技术产业化水平低，研发机构、高校科研成果转化率低

很多有价值的科技成果仅停留在研究阶段，未实现产业化。山西省2015年高新技术产业化指数为43.48%，比2014年提高6.59个百分点，但低于全国平均水平（55.70%），在全国排名第26位[①]。研发机构、高校科技成果难以转化为有效的经济效益，从专利所有权转让及许可数与形成国家或行业标准数之和与专利申请数之比看，2013~2015年研发机构分别为8.42%、9.78%、8.27%，高校分别为5.55%、2.45%、3.50%，均未超过10%。研发机构、高校的专利所有权转让及许可收入也较低（见表1、表2）。当然，这从侧面反映出科技创新成果的转化空间较大。

---

① 数据来自《2015全国及各地区科技进步统计监测结果》。

表1 2013~2015年山西省研发机构科技产出及转化情况

年份	专利申请数（件）	有效发明专利数（件）	专利转让及许可数（件）	专利转让及许可收入（万元）	形成国家或行业标准数（项）
2013	475	983	1	0	39
2014	511	1005	10	815	40
2015	689	983	14	584	43

资料来源：《中国科技统计年鉴》（2014~2016年）。

表2 2013~2015年山西省高校科技产出及转化情况

年份	专利申请数（件）	有效发明专利数（件）	专利转让及许可数（件）	专利转让及许可收入（万元）	形成国家或行业标准数（项）
2013	1333	1333	74	318	0
2014	1021	1594	21	450	4
2015	1428	1954	43	375	7

资料来源：《中国科技统计年鉴》（2014~2016年）。

（二）政策体系不完善，落实不到位

北京、武汉、成都等地出台"京科九条""汉十条""成都新十条"推进科技成果转化。山西省虽然出台《山西省促进科技成果转化若干规定（试行）》《山西科技创新城促进科技成果转化暂行办法》等，但缺乏顶层设计和统筹协调管理。政策法规不健全、落实不到位，致使科技成果资本化、产业化面临较多束缚，如渠道不畅、积极性不高等。

（三）利益分配机制不合理，激励措施不完善

将职务科技成果简单作为国有资产处置和管理，成果发明人没有成果处置权，仅享有奖酬获取权、署名权。在成果转化中，科研人员的作用与地位没有得到充分体现，个人收益难以从制度上得到保证。高校和科研院所科研人员的考核激励机制不完善，在绩效考核、职称评审及职务晋升中，科研成果资本化和产业化指标的权重不够，重成果、轻应用现象突出。

（四）专业化科技服务体系不健全，专业化人才缺乏

科技成果转化、产业化服务机构和平台不健全，且数量少。2015年山西省国家技术转移示范机构仅有6家，占全国总数的1.32%。根据《中国火炬统计年鉴2016》，山西省拥有国家级科技企业孵化器10个、国家大学科技园1个、火炬计划特色产业基地8个、创新型产业集群2个。中试基地、国家知识产权试点示范园区、国家科技成果转移转化示范区等数量少甚至为零。

科技成果信息平台功能单一，缺少成果评估、专家咨询、成果包装、投资策划等增值服务，平台利用率不高，各平台间的整合与共享有待加强。

尚未形成完善的科技成果转移转化评估机制和方法，科技金融不发达，科技中介服务行业的技术转移人才缺乏，精通专利管理、技术评估、技术交易谈判、法律等成果转化各环节知识的复合型人才较少，使得技术供需难以对接，科技成果资本化进程缓慢。

（五）科研院所转制滞后，新型研发组织建设重视程度不够

省属科研院所改革比较滞后，从1999年山西确定16个科研院所改制到2015年，有近60%的院所未改制[①]。科研机构重项目申报、轻项目完成。在立项阶段精心设计研究选题，精选课题论证材料，组织课题参与人员，精心编写项目申报书，力求立项成功，但对申报成功的项目重视不够、组织不力，致使科研成果数量少、质量低，难以资本化。科研经费管理严格，缺乏激励机制，严重挫伤了科技人员的科研积极性。实践表明，在促进科技成果创造和转化上，新型研发机构是一种有效的组织模式。对于新型研发组织的建设，广东、福建、重庆、内蒙古等地走在全国前列，山西省的重视程度不够，未出台专门支持政策。

---

① 王海滨：《山西：深化三大改革激发创新活力》，《科技日报》2015年7月26日，第001版。

（六）企业研发投入少，承接和吸纳能力不足，产学研合作有待加强

企业创新意识逐步增强，但研发投入少，承接和吸收能力低下。2008～2015年，我国R&D经费投入强度稳步增长，由1.44%增长到2.07%（见图7），山西则在1%左右徘徊，2015年仅为1.04%，在全国排名第20位。山西省2015年规模以上工业企业共3850家，其中有研发机构的为223家，占5.79%；有R&D活动的为295家，占7.66%。研发机构和R&D活动缺失导致企业的技术需求判定、科技成果二次开发和中试熟化能力不足。此外，企业与科研院所、高校协同创新的数量少、层次低。山西省2015年规模以上工业企业投向境内研究机构、高校的R&D经费分别为32629万元和16443万元，仅占全国总额的1.37%和2.27%。

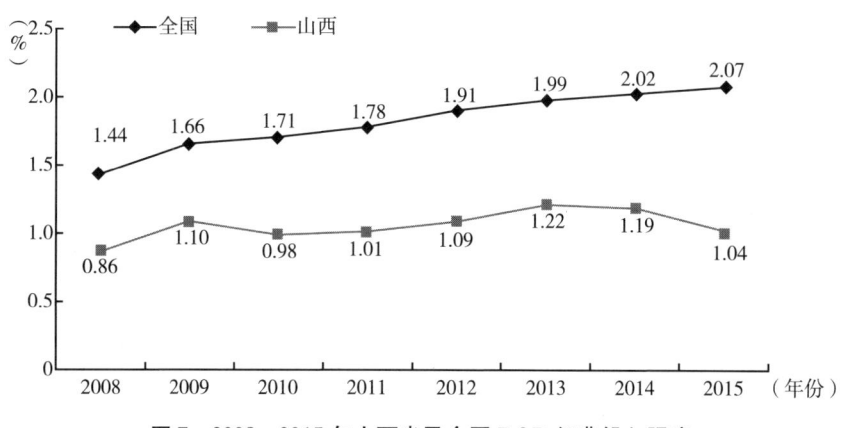

图7　2008～2015年山西省及全国R&D经费投入强度

资料来源：《中国科技统计年鉴2016》。

四　促进科技成果资本化、产业化的政策建议

（一）深化科技成果转化体制改革

全面推进科研院所改革。明确改革推进节点，实行精细化的分类定位、

分类管理的市场化改革，实行一院一策、一所一策，在去行政化、管理层持股、混合所有制、成果处置收益权、科技人员管理和激励等方面深入探索，建立现代院所制度和现代企业制度，破除院所功能定位不准、运行机制不活、潜力释放不足等束缚。重视和规范项目申报与立项、中期检查、项目结题等科研过程的管理，即时监控项目风险，提前预警，确保项目获得高质量成果，为科技成果转化提供有效供给。

推进科研成果使用、处置和收益管理改革。赋予高校、科研院所科技成果使用、处置自主权，支持自主决定采用转让、许可、合作和作价入股等方式转移转化成果。鼓励通过托管，委托专业的第三方技术转移机构代理开展相关工作。在山西转型综合改革示范区及国家级开发区推广实施中关村国家自主创新示范区先行先试政策。

探索职务科技成果权属混合所有制改革。允许高校、科研院所与科研人员共享成果所有权。鼓励高校、科研院所与发明人或研发团队之间，通过约定以股权或出资比例方式进行知识产权奖励，分割确权既有职务成果，以共同申请知识产权的方式分割新成果的权属。

积极培育市场化的新型研发机构。借鉴广东、重庆和福建的经验，加快制定并出台支持山西省新型研发机构发展的政策。对于新型研发机构，应精准定位，采取市场化运作，汇集政产学研各方资源，使原始创新、技术研发、成果转化、企业孵化和人才培养等各项功能协同运作，以院长、所长负责制为主要治理模式，在承担国家科技任务、人才引进、资本参与等方面给予政策倾斜。通过风险补偿、贷款贴息等方式给予新型研发机构科技成果转化项目资金支持，支持高校、科研机构建设新型产业技术研究院。

（二）完善科技成果保护、评估和定价机制

强化知识产权保护。加快设立知识产权法院，形成行政执法与司法相互配合的保护模式。加大查处、惩处知识产权恶意、重复侵权行为的力度。加强行业协会、商会等社会组织的行业自律和社会诚信体系建设。推进侵犯知识产权行政处罚案件信息公开，将侵权盗版、假冒专利和商标等记录纳入社

会信用评价体系。统筹协调，搭建跨区域的专利执法协作平台。

构建面向市场、有利于资本化的科技成果评价体系。探索建立适应不同类型成果特点的评估标准和方法，加快专利价值分析标准化建设，培养专业化成果评价人才队伍，培育市场化运行的评价机构，根据其服务数量和质量，可给予一定财政补贴。

完善科技成果市场定价机制。高校、科研院所可以通过协议定价、技术市场挂牌交易、拍卖等方式确定科技成果交易、作价入股的价格，此价格应充分反映科技成果按市场评价的贡献。对于实行协议定价的，应当在本单位公示成果名称、转化方式、拟交易价格等。

（三）完善人才评价、激励和培养机制

设计有利于科技成果资本化的人才考核评价制度。建立人才分类评价制度，提高科技成果转化、推广在职称评定、考核管理和薪酬奖励中的权重。对在省内科技成果转化中贡献突出的科技人员，可破格评定相应专业技术职称。

完善科研人员激励机制。坚持收入与贡献挂钩、长期产权激励与现金奖励并举，适当放宽科技计划项目经费使用范围，探索对科研人员实施股权、期权、分红、收益分成及绩效奖励等激励机制。以科技成果作价入股，发明人或研发团队可享有不低于入股时作价金额70%的股权。

加强技术转移人才队伍建设。制订科技成果转化服务人才培养计划，加快培养技术转移领军人才。支持建设若干个省级、国家级技术转移人才培养基地，推动有条件的高校设置成果转化、技术转移相关课程，打造一支高胜任力的师资队伍，培养一批服务科技成果资本化、产业化的高质量应用型人才。实施现代学徒制，将学历教育、职业教育和继续教育相结合，推动建设专业化技术经纪人才队伍和技术转移人才队伍。

（四）完善金融支持体系，加快科技成果资本化和产业化

深化科技金融合作体制机制改革，优化科技资金配置，提升科技金融资

金使用效率，形成金融发展与科技成果产出、产业化的良性互动。支持山西省高新技术企业、能源产业和新兴产业企业利用资本市场筹措科技成果转化资金，以法律形式规范政府、金融机构、企业、中介机构等相关方在成果产业化过程中的权利和义务[①]。

设立天使投资基金，出台《山西省天使投资引导资金管理办法》，开展天使投资人培训、天使投资案例研究、发布行业报告等公共服务活动，引导有一定经济实力的民营企业家、高校和科研院所研究人员成为天使投资人。

优化知识产权质押融资、专利保险服务，鼓励银行等金融机构、社会资金参与创新创业。建立知识产权质押融资贷款风险补偿机制，建立政府、保险、银行和评估机构共担风险的专利权质押融资模式。建立科技成果转化保险补偿引导基金，并设立融资保险、基金管理专业公司。

创新知识产权投融资产品，探索开展知识产权证券化和信托业务，支持以知识产权出资入股，在依法合规前提下开展互联网知识产权金融服务活动。积极推进创业风险投资市场化，融入新三板、创业板和场外证券交易市场，建立银行贷款贴息和信贷奖励制度。

试点设立科技银行，探索科技成果资本化的风险承担和信用信息共享机制。充分发挥新的产品和技术应用中政府采购的导向作用，建立符合国际规则、产业发展的政府采购技术标准体系，完善新的产品和技术首购首用风险补偿机制。

（五）优化科技成果转化服务体系，活跃技术交易市场

依托重点园区、高校、科研院所、新型研发组织等，建设科技企业孵化器，加强扶持、认定和管理工作，构建全方位、全流程的专业化服务体系，培育一批科技含量高、盈利能力和竞争力强的科技型中小微企业。将国有资

[①] 杜金岷、梁岭、吕寒：《金融发展促进科技成果产业化的区域异质性研究》，《华南师范大学学报》（社会科学版）2017年第6期。

本引入科技中介服务行业，不仅可以提高科技中介服务供给的质量和效率，而且是新时代国资国企改革的一个重要路径①。

推动省科技服务示范区、科技服务业特色基地建设，创新商业模式和服务方式，逐步形成若干个集研究与开发、技术转移、检验检测认证、创业孵化、科技咨询和科技金融等多功能于一体的科技服务业集群。加强政策研究与落实，推动科技中介服务行业朝着专业化、市场化、品牌化等方向发展。

加快创建市场化的技术转移机构。积极围绕山西省优势产业技术，创建国家技术转移示范机构。鼓励高校、科研院所设立专业化技术转移转化服务机构，并逐步从体制上提高这些机构在人、财、物等方面的独立性，使其实行企业化运作，并参与市场竞争。

创新互联网助推科技成果转化的服务模式。借助互联网信息传播优势，在高校、科研院所、企业、科技中介服务机构间，搭建信息交流平台、供需对接平台、在线服务平台。完善和优化科技综合管理服务平台功能。加强政产学研协同，建立基于互联网的面向技术转移转化的平台型企业，以市场需求为导向，探索在线技术交易服务模式，打通科技成果转化通道，促进科技成果与产业发展深度融合。

营造科技创新成果资本化的舆论环境。利用各类媒体，推广优秀成果转化团队及企业的成功经验和先进模式，宣传典型的成果转化企业和创业人才，吸引海内外更多优秀人才和创业团队落户山西。营造鼓励创新创业、敢于冒险、包容失败的社会氛围，培育企业家创新精神和创客文化。支持举办创新创业训练营、沙龙和大赛。

（六）加强成果产业化项目示范，支撑产业转型升级

推进重点产业成果转化示范。围绕战略性新兴产业、高新技术产业技术创新链的关键环节技术需求，重点支持一批技术水平高、市场前景好、经济社会效益显著的科技成果转化项目进行试点示范，着力突出成果中试放大、

---

① 李猛：《科技成果转化与经济发展质量提升》，《中共中央党校学报》2017年第6期。

技术熟化和工程化配套。

加强重点企业成果转化示范。依托行业龙头企业，培育一批工程技术（研究）中心、重点实验室、企业（行业）技术中心等。支持企业主动吸纳、利用全球创新资源，搭建国际合作联合实验室、创新联盟等国际科技合作平台。支持企业牵头联合高校、科研院所共建产业技术创新战略联盟、制造业创新中心，打造一批吸纳、转化能力强的示范企业。

打造成果转化特色示范区。借鉴河北·京南、宁波、浙江省的经验，依托科技创新城、高新区和开发区，通过政策落地、科技项目实施、平台搭建、引智引资、机制创新等，创立国家科技成果转移转化示范区。支持以符合条件的开发区为载体，创建国家高新技术产业化基地。积极推动科技成果向特色小镇转移转化，驱动山西省特色小镇高质量发展。

（七）推进创新创业，促进科技型企业集群发展

构建创业精准扶持体系，鼓励和支持"两院"院士、"千人计划"、"长江学者"、省"百人计划"以及"晋商晋才回乡创新创业"等人才工程的高层次人才及创新团队在晋转化科技成果或进行科技创业，重点帮助解决办公场所、创业辅导、融资贷款、上市辅导等方面的需求，努力营造开放、包容、高效的创新创业服务环境。

规划新建一批中试基地，支持建设产业公共技术服务平台，特别是在新能源、新材料、先进装备等优势产业领域。增强园区孵化培育功能，促进科技型企业高质量成长。鼓励探索大学衍生企业创业模式，支持利用自有知识和科研成果，创办科技型衍生企业。鼓励高校、科研院所科研人员因科技成果转化需要兼职取酬，以职务成果入股企业或离岗创办科技型中小微企业，3年内保留其人事关系，期满后再行商议。支持创新型企业承担重大科技项目，吸纳转化重大创新成果。

探索高校、科研院所与地方政府及企业协同创新的新模式。围绕山西省经济社会发展的技术需求，以关键共性技术、前沿引领技术的工程化与产业化为着眼点，整合政产学研各方优势资源，加快"校院地企"共建科技孵化载体、成果转化机构、公共技术平台、产业技术研究院等协同创新创业载体，并共设产学研专项资金，全方位推动产学研深度合作和科技成果在晋转化实施。

参考文献

［1］方维慰：《促进科技成果资本化的模式与举措》，《科技进步与对策》2015年第24期。
［2］王新新：《科技成果产业化的理论分析及对策选择》，《科技与经济》2013年第4期。
［3］褚艳：《太原加速科技成果向生产力转化》，《山西经济日报》2016年8月29日，第001版。
［4］王海滨：《山西：深化三大改革激发创新活力》，《科技日报》2015年7月26日，第001版。
［5］杜金岷、梁岭、吕寒：《金融发展促进科技成果产业化的区域异质性研究》，《华南师范大学学报》（社会科学版）2017年第6期。
［6］李猛：《科技成果转化与经济发展质量提升》，《中共中央党校学报》2017年第6期。

案例研究

Case Study

B.12
山西省试点县（市、区）转型综改工作进展报告（2017）

顾颖 李政 冯晓晓[*]

摘　要： 本报告从经济发展、民生改善、招商引资、脱贫攻坚四个方面总结了山西省试点县（市、区）2017年的工作进展情况，指出了试点县（市、区）转型综改建设中存在的问题，提出了进一步推动试点县（市、区）转型综改工作的建议：以深化供给侧结构性改革为主线，加快推动区域充分协调发展，助力乡村振兴；以强化政府治理能力为重点，深入推进可持续精准扶贫，实现真脱贫、脱真贫；以建立健全环境保护制度为引领，持续开展环境治理工作，营造美丽和谐的人居环

---

[*] 顾颖，太原师范学院经济系，教授、山西大学硕士生导师，山西大学中国中部发展研究中心特聘研究员，主要研究方向为制度理论与经济改革、转型发展研究等。李政、冯晓晓，山西大学经济与管理学院。

境和生态环境；以推进重点民生项目建设为依托，切实办好民生实事，提升公共服务水平。

关键词： 转型综改　试点县（市、区）　扩权强县

先行先试是转型综改试验区建设的灵魂，县（市、区）是转型综改试验区的主战场。转型综改、扩权强县试点县（市、区）的确立为进一步推进转型综改试验区建设提供了良好的政策机遇、创新机遇、项目机遇和开放机遇。当前山西正处于全面建成小康社会的最后决胜阶段，加快推进试点县（市、区）转型综改工作，应深入贯彻落实政策精神，利用新思维、新思想，探索有别于传统模式的经济发展新路径、新模式，充分发挥试点县（市、区）促进县域经济发展的排头兵作用，以期为山西省深入推进资源型经济高质量转型发展提供新的经验和思路。

一　山西省试点县（市、区）转型综改工作进展情况

2017年山西省试点县（市、区）转型综改工作稳步推进，涌现出一批典型试点县（市、区），在经济发展、民生改善、招商引资、脱贫攻坚四个方面均取得了优异成绩。

（一）产业转型多元化，经济发展见真效

2017年，试点县（市、区）经济发展稳中有进，进中向好。在实力最强的10个县（市、区）中，孝义市GDP为338亿元，位居榜首；怀仁县GDP为204亿元，排名第三；高平市GDP为200亿元，排名第四；洪洞、河津、灵石和襄垣的GDP分别为191亿元、197亿元、178亿元、148亿元，榜上有名。从GDP来看，试点县（市、区）经济发展稳定持续，总体向上。试点县（市、区）在追求经济总量平稳上升的同时，立足优化经济发展方

式，抓住"互联网+"机遇，搭建信息人才资源共享平台，重点通过"延伸特色农业产业链，推广特色农业经济；提速工业经济转型，发展多元经济体；推进文化旅游业发展，推动产业转型"等方式，促进经济结构多元化，培育经济高质量转型发展新动能，实现经济高质量转型发展提质增效。

1. 特色农业"吐新枝"

在发展特色农业经济中，太谷县、运城盐湖区、石楼县、原平市、高平市、朔州平鲁区和孝义市都形成了各具特色的发展模式，推动农业产业再发展，其实践经验值得学习。太谷县启动了山西"农谷"省级战略，搭建金谷农投、政银企、农村产权交易中心三个融资平台，服务农业经营主体发展，各项农业贷款余额为28亿元，占全县的60%。在此基础上，借助"互联网+"平台，成功申报阿里巴巴"千县万村"首批试点县，在全省首家开通淘宝"特色中国太谷馆"，建设山西农产品国际交易中心，其易农店商整合119个县市的农产品，与10个省市联网，仅开通1年销售额就已达1.6亿元。同时，太谷县结合其文化地理优势，延伸农业产业链，大力发展功能农业+庄园经济、康养+休闲、历史文化+休闲旅游、经营主体+园区+旅游、企业+品牌文化、城乡一体化等多种模式，培育农业新业态。运城部署建设运城（临汾）果业平台省级战略，设立了省农业产业发展基金，以股权投资的形式支持重点农业产业化、龙头企业专业化发展，实施农业产业项目贷款贴息政策，以好项目带动全省农村产业融合发展。运城盐湖区积极打造包括农产品仓储配送、农产品电子商务、农业休闲旅游、创意农业等在内的产业链条，促进农产品增值，有效带动当地农民增收。同时，全力推动农业产业链延伸，充分发挥地处中心城市的优势，着力推动产城融合，积极推广体验式农业、度假式农村、服务型农民的休闲农业与乡村旅游业发展模式，有效增加了当地农民收入。石楼县属于国家级的贫困县，是国家级限制开发的重点生态功能区。石楼县政府针对县情，因地制宜，发展农业+沟域经济。以沟域为单元因地制宜规划发展特色种植业、圈舍养殖业、休闲旅游业、农产品加工业和农产品物流业，逐步探索和实践了以沟壑治理为主的沟域经济发展模式，并且做到了"沟沟有主题、村村有特色"。同时，借力国家光伏扶贫政策，大力发展农业+光伏，构建集种植、光伏、加工、物流于一体的农光互补产业新格局。

原平市在推进农业经济发展的过程中，主要采取了农业品牌战略，近年来，以专业化和高质量打造"石鼓小米"品牌。"石鼓小米"成功入选"中国好粮油"首批名录，标志着山西粮食品牌创建迈出了一大步，为山西省粮食作物的品牌化发展提供了有益的经验。高平市在推动农业产业高质量发展上，坚持标准化、品牌化和产业化基本思路，创建了"生猪、蔬菜、黄梨、丝绸"四条特色产业链，成为国家农业可持续发展试验示范区的首批创建单位。高平市建成电子商务产业园，推进国家级电子商务进农村综合示范县建设，阿里巴巴、京东、苏宁、美团等全国知名电商平台企业入驻高平市。朔州平鲁区充分发挥人才对农业经济发展的重要作用，通过纳贤才、搭平台、建机制，实施"乡贤培育"工程，吸纳了一大批贤达人士用其学士专长、创业经验，提升了全区基层智力水平，助力农村发展，补齐"三基建设"短板。孝义市采用"一村一社"模式助推农业产业化发展，形成"合作社+基地"发展模式，重点培育龙头企业，加快实施"两全"工程，大力支持农业龙头企业、农民合作社等新型农业经营主体，提高农村集体经济水平，助力农业产业化高质量发展。

2. 新兴工业"含苞待放"

河津市坚持产业优、质量高、效益好、可持续的发展标准，对工业企业采取"龙腾虎跃"转型发展计划，对"五小企业"实施"群星灿烂"育苗计划，对在外人员采用"凤还巢"行动计划，设立"一区两园五个组团"模式的经济开发区，致力于建立多元化的中高端产业体系。在解决建设用地短缺带来的转型项目落点难问题上，灵丘县坚持耕地不碰、土地集约节约利用原则，以及生态修复与治理相结合的绿色发展原则，综合利用工矿废地，创新土地管理利用机制，有效破解了"用地难"瓶颈问题，形成了具有可实施性的土地管理制度和新兴产业生态化、多元化的新模式。朔州平鲁区坚持以"调结构、促转型、谋升级"为经济发展主线，以资金支持助推产业转型。内陆港项目是平鲁区2017年的重点项目，该项目由平鲁区、中煤平朔、河北港口集团三方共同出资建设，力争建设以煤炭交易为主的内陆港、综合内陆港，建设综合保税区。怀仁县以培育龙头产业为着力点，大力帮扶小微企业扩大规模，引导企业技术科技化和产品市场化，加快"怀仁智造"步伐。在对煤炭产业转型摸索的道路上，高平市前和煤业突破传统转型思路，创新发展绿色健康餐饮产业，采取"基地+农户+合作社"的发展形式，形成了服务社会、惠及民生、工农经济互惠的前和模式。

孝义市紧跟新时代步伐，大力扶持新兴产业，以高端项目推动产业结构优化，规划建设"五大园区"（新型煤化工园区、高教园区、铝电循环经济园区、高新科技产业园区、现代农业园区），形成规模经济，统一规划，资源共享，在园区内培育龙头企业，辐射其他小微企业，带动整体水平的提升。2017年共有70多个转型项目入驻，吸引投资2000多亿元，铝电循环经济园区引入了信发、兴安两大全国铝行业龙头企业。侯马市小微企业双创基地是前店后厂模式的小微企业创新创业基地，是集企业、文化产业、高新技术企业、现代服务中心、"技经贸"、"产学研"于一体的大型综合性创新创业基地。运城盐湖区着力振兴实体经济，重点发展高新技术产业开发区、城西机电化工集聚区、高铁商务区和关公产业园区，创新生物、医药、高端装备制造业、商贸、物流和大数据等特色产业，培育规模龙头企业。

3. 文化旅游业"多点开花"

运城盐湖区充分发挥地处运城市城市中心的地理优势，以"全民游、自由行、重体验"为方向，从旅行六大要素（吃、住、行、游、购、娱）全面着手，实现旅游品质"安、顺、诚、特、需、愉"的提升。同时，助力培育龙头景区，以龙头景区带动五种模式（农业生态观光游、农耕文化体验游、民俗休闲度假游、户外体育观赏游、文化遗产研学游）多元融合发展，努力开创全域旅游新格局。太谷县结合其文化地理优势，大力发展城乡一体化、企业+品牌文化、康养+休闲、经营主体+园区+旅游、历史文化+休闲旅游、功能农业+庄园经济等多种模式农业新业态，已形成美宝、梅苑等各类功能庄园12个，建设孟母文化养生健康城，建成太谷非物质文化遗产展厅，建立"两园一馆"（太谷饼文化园、通宝醋业文化园、中医药博物馆），打造"一线六乡二十点"旅游线路。全面实施"旅游+"战略，促进旅游和经济社会的互动融合，实现整体经济的多元联动发展。灵石县采取精准推介和大力宣传的方式推动晋中旅游业的发展，在北京举办以"发现晋中·爱上晋中"为主题的旅游发布会，进一步把晋中文化旅游品牌推广到全国各地，通过播放宣传片、景区推介、展示、宣传资料发放、表演和互动等多种形式，将灵石旅游文化精髓展现给大众，提高了知名度，扩大了对外影响力，提升了晋中旅游新形象。2017年，灵石县共接待游客920万人次，实现旅游综合收入85亿元，灵石正在成为山西重要的旅游目的地和集散地。孝义市顺应旅游业发展趋势，率先成立旅游协会，不断丰富旅游资源，搭建平台，实现信息共享，打破行业壁垒，推动多元融合联动发展。同时，规范旅游行业行为，倒逼孝义市旅游业持续高质量发展。

（二）医疗、"美丽乡村"齐发展，民生改善见良效

试点县（市、区）着力破解就医难困境，坚定"健康山西"总目标，贯彻"加快迈入全国医改先进行列"总要求，推进医疗、医保、医药联动发展，保障人民身体健康，实现医疗脱贫。2017年，山西召开了14个医疗一体化试点县推动大会，把医疗一体化建设放在了民生改善的重点位置。医疗一体化建设本质上是资源的重新配置，推进资源的自由流通，实现县乡上下联动发展。高平市作为山西省首批县乡医疗卫生机构一体化改革试点县，率先组建成立了全省首家县乡医联体"高平市人民医院集团"。集团以高平市人民医院为中心，辐射涵盖16个乡镇卫生院和446个村卫生室。在长期医疗改革试点工作中，高平市为其他县（市、区）医疗一体化提供了很多宝贵的经验：一是在体制上"闯关"，打破体制的藩篱，实行"六统一"（行政、人员、资金、业务、绩效、药械统一）管理，实现城乡上下医疗改革融合联动；二是在机制上"绣花"，让优质资源沉下去，全面开展家庭医疗签约服务，采用"1+1+1"模式整合组建签约服务团队；三是在行政管理上有"收"有"放"，"收"就是统一政府办医决策权，"放"就是放开集团自主经营管理权，现代医院管理体制基本建立。孝义市牵住了分级诊疗

"牛鼻子"，打好了医疗集团"组合拳"，统筹推进市乡医疗卫生机构集团式一体化发展。孝义市兼顾资源整合和统筹发展，建立了"1+3+18"的集团新架构，以信息互通和资源共享为突破口，形成"1+8+8"的一体化管理新体系，搭建集团统一信息平台。2017年，县域内90%就诊率的改革目标已接近完成，基层医疗机构的医疗业务、基层就诊率、群众个人医疗费用均低于或优于全国、全省平均水平，形成了"上下互动、环环相扣、市乡村联动、协调可持续"的医疗卫生发展新格局，实现了医疗机构、医务人员、人民群众三方的多赢局面。太谷县以太谷县人民医院为牵头单位，整合三级（县、乡、村）医疗资源，对人、财、物实行按需统一分配，进行医疗一体化统筹发展。太谷县构建了"1+3+9"医疗服务体系：投资建设1个信息化平台；建立检验、医学影像和消毒供应3个中心；建设以县人民医院集团总院为中轴、9个分院为站点的急救网络。"1+3+9"模式实现了集团内部信息与数据的互通，检查、检验结果在集团内互认，实现了医疗急救的全县覆盖和从"一盘沙"到"一盘棋"的跨越式发展。

不断满足人民日益增长的美好生活需要是山西民生改善的奋斗方向。伴随经济发展中环境潜在问题的不断显现，试点县（市、区）越发突出绿色发展战略在经济发展中的重要地位，强调改善人民居住环境，打造文明健康城镇，推动最美乡村、最美城镇建设。侯马市在城乡一体化发展中上下联动，城市辐射力强，城镇化率达到了64.2%。在推进美丽乡村建设中，形成了城市自来水全覆盖、垃圾集中处理全覆盖、生活污水综合利用全覆盖、健康网络平台全覆盖、集中供热全覆盖、集中供气全覆盖"六个全覆盖"模式。孝义市在环境治理的探索过程中形成了"八治六包五长"模式。采取"八治"农村卫生集中整治方法，"治违""治乱""治污""治路""治河"，改善城乡环境乱象；"治散""治庸""治效"，规范和监督相关职能部门的"懒政"管理行为。实行"六包"责任制（包整治乱象、包协调部门、包宣传发动、包组建业委、包规范物业、包建章立制），解决小区卫生脏乱差问题。建立街长、路长、巷长、区（小区）长、楼长"五长"联动机制，做好"三及时"（及时发现问题、及时上报、及时协调解决）工作，保持和维护好各自管理范围内的环境卫生。怀仁县致力于建设美丽乡村,以"记住乡愁"为要旨,以打造"四美三宜"(家园美、田园美、生态美、生活美,宜居、宜业、宜游)幸福乡村为目标,开展创建"五村联创"活动(省级美丽乡村、省级平安乡村、省级卫生乡村、省级文明乡村、省级清洁乡村)。在环境治理过程中,实行领导包村、企业帮扶责任制,农村人居环境明显改善,被评为"全省城乡爱国卫生清洁运动先进县"。朔州市朔城区结合"三基"建设,成立环境治理专项领导组,在农村坚持"两大一小"(大党员活动室、大便民服务站,小村干部办公室)建设原则,建立工作阵地,在支部党校中采用评选、授课的方式,推广环境治理理念,助推美丽乡村建设。

(三)全方位、多领域,招商引资见成效

试点县(市、区)倾力招商引资,2017年各类招商引资"硕果盈枝",形成了全方位、宽领域、多层次的对内对外开放新格局。潞城市坚持"招大商、大招商"工作思路,形成"五个一"(签约一批、对接一批、跟踪一批、谋划一批、推介一批)工作方法,抓住发达地区加工贸易产业转移的有利契机,精准定位,引进一批好项目,促进"一产增效、二产升级、三产占半"转型目标的实现。孝义市精准高效招商引资,以"一区五园"平台为依托,围绕"2+3"产业体系,对标发达地区,紧盯先进技术和成功管理经验,主动承接京津冀、环渤海、长三角、珠三角等地的产业转移。创新招商引资方法,以促进产业转型投资为目标,将招商思路从招商引资转变为选商引资,开展七大招商行动(产业集群招商、鼓励返乡创业、融资招商、定向招商、以商招商、专业招商、网络招商)。一年内全市各产业园区、招商局、各乡镇、各街道均落地总投资1亿元的转型项目,招商引资卓有成效,为经济增长蓄势添力。运城盐湖区出实招、求突破,制定并落实招商引资优惠政策,鼓励和吸引晋商晋才、运商运才、盐商盐才回乡创业。充分利用各产业集群平台,实施产业招商、以商招商、精准招商三大行动,引进更多大项目、好项目。河津市坚持"改革抢先机,发展站前列,各项工

作创一流"的总要求，以地域特色产业为中心，以铝深加工、煤化工、文化旅游为主要方向，明确目标，紧盯广东、上海等产业集聚区，精准招商，引进一批相关程度高、科技含量大、辐射能力强的行业龙头企业和产业链内关键核心企业。同时，抓住"一带一路"建设机遇，深度参与相关项目建设，为企业"走出去"铺设道路、搭建平台，培育经济发展新动能。目前已签订4个招才引智项目，涉及项目14个，签约金额达124.94亿元，占全年任务（85亿元）的147.0%；19个续建、新建招商项目到位资金为28.37亿元，占全年任务（32亿元）的88.7%。

（四）聚焦县情出大招，脱贫攻坚见实效

试点县（市、区）铆足干劲，多形式多方位采取措施，以保证各地脱贫工作取得决定性进展。灵石县构建四个"+"模式，推动脱贫攻坚：大力推广"合作社+"扶贫，分为产销联结型、利益分成型、龙头带动型三种模式；扎实推进"基地+"扶贫，包括养殖基地带动、培训基地带动和光伏基地带动三种模式；探索推动"村集体经济+"扶贫，包括多方筹资办实体和合作经济持大股两种模式；创新推出"先锋队+"扶贫，实施"百企联百村结千户——脱贫增收奔小康"行动和在党员干部中开展"帮一把、扶一下、带一程"扶贫助困活动。四个"+"模式的成功实践，对占全国贫困人口45%以上的非贫困县开展脱贫攻坚工作具有重要的指导和借鉴意义。孝义市出台了加强脱贫攻坚工作方案，包括干部帮扶、行业扶贫、社会扶贫、专项扶贫四个方面。同时，推行了政府、贫困户、龙头企业、农商行联动融合"四位一体"金融精准扶贫模式，并取得了优异的成绩。截至2017年7月28日，金融精准扶贫已实现100%全覆盖。灵丘县实施资金注入扶贫方式，按照"财政资金注入、折股量化到户、龙头企业经营、集体经济破零、农民保底分红、政企村农共赢"的思路，实现资金从政府到企业再到贫困户，推动县域脱贫攻坚工作顺利进行。政府作为主导者，负责选择优质企业，注入专项资金，折股量化资源分配到贫困户，而被选中的公司负责专项资金的运营，贫困户的股份负赢不负亏，固定保本收益不低于本金的10%，对于盈余部分按照5∶4∶1的比例分别分配给公司、贫困户、村集体。潞城市重点推进健康扶贫"双签约"工作，采取"家庭医生团队+乡村干部+农村贫困人口"签约模式，实施"1+1"组合式签约服务，确保能够实现精准脱贫、脱真贫、真脱贫。截至2017年8月15日，潞城市已全面完成健康扶贫"双签约"工作任务，健康扶贫"双签约"覆盖率高，辐射全市200个村，包括3105户建档立卡贫困户，共6579人。阳泉郊区采取经济互动融合脱贫和金融扶贫方式，形成"一主六辅"脱贫产业（以发展果业为主，联动融合杂粮、乡村旅游、养蜂、中药材、光伏发电和养猪等产业）；构建"政府+银行+保险+实施主体+贫困户"的"五位一体"信贷扶贫政策体系，建立村支两委、合作社、信用社、农户联动扶贫机制。侯马市采取"六条途径"（保险扶贫、光伏扶贫、教育扶贫、金融扶贫、产业扶贫和政策兜底）精准扶贫。娄烦县实施"五帮一消费"扶贫，充分融合政府的主导优势、企业主体的参与带动力、银行金融的资金支持力、媒体宣传的引导力和消费者的全民参与，把政府、企业、银行、媒体和消费者等五个主体有机联合起来，从而实现快速扶贫、长效脱贫。

二　山西省试点县（市、区）转型综改工作中存在的问题

新时代对试点县（市、区）转型综改工作提出新要求。山西省试点县（市、区）转型综改工作还存在不少问题，面临许多挑战。

（一）新旧动能转换不充分，结构性矛盾依然突出

长期以来，山西一煤独大的资源依赖型经济格局仍未改变，在试点县（市、区）的经济发展中也存在同样的问题。多数试点县（市、区）对资源的依赖程度较高，产业结构单一，"新六产"发展融合不充分，农业产业链延伸落实依然存在资金、技术困难，煤炭资源收入仍在经济收入中占主导地位。非煤产业占比偏小，后续、接替产业支撑力不足，新兴产业没有形成应

有格局。民营经济发展缓慢，对"小微企业"的支持力度不够。"互联网+"平台建设不充分，新兴产业和科技对经济的影响没有发挥出应有的带动作用。全方位开放程度不足，具有辐射带动作用的大项目、好项目不多，招商引资项目落实仍然困难重重。同时，受市场风险、安全生产和环境保护等诸多不确定因素的影响，试点县（市、区）抵御市场风险的能力较差，经济波动较大，导致县域经济竞争力偏低。

（二）人力资源不充分，创新升级能力不足

新时代建设现代化经济体系是全国经济发展的重点，也是县域经济发展的出路，而创新就是县域经济发展的核心动力。2017年5月国务院办公厅印发《关于县域创新驱动发展的若干意见》，提出新形势下支持县域开展以科技创新为核心的全面创新，创新驱动发展战略开始向创新体系"末梢"发力。人才和知识是实现创新驱动的关键，而人才又是推动知识共享的主体，人力资源对县域经济的发展具有重要的影响作用，而在山西27个试点县（市、区）中，只有朔州平鲁区等个别县（市、区）把人才放在经济发展的战略地位，留住人才、用好人才，其余试点县（市、区）对人才的重视程度均不同程度地存在不足，没有相应的人才支撑，县域经济发展中必然存在创新能力不足、结构优化升级困难等问题。

（三）环境改善不充分，脱贫任务依然艰巨

增进民生福祉要坚持回应新诉求、满足新期待。民生改善主要包括环境改善和脱贫两个内容。一是环境改善方面，受以往粗放式经济发展模式的影响，在经济高速发展的同时，资源环境代价过大，环境问题越来越突出，且山西的环境与经济矛盾更是难以调和。因此，山西提出建设"美丽乡村"，各试点县（市、区）也纷纷针对县域详情制定相应举措，但是在具体实施过程中，依然存在落实不到位、考虑不全面、力度不够等问题，导致环境改善不充分、环境治理进度缓慢。二是脱贫方面，各试点县（市、区）多措并举，奋力打赢脱贫攻坚战，在脱贫总量上取得了很好的成绩，但基于山西

自身存在多片严重贫困区的实际情况,试点县(市、区)的脱贫任务依然艰巨。

三 深入推进山西省试点县(市、区)转型综改工作的建议

试点县(市、区)建设是全面推进山西转型综改的重要举措,通过总结探索实践,积累成功经验,充分挖掘试点县(市、区)经济发展优势,培育山西区域经济增长极。

(一)以深化供给侧结构性改革为主线,加快推动区域充分协调发展,助力乡村振兴

整合高效资源,培育重点企业,带动区域经济协调发展。致力于打造重点工业集聚项目,加快园区经济的发展,以新时代高质量转型发展为要求,努力把开发区建设成为新兴工业集聚兴起的大平台。通过选择性地引入外部厂商、资金,抓住外部发展机遇,采取政策扶持等方式,耦合产业上下游发展方式,增强产业兴起的集聚效应。通过降低企业运营成本、简化许可证办理流程等措施,优化营商环境。鼓励县域中小企业成为省内外大中型企业生产的重要环节,参与产品配套生产,通过深入学习、发展先进技术,扩大市场占有率,不断提升县域中小企业的经营能力。整合县域经济发展资源,充分利用现有优势资源,开拓潜在资源,实现资源高效利用,推动城乡一体化发展,逐步解决城乡发展不平衡、不充分问题。

大力培育特色产业,推动实施乡村振兴战略,着力推进县域传统产业转型升级。发展粮食、蔬菜、水果等特色农产品,打造过硬的农业品牌,并结合现代互联网思维,加快推广互联网+农业,让农产品通过互联网走出乡村,推进农业农村现代化建设。持续推进全域旅游工作进程,增强历史文化遗产保护意识,重视历史文化名镇、名村以及建筑的保护工作,努力在历史文化的传承、发展上下足功夫,大力弘扬传统文化,宣传地域文化特色,提

升城镇文化内涵，彰显地域文化魅力，促进景区景点新颖化和旅游线路多样化，实现乡村旅游产业的蓬勃发展。

充分利用互联网、大数据，助推经济发展。扩大网络有效覆盖面，满足人们在大数据时代的需求，普及推广具有实用性、经济性、便捷性的网络信息服务。充分借助网络互联互通、资源共建共享的优势特点，及时了解最新发展方法、数据，客观规划县域经济发展方向，形成依靠数据说话、运用数据决策、借助数据管理的新局面，搭建农村电子商务大数据平台。同时，充分发挥互联网的优势，开拓互联网＋农业、互联网＋贸易市场，运用现代信息技术和科技手段对传统农业链进行改造，推动现代化农业发展，带动农产品生产、加工、销售、储藏等产业的发展，加快商品流通速度，促进第三方物流产业的发展，助力农业"走出去"，激励大中型农业企业积极探索对外投资和经营的新方式、新模式，促进农业及其相关产业实现高质量发展。

（二）以提升政府治理能力为重点，深入推进可持续精准扶贫，实现真脱贫、脱真贫

政府应积极制定和完善决战贫困的系列政策文件，让脱贫行动有据可依。实现精准扶贫首先要健全扶贫政策，完善监督管理体系，使扶贫项目职责权限清晰，扶贫资金可追溯，确保各地在扶贫工作中做到对象、资金的精准。完善扶贫体制机制，在精准扶贫项目建设中，政府要发挥主导作用，全面落实对贫困人口建档立卡、发放最低生活保障金等扶贫政策。针对脱贫攻坚最大困难——因病致贫，不仅要提供政府财政方面的支持，而且要重视社会救助，充分发挥互联网在助推脱贫攻坚中的作用，广泛听取群众建议，动员社会群体积极参与扶贫开发，使困难人群通过网络被个人或者社会团体所了解，从而扩大扶贫范围，减少困难人口数量。在扶贫过程中，要以改革创新为动力，解放思想、拓展思路，打破传统扶贫思维模式，创新扶贫工作机制。

立足实际，尊重群众意愿，实现从要我脱贫到我要脱贫的转变。精准落实扶贫对象，对于具备劳动能力的贫困人口，应将其作为主要扶持群体，多

方式增加贫困人口收入；对于生存能力很弱的贫困人口，应从生活实际出发，先解决当前的生计问题，再逐步引导脱贫，重点改善贫困地区的生产生活条件，帮助群众解决脱贫中遇到的真正困难。因地制宜，精准落实激励性扶贫项目，树立贫困户脱贫信心，避免对扶贫政策的过度依赖，让贫困人口在依靠自身努力脱贫的道路上体会到幸福感、获得感，谨防数字脱贫、虚假脱贫以及被脱贫，实现真脱贫、脱真贫，保证脱贫工作得到广大群众认可、经得起历史检验。

（三）以建立健全环境保护制度为引领，持续开展环境治理工作，营造美丽和谐的人居环境和生态环境

深化环保督查，强化环境执法。以新环保法及其四个配套办法为依据，全方位提升环保部门的执法水平，确保执法过程严格高效。按照新环保法的要求，加大环境违法惩处力度，坚持高标准执法，做好环保督查工作，形成长期有效的监督机制。构建地方环保标准体系，积极开展地方标准制修订工作。加强环境评估，对资源环境承载能力做出具体评价，逐步建立资源环境承载能力监测评价体系，依据资源环境承载评价结果，实施针对性环境管控措施。

打赢蓝天保卫战。要实时监控大气污染程度，对于污染性较大的行业密切监督，确保污染在可控范围。对于聚集于城乡接合部、农村地区等环境复杂区域的污染严重、环境风险隐患突出的"散乱污"企业集群，要严查整治，控制源头污染；减少煤炭消费量，提高化石能源利用率，提倡使用清洁能源；做好汽车出行限制工作，严格控制汽车尾气排放。加快水污染防治。要系统推进水环境治理、水生态修复、水资源管理和水灾害防治工作，避免地下水遭受污染从而引起饮用水不达标，给人民生活造成不可逆的伤害。强化土壤污染管控和修复。及时开展土壤污染状况调查，减少农药的使用，避免农业和商业对土地的不合理使用而造成土壤污染。妥善处理废弃物，宣传增强农村生活垃圾分类意识，普及危险化学品的处理方法，避免高危化学品对人造成伤害，防止污染土壤和地下水。开展农村环境综合整治，因地制宜

推进农村生活垃圾、污水处理，构建垃圾收集处理体系，推进农村住户改水、改厕，不断改善农村人居环境。

（四）以推进重点民生项目建设为依托，切实办好民生实事，提升公共服务水平

注重体现教育公平，发展素质教育，落实新时代对教育的新要求。统筹推进城乡义务教育一体化发展工作，办好学前教育、特殊教育。重点关注农村义务教育，加大农村教育资金、设施投入；在农村普及网络教育，通过在线培训灌输先进教育理念，共享优质教育资源，透过摄像头对学生上课状态进行分析，生成专属每一个学生的学习报告，并据此调整优化教学方案，从而缩小城乡教育水平差距，让每个学生都能接受高质量的教育。健全学生资助制度，使绝大多数城乡新增劳动力接受高中阶段教育，让更多人接受高等教育。加强乡镇师德师风建设，培养高素质教师队伍，努力形成学习型村镇，不断提高村镇人民素质。

完善健康政策是保障人民生活的根本措施之一。提高基层医疗服务水平，加强药品卫生监督。健全农村医疗卫生制度，建立优质高效的医疗卫生服务体系。坚持预防为主，深入基层开展预防疾病、注重卫生的活动，引导建立积极健康的生活方式，降低重大疾病的发生率；鼓励全体群众积极主动参与医疗保险，落实到人到户，使重大疾病患者看得起病、买得起药。加大基层医疗设施投入，更新村镇陈旧医疗设备，引进医疗卫生专业人才，增加基层医院诊疗项目，实现重大疾病就近就医；在传统远程医疗基础上勇于尝试医疗上的新模式、新方法，开拓互联网＋医疗的新领域，给百姓就医提供更大的方便。

提高就业质量和人民收入水平。结合县域经济发展实际，制定完善就业政策，提供全方位的公共就业服务，实现更充分的就业。开展职业技能培训，对高校毕业生、新生代农民工等重点群体广泛开展就业创业技能培训，促进职业技能培训与学历教育相互衔接，实现高质量就业。完善政府、工会、企业共同参与的协商协调机制，增加政府资助渠道，为勤劳致富的创业者提供便利的资金支持，深度融合信息化和工业化，推进智能产业发展，通过创业带动就业，拓宽百姓收入渠道，增加基层劳动收入，扩大中等收入群体，进一步缩小城乡收入差距，实现城乡一体化发展。

参考文献

[1]《山西省2017年国民经济和社会发展统计公报》，山西省人民政府网，2018年3月12日，http://www.shanxigov.cn/sj/tjgb/201803/t20180312_400994.shtml。

[2]《2018年山西省政府工作报告》，山西省人民政府网，2018年1月25日，http://www.shanxi.gov.cn/yw/sxyw/201801/t20180125_393270.shtml。

[3]《2018年太原市政府工作报告》，太原市人民政府网，2018年4月9日，http://www.taiyuan.gov.cn/doc/2018/04/09/275943.shtml。

B.13
标准引领质量管理体系升级 致力打造世界一流重型装备企业

——太原重型机械集团有限公司质量管理体系升级工作实践与探索

王创民 汝学斌*

摘 要: 太原重型机械集团有限公司（以下简称太重）始终坚持以"质量第一"为价值导向，从20世纪80年代开始推行全面质量管理，1997年就通过了质量管理体系认证。通过构建具有太重特色的标准化管理体系，完成ISO 9001：2015标准换版，引领质量管理体系持续有效运行；结合长期以来实施可靠性管理的实践经验，按照IEC 60300-1《可靠性管理体系要求》，建立可靠性管理体系，通过整合质量管理体系和可靠性管理体系，打造一体化质量管理体系升级版，助力"太重质造"走向世界。

关键词: 太重 标准化管理 质量管理体系升级

质量是企业的生命，标准是质量的基石。ISO 9001认证的推广，为广大企业增强质量意识、普及质量管理知识、培养质量管理人才、提高质量管理水平和市场竞争力做出了重要贡献。随着新时代的到来，我国经济社会发展

---

* 王创民，太原重型机械集团有限公司党委书记、董事长，党的十九大代表，成绩优异的高级工程师。汝学斌，太原重工股份有限公司质量部部长，高级工程师。

标准引领质量管理体系升级　致力打造世界一流重型装备企业

转向以质量和效益为中心，对质量管理体系提出了新的更高的要求，质量管理体系升级势在必行。为了深入贯彻落实党的十九大精神以及《中共中央国务院关于开展质量提升行动的指导意见》，太原重型机械集团有限公司（以下简称太重）积极响应国家认监委"质量管理体系升级行动倡议"，深入开展质量提升行动，打造质量管理体系升级版，以实际行动推动中国装备走向世界。

一　追求质量诚信　树立卓越口碑
助力"太重质造"逐步走向世界

太重始建于1950年，是新中国自行设计、建造的第一座重型机械制造企业，属国家特大型骨干企业。公司2005年进入中国制造业500强，2006年获得"全国五一劳动奖状"，2008年跨入"百亿企业"行列，自2011年开始，销售规模始终位于我国重型机械行业首位。2011年，公司荣获中国工业大奖表彰奖，成为山西省第一家在该奖项中获得企业奖的企业。近年来还荣获"全国质量标杆企业""全国用户满意企业""中国质量诚信企业""全国机械工业质量奖"等荣誉称号。2016年2月公司荣获"第二届中国质量奖提名奖"。

全球最大的三峡1200吨桥式起重机以及正在制造的1300吨桥式起重机、宝钢520吨铸造起重机、世界最大的正铲式75立方米矿用挖掘机、为三峡福清海上试验风场研制的海上5兆瓦风力发电机组、Φ340毫米无缝管轧机、225兆牛铝合金挤压机、"神舟"号系列载人飞船发射塔架、国家大剧院、北京奥运会开闭幕式舞台设备、深圳世界之窗等产品以一流的品质和卓越的口碑成为太重的标志性产品。其中，轧机用油膜轴承，桥、门式起重机，减速机被评为"中国名牌产品"，"TZ"牌商标被评为"中国驰名商标"。

二　深化标准引领　全方位过程管控
夯实质量管理体系升级工作基础

太重大力实施质量强企战略，坚持"以质量求生存，以质量谋发展"。

从20世纪80年代开始推行全面质量管理，1997年就通过了ISO 9001质量管理体系认证，质量管理体系持续有效运行。在提高质量管理体系绩效和有效性的基础上，完成GB/T19001－2016 idt ISO 9001：2015标准转换。同时，结合长久以来实施可靠性管理的实践经验，实施可靠性管理体系认证；通过整合质量管理体系和可靠性管理体系，规范了公司内部管理活动，提升了公司质量管理水平和产品质量水平。

（一）强化标准化管理，提升质量管理体系绩效

公司建立了技术标准信息系统，包括国家标准、行业标准、公司技术标准和有关国外技术标准共4800余项，实现了标准文本的及时查阅和更新，极大地方便了广大科技人员的使用；在做好公司内部标准化管理的同时，太重还积极参与国家标准、行业标准的制修订工作，在多个行业标准化技术委员会中担任主任委员、副主任委员、委员等职务。截至目前，已累计制修订了国家标准61项（次）、行业标准162项（次），为国家和行业的标准化工作做出了巨大贡献。

ISO 9001标准换版则为质量管理体系升级提供了契机。GB/T19001－2016 idt ISO 9001：2015标准强化对领导作用的要求，也更加注重质量管理体系的绩效和有效性。太重充分发挥最高管理者的领导作用，在公司内部建设先进的企业文化，营造"质量第一"的良好氛围；应用风险思维建立个性化的质量管理体系，加强过程控制，通过质量激励确保质量管理体系实现预期结果并持续改进，不断提高质量管理体系的绩效和有效性。新版标准更加灵活适用，也为太重针对不同子分公司、不同产品建立个性化的质量管理体系提供了指南。同时，结合太重多年来在产品可靠性绩效指标不断改进、提高方面所取得的实践经验，质量管理体系和可靠性管理体系的融合工作水到渠成。

太重产品种类多、工艺流程长，涉及冶炼、铸造、锻造、焊接、机加工、液压电气控制以及智能化等专业和领域，为了规范产品研发、制造和交付过程，公司建立了完善的标准化管理体系。在公司标委会的统一领导

下，各单位配备专、兼职技术标准化人员，负责技术标准化工作的具体实施；结合公司实际形成了具有太重特色的标准化管理方法，覆盖了标准制修订、标准宣贯、标准复审、标准搜集转化等过程；每年制订年度技术标准化工作计划，同步制订项目经费计划，保障项目实施，项目完成后还会根据完成情况对项目组成员进行奖励。通过实施标准化管理，大大推动和促进了太重各类产品的技术水平保持行业领先，助力"太重质造"不断走向世界。

（二）深化企业文化建设，增强全员质量意识

太重管理层重视企业文化建设，以"诚信、创新、精益、卓越"的太重核心价值观指导质量工作。"诚信"是太重之基，恪守诚信，勇于担当，就是要坚守太重文化的基因，让诚信旗帜高高飘扬；体现在质量工作上就是严格执行法律法规、技术标准及各项规章制度，不弄虚作假。"创新"是太重之源，是太重转型跨越发展的最大依靠、最大驱动；在质量工作中就是要创新管理方法，利用先进管理理念和管理工具，创造性地开展各项质量管理工作。"精益"是太重之要，是精雕细琢的执着，是追求极致的路径；体现在质量工作上就是注重细节，每一个人都认真按照策划的要求做好每一件事。"卓越"是太重之梦，就是在更高的境界追求超越；体现在质量工作上就是通过实施质量改进，不断提高质量管理水平和产品质量水平。太重的企业文化源自老一辈太重人"唯我先锋"的优良传统。

作为展示企业文化的窗口，太重展览馆于2012年被国家质检总局和教育部授予"全国中小学质量教育社会实践基地"，通过对太重历史和取得成就的介绍，增强了学生对民族品牌的自豪感，激发广大学生为民族工业的发展做出更大的贡献。

（三）实施"双层控制管理"，推进质量管理"两头延伸"

太重按照产品专业类别设立子分公司，分公司模拟子公司运作，子分公司直接面对市场并承担产品开发、制造和服务等职能，各子分公司结合

产品特点建立了完整的质量管理体系。为了确保质量管理体系有效运行，从公司层面建立覆盖所有产品的总的质量管理体系，实施"双层控制管理"。公司质量部负责公司质量管理体系的建立，制定质量管理制度和考核制度，对质量管理和过程控制等进行指导、监督和考核；子分公司质控中心负责在公司质量管理体系的覆盖下建立符合产品特点的个性化质量管理体系，这样既发挥和提高了分公司的质量管理能力，也确保了公司对整体质量工作的有效控制。在各子分公司设立检验部门，由子分公司质控中心对检验过程进行监督；公司质量部对检验员进行培训、考核，并对各单位质量检验过程进行监督考核。为了提高质量管理水平和产品质量水平，公司还聘请了国内外专家担任质量顾问和监理。如矿山设备分公司聘请了来自SGS的专家对工艺和检测规范进行制修订，不断完善管控制度；公司还曾聘用来自奥地利的质量专家罗伯特进行产品质量控制。这些专家都为太重产品的质量控制和质量改进做出了贡献。

太重始终关注与质量管理体系有关的相关方，将质量管理向供方和用户"两头延伸"，不断提高质量管理体系的有效性。一方面，根据采购外协产品的重要性及可靠性要求，实施采购外协件和协作厂的分级管理，制定供方评价准则并实施分级协作、动态考核；对于合格供方资格由公司归口管理并统一组织进行招标；通过技术交底、人员培训等方式不断提高供方技术能力；在派驻监造进行过程监督的同时，有计划地开展供方质量保证能力审核活动，对关键件供方、重要供方以及质量管理薄弱的供方进行人员、设备、技术、检验和服务等全过程审核，对于审核发现问题的整改情况进行跟踪验证并考核，不断提升其质量管理水平；公司质量部对采购过程以及产品质量进行监督检查，对供方评价拥有否决权。另一方面，加强对用户现场安装调试的管理和考核，制定用户现场安装调试大纲，对产品交用户验收率进行挂钩考核，确保安装调试满足设计要求；不断加强与用户的技术交流，重视对用户进行设备使用和维护方面的培训，对管理人员进行相关技术方面的培训，在帮助用户提高业务能力的同时，也融洽和巩固了战略合作关系。

（四）开展质量改进活动，提升顾客满意度

公司每年都有计划地开展各种各样的质量改进活动，不断提高质量管理水平和产品的可靠性。针对质量管理中的薄弱环节以及设计开发、生产制造、安装调试和用户使用中出现的问题，编制年度质量改进计划，制定改进措施，明确责任人和时间要求，由质量部门对其实施情况进行监督、考核。公司内部建立了新产品和新用户的产品质量跟踪机制，定期走访，收集新产品使用情况，并在公司内部组织召开技术专题会，逐一落实所发现问题的整改方案。对于重大产品和新产品成立项目组，公司领导亲自抓质量改进。针对售后服务、顾客反馈以及高层走访中收集到的公司产品及同类产品的质量信息，通过分类整理，建立故障数据库并反馈至设计部门和工艺部门等，不断优化和提高产品的设计、制造水平。同时，公司积极开展QC小组、质量信得过班组等群众性的质量管理活动，为质量改进打下了良好的群众基础。

例如，太重在风力发电机研发初期，收集设计、制造、安装、调试和使用中出现的大大小小问题上百个，制订专项改进计划，逐一落实并研究改进，不断完善设计方案和工艺方案。目前，公司已掌握1.5~5兆瓦系列风力发电机组的核心技术，实现了批量化生产，成为太重新的经济增长点。三峡福清项目海上5兆瓦风力发电机成为试验风场第一台吊装成功、第一台并网发电的样机，标志着太重在海上风电领域实现了重大突破，在新能源高端装备制造领域又迈出了坚实的一步。

三 强化科技支撑 融合管理体系
打造太重特色质量管理体系升级版

（一）加快技术创新，构建促进太重产品质量升级的技术支撑体系

技术创新为太重进入新领域、提升产品可靠性提供了强有力的支持。太重拥有较强的自主研发能力，累计创造了450余项中国和世界第一。太重技

术中心在国家级企业技术中心中排名第二，居全国重型机械行业首位。在创新方面实施"以人为本、引领发展"模式，通过分配机制、评选专家、科技奖励基金、内部淘汰机制等一系列创新激励机制为技术人员的创新工作营造了良好的政策环境，调动了技术人员的积极性，鼓励技术人员进行科研创新，提高顾客满意度。公司技术中心于2001年被人事部和全国博士后管理委员会设立为"博士后科研工作站"，以此为平台，通过校园招聘、产学研合作、国际科技合作等方式吸引优秀人才，结合具体项目开展科研攻关、技术创新活动，更好地满足用户的需求。

通过技术创新，太重不断开发新产品，进入新能源、核电、海洋装备等新领域，而传统领域产品的可靠性也不断提高。例如，公司主导产品之一的大型挖掘机已经达到世界先进水平，国内市场占有率在90%以上，完全替代了进口产品，并相继出口智利、南非、巴基斯坦、缅甸、印度等国家，得到了国外用户的一致认可。2011年9月，太重第一台出口俄罗斯的WK-35矿用挖掘机得到用户的好评，获得了"俄罗斯煤炭事业最高荣誉勋章"。世界上最大的WK-75正铲式矿用挖掘机的交付使用，标志着中国在重大装备领域取得了又一辉煌成就，实现了从"跟随"到"引领"的质的飞跃，牢固树立了太重大型矿用挖掘机的世界领先地位。

（二）强化可靠性控制，打造质量管理体系升级版

GB/T19001-2016 idt ISO 9001：2015版标准强调风险管理，对于太重来说，最大的风险来源于产品的可靠性。太重产品的特殊性和重要性对可靠性管理提出了更高的要求。例如，吊运高温液体金属的铸造起重机，一旦发生事故，后果不堪设想。又如，关系国计民生的轮轴产品和压力容器都属于法规产品，关系到国家、集体、个人的人身安全和财产安全。再如，安装在风场中的风力发电机组，工况条件极其恶劣，一旦发生质量问题，不仅维修难度大、维修成本高，而且对企业声誉造成不利的影响。水电站门式起重机和航天发射塔架的特殊性要求产品必须是完全可靠的。同时，太重很多产品都具有大型、单件、小批量的特点，这给可靠性管理增大了难度。因此，太

重长期以来高度重视可靠性管理，结合产品特点实施全生命周期可靠性管理，对大型、单件、小批量产品的可靠性管理进行了探索，形成了一些具有太重特色的方法。

在设计和开发策划时，太重根据用户提出的可靠性指标以及产品的使用环境和工况条件，对整机进行系统的可靠性分析，明确设计和开发各阶段的活动内容与控制要求。结合前期可靠性分析的结论进行方案设计，经用户审查后进入技术设计阶段，基于CAD、CAE、CAPP、PDM集成融合的设计管理平台，通过三维设计、有限元分析、疲劳分析、寿命预测等大量的计算分析，对产品整机可靠性进行系统性评审，找出设计和制造中的薄弱环节，并制定改进措施。按照策划安排进行设计和开发的验证与确认，通过对生产制造以及安装调试过程的跟踪服务，不断优化设计方案，进而提高产品设计的可靠性。对于安全特性要求特别高的环节，大量采用冗余设计，以确保产品万无一失。例如，对冶金起重机的主起升机构设置两套驱动装置，并配备两套独立运行的制动器，以确保冶金起重机安全可靠地运行。这些控制措施最终都被纳入由太重负责起草的JB/T7688《冶金起重机技术条件》等行业标准中，为提升冶金起重机制造行业整体质量水平做出了贡献。

在生产制造过程中，通过加强过程控制来保证生产制造过程的可靠性。通过工艺性审查提前介入设计开发，开展各种工艺试验，验证工艺的可靠性，形成工艺规程后严格执行；针对关键工序编制"关键件工艺卡"和"关键工序作业指导书"，用以指导操作者；定期开展工艺纪律检查和工艺管理检查，加强对工艺执行情况的监督检查。对于特定的产品实施风险防控，在开工前对过程控制的可靠性进行分析，结合管理和制造中的难点，编制《质量计划》，明确控制措施和停止点，对制造过程的关键环节和特殊过程进行严格的控制，提高公司质量管理水平和产品实物质量。例如，成功托起我国第一艘载人飞船"神舟五号"的酒泉卫星发射基地921塔架，由于体积巨大没有办法在出厂前进行总体装配，只能分片进行部装。在现场进行总体拼装时，3万余个高强度螺栓孔的现场穿孔合格率达到100%，证明了太重产品制造工艺及过程控制的可靠性，创造了国内塔架安装史上的奇迹。

（三）搭建服务云平台，构建迅速反馈产品可靠性的网络化售后服务体系

在售后服务过程中，公司建立了网络化的售后服务体系，在现场根据用户使用情况储存一定量的备件并派驻服务人员，产品出现故障时能够在最短时间内修复，为满足用户使用要求起到了保驾护航的作用，满足了用户对产品可靠性的要求。编写了培训教材，对操作人员和维护人员进行培训，杜绝不正确操作和维护行为的发生。为了提升矿用挖掘机司机培训效果，公司还开发了模拟操作平台，方便操作人员尽快掌握正确的操作方法。公司领导高度重视用户对公司产品的使用感受，定期带队走访用户，了解公司产品及同类产品使用情况；开通24小时售后服务热线，随时接收用户反馈信息并及时处理反馈问题，不断改善服务质量，提高顾客满意度。

太重于2016年启动了产品服务云平台项目，对反映产品运行情况的关键参数如温度、速度、震动等进行监测，采集数据上传到公司本部，通过数据分析可以及时发现潜在问题，提前采取措施进行干预，进一步提高了产品的可靠性。同时，用户还可以通过手机客户端，了解产品使用情况和备件储备情况，提高了顾客满意度。在华信技术检验有限公司的帮助下，太重按照IEC 60300-1《可靠性管理体系要求》建立了与质量管理体系相融合的可靠性管理体系，取得了很好的效果，使太重的可靠性管理更加系统和规范。

（四）监测绩效指标，构建纳入经济责任制考核的关键绩效指标体系

公司建立了与质量相关的关键绩效指标体系，定期监测指标完成情况，利用饼图、折线图、雷达图等，分析质量管理体系的有效性和效率，不断优化质量管理流程，为公司整体目标的顺利实现奠定了基础。

一方面，将质量指标纳入"目标经济责任制"考核范围并与职工工资挂钩发放，出现质量事故要对责任单位和领导实施"一票否决"。公司每年修订《年度质量考核办法》，考核要求覆盖了产品实现的全过程，同时加大

对领导的考核力度；对于违反质量管理制度和未完成考核目标的职工，严格按照考核办法执行，增强了全体职工的质量意识，极大地促进了子分公司加强内部管理，提高自我管理能力，催生了许多好的管理方法。例如，根据产品质量，按照优质优价的原则核定工时；将质量管理人员和质量检验人员发现问题的数量与薪酬挂钩，鼓励多发现问题；通过"质量积分制"考核员工日常质量行为规范；通过"外部供方指标考核"对供应商实施奖惩，激励供应商提高产品和服务质量。

另一方面，开展优质产品评价活动，以奖励质量高、用户满意的优质产品；开展"质量改进杯"竞赛活动，以表彰年度产品质量和管理水平整体提升幅度最大的单位；设立"创新贡献奖"，对技术改进、管理创新、质量改进等项目进行奖励；从检验、监造和无损检测人员中评选"质检工程师"，鼓励其更好地履行质量职责；开展"工艺质量攻关竞赛"，对工艺标准化、工艺改进、工艺创新和质量管理创新效果明显的项目进行奖励。通过开展形式多样的活动，极大地调动了各级人员的积极性，进一步提升了产品质量。

（五）推进认证认可，构建提高市场准入效率的质量保证体系

在 ISO 9001 质量管理体系有效运行的基础上，太重在策划进入新领域、新市场时，就研究相关法律法规和标准，积极开展体系和产品的认证工作，以取得市场准入资格。例如，公司在最初引入加拿大钢轮生产线时，就开始策划美国铁路协会（AAR）认证工作，在得到第一张美国订单前 5 年就已经取得美国铁路协会认证证书。为了满足进入国际市场的条件，公司轮轴产品先后取得了欧盟互联互通体系（TSI）认证、国际铁路行业标准（IRIS）认证、英国铁路安全标准局（RISAS）认证、德国联邦铁路公司（DB）认证等 7 个国家和地区的认证证书。正是由于太重对认证工作的提前策划以及质量管理体系的有效运行，公司在 2014 年签订了出口美国 11 万根精轴的大合同。20 多年来，太重已为全球 50 多个国家和地区提供了 400 多万件质量优异的轮、轴及轮对产品，现已跻身国际顶尖铁路轮轴制造公司行列。又

如，在主导产品进入欧洲市场之前，太重已经培养了 25 名国际焊接工程师、22 名国际焊接技师、6 名国际焊接检验师和 91 名国际焊工，所有焊接厂都已经取得国际焊接企业资格认证。此外，太重还取得了美国机械工程协会（ASME）对压力容器的认证以及美国船级社（ABS）、英国劳氏船级社（LR）等 7 个国家对船用铸锻件的认证。

对于法规产品，太重严格按照法律法规的要求，构建质量保证体系并取得相关许可证和认证证书。例如，针对压力容器取得了特种设备设计许可证和制造许可证；针对起重机械取得了特种设备制造许可证；针对风力发电机组取得了中国船级社（CCS）、德国船级社（GL）等的认证证书；针对核级锻件取得了民用核安全设备制造许可证；针对全地面起重机和电气设备取得了中国国家强制性产品认证证书；针对军工产品还取得了武器装备承制单位注册证书。

截至目前，太重共取得 53 项质量体系认证和产品认证证书，所有的认证都离不开 ISO 9001 质量管理体系认证的支撑。在 ISO 9001 质量管理体系的基础上，公司不断融合各种管理体系并有效运行，打造一体化的质量管理体系升级版，不仅获得了市场准入资格，而且促进了公司质量管理水平和产品质量水平的提高。

面对供给侧结构性改革、"一带一路"建设等新的挑战和机遇，太重将贯彻落实党的十九大精神，深入践行"诚信、创新、精益、卓越"的核心价值观，继续深入开展质量提升活动，将可靠性管理与质量管理体系更好地融合在一起，打造质量管理体系升级版，切实提高质量管理水平和产品质量，把太重建设成为国际一流的装备制造旗舰企业，实现"中国装备、装备世界"的宏伟目标。

参考文献

[1]《质量管理体系要求》（GB/T19001-2016）。

［2］《可靠性管理体系要求》（VTI/G－KT101－2017/IEC60300－1：2003）。

［3］《中共中央 国务院关于开展质量提升行动的指导意见》，中央人民政府网，2017年9月12日，http：//www.gov.cn/zhengce/2017－09/12/content_5224580.htm。

［4］《太原重型机械集团有限公司文化手册》，2015。

附 录

Appendices

B.14
附录1 书记省长谈山西高质量转型发展

步入新时代，顺应当今世界和平合作、开放融通、变革创新三大潮流，适应更加开放条件下未来中国经济的高质量发展，如何正确理解加快推进"示范区""排头兵""新高地"建设，实现山西高质量转型发展，特精选骆惠宁书记和楼阳生省长关于高质量转型发展的重要论述，以飨读者。

多措并举 以改促转
保持高质量转型发展持久强劲态势
——骆惠宁书记谈高质量转型发展

（一）贯彻落实党的十九大精神，推动转型综改进入新境界

近年来经过努力，山西经济实现了从断崖式下滑到走出困境，再到转型发展呈现强劲态势的重大转折，但深层次的结构性体制性素质性矛盾尚没有

附录1　书记省长谈山西高质量转型发展

根本得到解决，转型发展正处在攻坚克难的关键时期。按照高质量发展的要求，奋力建设国家资源型经济转型综合配套改革试验区，是我们肩负的重大历史使命。

近年来，山西经济之所以能够由"疲"转"兴"，根本在于我们坚定地贯彻落实了习近平新时代中国特色社会主义经济思想。省委认识到，我国经济进入新常态后，新发展理念和高质量发展要求为转型综改试验区建设提供了科学指导，供给侧结构性改革为转型综改试验区建设赋予了新的内涵，改革创新、先行先试为转型综改试验区建设注入了新的动力，政治生态由"乱"转"治"、总体风清气正为转型综改试验区建设营造了良好环境，转型综改试验区建设已站到了一个新的历史起点上，应当鲜明地确立具体战略目标，更好引领新时代山西转型发展。正是在这样的背景下，我们按照党中央、国务院的新要求，明确了建设"资源型经济转型发展示范区"、打造"能源革命排头兵"和构建"内陆地区对外开放新高地"的三大目标，计划用5年时间打好转型发展基础，到2030年基本完成转型任务，上述发展目标是符合党中央对我国建设社会主义现代化强国战略部署精神的。

我们要全面贯彻落实党的十九大精神，推动转型综改试验区建设进入新境界。一是注重目标引领。以"三大目标"牵引转型发展"牛鼻子"，确立山西在全国经济发展格局中的战略地位，彰显在市场经济条件下吸引聚集各种生产要素的比较优势。二是强化以改促转。推动转型综改试验区建设，关键靠改革。我们要继续深化涉及转型发展的一系列重大改革，落实好国发〔2017〕42号文件精神，勇于和善于先行先试，用改革创新打开转型发展新天地。三是奋发干事创业。我们要持续全面从严治党，不断营造风清气正的干事氛围和创业环境，努力建设一支高素质专业化的干部队伍，造就一支宏大的企业家队伍，激发蕴藏在群众中的创造力，使转型发展成为全省人民的共同事业，让干事创业成为全省上下的鲜明标志。

资源型经济转型发展是一个世界性难题，是一个长期的过程。任何一蹴而就、毕其功于一役的想法都是不现实的，任何畏艰畏难、消极观望的心态都是不正确的。我们将以"功成不必在我"的境界，用非常之力、下恒久之功，走好山西转型综改的金光大道。

资料来源：《骆惠宁就资源型经济转型发展接受人民日报记者采访》，人民网山西频道，2018年3月9日。

（二）贯彻落实全国"两会"精神，努力做好七个方面要求

一要深入学习贯彻习近平总书记重要讲话精神，持续在武装头脑、指导实践、推动工作上下功夫。习近平总书记在全国"两会"期间，就全局性、根本性、重大性问题发表了一系列重要讲话，在参加政协联组会和部分人大代表团审议时，就一些重大工作做出重要指示、提出明确要求。这些重要讲话，是习近平新时代中国特色社会主义思想的重要组成部分，对于做好贯彻十九大精神开局之年各项工作具有重大指导意义。要把学习贯彻习近平总书记"两会"期间的重要讲话精神，与学习贯彻习近平新时代中国特色社会主义思想和党的十九大精神结合起来，与贯彻落实习近平总书记视察山西重要讲话精神结合起来，确保党中央决策部署在山西全面正确有效贯彻落实。要结合省委重要会议部署，进一步提高认识、完善思路、强化举措，扎实做好发展社会主义民主政治、深化改革开放、推动经济高质量发展、走创新驱动发展道路、实施乡村振兴战略、打赢脱贫攻坚战、加强生态环境保护建设、创新社会治理体系、形成风清气正政治生态等方面工作，推动山西各项事业取得新成效。要认真总结山西省"维护核心、见诸行动"主题教育成效，按照中央统一部署组织开展好"不忘初心、牢记使命"主题教育。要全面督导检查，进一步推动习近平总书记视察山西和在太原主持召开的深度贫困地区脱贫攻坚座谈会上的重要讲话精神，在三晋大地生根见效。召开全省第三次学习贯彻习近平总书记重要思想经验交流会，进一步提高全省县处级以上干部学以致用、解决问题的能力。坚持在习近平新时代中国特色社会主义思想指引下，把山西各项工作全面推向前进。

二要充分认识修改宪法的重大意义，认真抓好宪法学习宣传和贯彻实施。十三届全国人大一次会议通过的宪法修正案，把党的十九大确定的重大理论观点和重大方针政策特别是习近平新时代中国特色社会主义思想载入国家根本法，这是时代必然、实践必要、法治必需，充分反映了全党全国人民的共同意愿。要深刻理解、准确把握宪法修改的重大意义，着眼于党和国家的根本利益和长治久安，不断增强拥护宪法维护宪法的思想自觉和行动自觉。要认真抓好宪法学习宣传教育，增强广大干部群众的宪法意识，使遵守宪法成为全体人民的自觉行动。要切实加强宪法实施和监督工作，各级党组织和领导干部要对宪法法律保持敬畏之心，带头维护宪法和法律权威，自觉坚持依宪治国、依宪执政观念，始终坚持在宪法法律范围内活动，自觉运用法治思维和法治方式深化改革、推动发展、化解矛盾、维护稳定。各级政协要全面贯彻、严格遵守新的政协章程，把中国特色社会主义政党制度在山西坚持好、发展好、完善好。

三要认真落实党中央关于深化党和国家机构改革的重大部署，确保山西省机构改革顺利有序进行。深化党和国家机构改革是以习近平同志为核心的党中央着眼党和国家事业发展全局做出的重大改革部署。要提高认识，深刻领会深化党和国家机构改革的重大意义，增强推动改革的使命感和紧迫感，切实把思想统一到中央要求上来。要加强领导，明确目标原则，明确改革任务，明确时间进度，明确责任主体，谋划和组织实施好山西省机构改革，各地要按照中央精神和省委方案抓好贯彻落实，党政主要负责同志要当好推动改革的第一责任人。要严明各项纪律，坚持党性原则和大局观念，加强监督和执纪问责，做到步调统一、令行禁止，严格按照中央和省委统一部署推动改革。各地各部门党委（党组）要切实负起责任，引导广大党员干部积极拥护改革、支持改革、参与改革，确保改革期间思想不乱、工作不断、干劲不减。

四要落实中央和省委经济工作部署，坚定不移推动转型发展。牢牢把握建设转型综改试验区新的时代背景和历史方位，坚定不移加快推进，推动转型综改试验区建设进入新境界。要进一步突出以改促转，认真落实

2018年全面深化改革工作要点和责任分工方案，特别是对其中的先行先试事项要迅速动起来，力争尽快取得突破。认真开展好改革开放40周年宣传推动等工作，营造改革开放浓厚氛围。要进一步抓好重大部署落实，围绕"三大目标"，加快转型综改试验区建设，实施好已出台的三个行动方案。进一步采取有力措施推动"转型项目建设年"各项工作，有针对性地"走出去"组织办好若干重点招商引资活动，推动建设一批有重要牵引作用的军民融合项目，建设好、维护好公平透明的营商环境。要坚持问题导向，及时研究解决经济运行中存在的具体困难，采取有效措施进一步促进经济持续向好。越是主要经济指标稳定向好，越要坚定不移加快转型，把强力推动经济转型作为最鲜明的导向，进一步发挥目标考核的"指挥棒"作用。

五要认真贯彻"两会"有关报告精神，推动山西民主政治建设和法治建设。全省各级人大及其常委会要善于从政治上把握、在大局下行动，把坚持党的集中统一领导体现在人大工作各方面和全过程，忠于宪法、遵守宪法、维护宪法，行使好人民赋予的权力，推动人民代表大会制度不断完善，切实担负起宪法和法律赋予的神圣使命。要深入抓好宪法的学习宣传实施，不断提高立法工作质量和水平，切实增强监督实效，着力加强自身建设。各级政协必须旗帜鲜明讲政治，必须以人民为中心履职尽责，必须求真务实提高协商能力水平，着力做好思想引导、汇聚力量、议政建言、服务大局各项工作，全面增强履职本领。各级法检系统要始终坚持党的绝对领导，努力提高政治站位、加强自身建设，全面依法履行审判、司法监督职责，扎实推进司法体制综合配套改革，为打赢三大攻坚战、扫黑除恶、整治群众身边腐败等重点工作提供有力司法保障，为全省改革发展稳定营造良好法治环境。各级党委要切实加强领导，为人大、政协、法检系统依法行使职权、开展工作提供有力保证。

六要坚持以党的政治建设为统领，全面推进党的各项建设，以永远在路上的执着，推动全面从严治党向纵深发展，努力实现政治生态持久的风清气正。要认真贯彻落实省委《关于加强对反腐败工作全过程领导常态化制度化长效化的实施意见（试行）》，加强党对反腐败工作集中统一领导，构建权威高效反腐败运行机制。要持续保持惩治腐败的高压态势，坚持无禁区、全覆盖、零容忍，坚持重遏制、强高压、长震慑，更有效地遏制增量、更有力地削减存量，巩固反腐败斗争压倒性态势、夺取压倒性胜利。要加大力度整治群众身边腐败，抓住扶贫领域、涉黑腐败、民生领域三个重点，重拳出击、集中整治，让人民群众在全面从严治党中不断增强获得感、幸福感和安全感。要以国家监察法颁布为契机，扎实做好深化国家监察体制改革试点各项工作，继续做足改革"深化"文章，更好发挥"试验田"作用，更好把制度优势转化为治理效能。

七要狠抓工作落实，以过硬作风创造经得起历史和人民检验的业绩。各级党委和领导干部都要牢固树立正确政绩观，既要做让老百姓看得见、摸得着、得实惠的实事，也要做为后人作铺垫、打基础、利长远的好事，真正经得起实践、人民和历史的检验，特别是在抓重大民生工程时，要科学规划、务实推进，对正在实施的重大民生工程进行跟踪评估，确保民生工程得民心、有实效。要强化担当精神，各级各部门要责无旁贷地担负起推动党的建设和党的事业发展的历史使命，各级党政主要负责同志要身先士卒、率先垂范，把各项工作抓紧抓实、抓出成效。要提高工作标准，对照中央和省委部署要求，对照发达地区和山西省先进典型的好做法好经验，对照人民群众期盼，看看我们的工作还有哪些不足，找准薄弱环节，明确改进举措，切实把各方面短板补起来，深入实施党政领导干部履职能力提升工程，推动干部在思想观念、本领素质、工作方法等方面来一次大的革命。坚持典型引路这个基本工作方法，带动全面工作。要坚决克服形式主义和官僚主义，坚持"五倡导五反对"，严厉查处各种顶风违纪违规问题，深刻剖析深层次原因，从制度机制上解决问题，各级党政主要负责同志要发挥"关键少数"作用，在重大工作上当好"施工队长"，形成"头雁效应"。

资料来源：《我省召开传达贯彻全国"两会"精神会议 骆惠宁提出七个方面要求 楼阳生黄晓薇出席并发言》，《山西日报》2018年3月22日。

（三）用足非常之力、坚守恒久之功，加快推动国企国资改革和转型发展取得更大突破

省属国企是山西改革转型的中坚力量，省属国企带头改，山西国企改革就会全盘皆活；省属国企率先转，山西转型发展就会大有希望，省属国企必须带好头做表率。一要坚持登高望远、强化责任担当。进一步提高政治站位，提高能力本领，提高工作标准。二要突出目标导向、倒逼改革转型。强化目标引领，从增加值、煤炭先进产能占比、煤炭转化率、僵尸企业出清、新兴产业投资等方面确立转型指标体系，各省属国企都要签订责任书，立下军令状。强化督查指导，统筹优化山西省国资布局，科学运用考核导向。强化政策研究运用，进一步增加制度和政策供给，加快解决实践中提出的突出问题。三要创新体制机制、增强发展活力。深化混合所有制改革，深化法人治理改革，深化国企剥离办社会、处僵治困、防范风险"三大"攻坚战，深化对外开放，省属国企之间都要充分开放市场，都要在对外开放中促改革促转型。四要着力招才引智，激活人才效应。创优人才机制，创优人才环境，创优人才管理，建立完善技术入股、股权期权激励、科技人员持股等激励机制，让高端领军人才有更大的技术路线决策权、经费支配权、资源调度权，大力提高技能领军人才待遇水平。五要强化班子建设，提升党建引领。进一步强化国企党建，使企业党组织更好发挥领导核心和政治核心作用，把党要管党、从严治党落实到国企党建全过程。进一步强化国企领导班子建设，以抓改革转型党建是否得力为重要标准，配优配强企业主要负责人，把敢打硬仗、能打胜仗的改革派和实干家重用起来。进一步强化国企改革转型考核结果运用，实行对省委管理的重要骨干企业名单动态调整，建立进退机制，国资委管理的国企考核连续两年排位前两名的，上升到省委管理的骨干企业；骨干企业连续两年不合格的或倒数第一的退出名单序列。进一步强化"三基"建设，为国企国资改革和转型发展提供坚实基础。

资料来源：《我省召开省属国有企业深化改革转型发展推进会》，《山西日报》2018年5月4日。

（四）抓好六大工作，培育壮大三晋企业家队伍

企业家是经济活动的重要主体，是改革创新的主力军，培育造就一支宏大企业家队伍，重点要抓好六个方面的工作。一是加强激励引导，让企业家勇于担当、投身转型。党委、政府要引导和激励企业家积极投身"示范区""排头兵""新高地"建设，加快改革创新，在转型发展主战场上干事创业、大展宏图，通过技术升级、产品升级、企业升级，推动山西建立起体现高质量发展要求的，支撑多元、布局合理、链条高端的现代产业体系。二是营造法治环境，让企业家放心经营、放手发展。党委、政府要依法保护企业家的财产权、人身权、创新权益。各级政府要认真履行依法依规做出的承诺和协议，建立企业家维权服务平台，甄别纠正一批社会反映强烈的产权纠纷案件。三是维护市场秩序，让企业家公平竞争、诚信经营。切实保障各类企业家公平竞争权益，全面实施市场准入负面清单制度，为各类企业家平等使用生产要素营造公平竞争环境。切实加强市场信用体系建设，严厉打击不正当竞争行为。四是创优政府服务，让企业家便捷办事、减轻负担。深化"放管服"改革，全面推广投资项目审批承诺制，着力打造"六最"营商环境，打通服务企业发展的绿色通道。要切实减轻企业负担，坚持依法减税治税，清理规范涉企收费，降低营商成本。要加快联合执法改革，健全万名干部入企服务常态化机制。五是弘扬时代精神，让企业家提升境界、开拓创新。山西企业家永远要继承和弘扬晋商优良传统，使之在新时代焕发出新的生机活力。党委、政府要加强优秀企业家培育，组织实施企业家培训工程，弘扬爱国敬业遵纪守法艰苦奋斗的精神，弘扬创新发展专注品质追求卓越的精神，弘扬履行责任敢于担当服务社会的精神。六是营造社会氛围，让企业家自豪自信、激情干事。要强化正向激励，坚持"三个区分开来"，对国有企业负责人在改革探索中出现的过错过失，给予更多宽容理解。要创新激励机制，在国有企业中探索股权期权激励，推广职业经理人试点，实行绩效奖励。

资料来源：《全省企业家大会在太原召开 培养造就宏大企业家队伍 为山西转型发展提供强有力支撑 骆惠宁出席并讲话 楼阳生主持》，《山西日报》2018年1月5日。

统筹兼顾 稳中求进
奋力开创高质量转型发展新局面
——楼阳生省长谈高质量转型发展

（一）绘制转型路线图，打造高质量转型发展新引擎

坚持一个指引。始终坚持以习近平总书记系列重要讲话精神特别是新发展理念为根本指引，把创新、协调、绿色、开放、共享发展的要求贯穿于转型升级全过程、各方面。特别要树立正确的政绩观，坚决不要带血的GDP、不要污染环境破坏生态的GDP、不要掺假带水分的GDP，要努力创造有质量有效益真金白银的GDP、绿水青山可持续的GDP、老百姓有实实在在获得感和幸福感的GDP。

贯穿一条主线。把深化供给侧结构性改革与深化转型综改试验区建设紧密结合起来，作为经济工作的主线。全面推进"三去一降一补"五大任务；抓好放管服、国资国企、投融资、开发区、科技人才体制、能源革命、标准化、农村产权制度、生态文明建设等重点领域改革。

把握一个原则。转型为纲、产业为王、创新为上、改革为要。牢固树立"一切为了转型、一切服务转型"的思想，加快转变经济发展方式；聚焦产业、企业、企业家，聚合产业链、供应链、创新链、要素链、制度链，大力培育新动能；复制自贸区等先进经验，大胆先行先试，全面推进制度创新。

锁定一个目标。用5年时间为经济转型打好基础，用10年时间为经济转型打造雏形，在15年或者更长一段时间内基本实现转型，努力实现从"一煤独大"到"多元支撑"，真正走出一条产业优、质量高、效益好、可持续的发展新路。

搭建一个"大平台"。推进开发区整合、改制、扩区、调规，努力将开发区打造成全省转型综改的"主战场"、新兴产业的"集聚区"、先行先试

的"试验田"、对外开放的"桥头堡"、创新驱动的"主引擎"、绿色发展的"先行区"。

打好一套"组合拳"。在抓好开发区改革创新发展的同时，全面改革和加强招商引资工作，全力打造最优营商环境，通过打出一整套政策"组合拳"，积极引入"外生变量"激活转型升级"内生动力"。

用好一个"指挥棒"。不断完善区域经济转型升级考核评价机制，在省域、市域和县域三个层面，重点从产业转型、创新驱动、资源环境和增长质量四个方面着力，把全省上下的注意力、工作重点和优势资源凝聚到转型综改、创新驱动上来。

出好一张"督战牌"。打造覆盖省、市、县、乡四级政府的电子督办平台，实时跟进、动态跟踪、催办督办，实施以"13710"工作制度为牵引的效能革命。

资料来源：《肩负重大使命 奋力转型发展（山西路径）——专访山西省省长楼阳生》，《人民日报》2017年8月10日。

（二）坚持五力协同，贯彻新发展理念

转型发展的过程就是推动高质量发展的过程，山西必须贯彻新发展理念，以供给侧结构性改革为主线，围绕资源型经济转型发展示范区、能源革命排头兵、内陆地区对外开放新高地三大目标定位，加快构建实体经济、科技创新、现代金融、人力资源协同发展的现代产业体系。

一是提升产业竞争力。打造新一代信息技术、新材料等战略性新兴产业集群，改造提升传统产业；加快发展供应链物流等现代服务业，锻造黄河长城太行三大旅游板块，打造"康养山西、夏养山西"全产业链；推进有机旱作、特色杂粮、功能食品农业集群发展；推进"互联网+"，积极发展数字经济等新业态。二是提升创新驱动力。强化企业创新主体地位，推进高新技术企业倍增计划，促进科技成果转化。三是提升金融支撑力。发展普惠金融、绿色金融，支持金融机构创新服务，增强服务转型能力。四是提升人才创造力。全面落实以增加知识价值为导向的分配政策，

分类推进人才评价机制改革，健全高校学科专业结构优化调整机制，实施全民技能提升工程。五是提升制度供给力。深化国企国资、开发区、质量标准、要素配置、"放管服效"等改革，打造最优营商环境，助力高质量转型发展。

资料来源：《新举措新作为》，《人民日报》2018年3月7日。

（三）深化关键领域改革，推动经济高质量转型发展

2018年《政府工作报告》提出"深化基础性关键领域改革"的要求，明确指出以改革开放40周年为重要契机，推动改革取得新突破，不断解放和发展社会生产力。这为山西改革发展指明了方向。山西是个好地方，当前已进入深化转型发展的关键阶段，正处于可以大有作为的重要战略机遇期。

过去的五年，是山西发展进程中极不寻常、浴火重生的五年。面对困难局面，山西坚持以习近平新时代中国特色社会主义思想为指引，在党中央、国务院的坚强领导下，改革创新、攻坚克难，实现政治生态由"乱"转"治"，发展由"疲"转"兴"。

2017年6月，习近平总书记到山西考察时对山西新时代改革发展和现代化建设做出了"全方位擘画指导"，提出"紧紧抓住机遇，勇于改革创新，果敢应对挑战，善于攻坚克难，不断推动各项事业向前发展"的总体要求，这是统筹推进"五位一体"总体布局和协调推进"四个全面"战略布局在山西的具体体现。

山西将沿着习近平总书记指明的金光大道，以习近平新时代中国特色社会主义思想为指导，按照高质量发展的要求，坚持把深化供给侧结构性改革与深化转型综改试验区建设结合起来，作为经济工作的主线，充分发挥转型综改试验区的战略牵引作用，围绕建设"示范区""排头兵""新高地"三大目标，做好乡村振兴、打赢三大攻坚战、深化"放管服效"改革等各项工作，让人民群众有更多获得感、幸福感、安全感。

2017年9月，国务院印发《关于支持山西省进一步深化改革促进资源

型经济转型发展的意见》（国发〔2017〕42号），这是党中央、国务院赋予山西建设转型综改试验区重大任务以来，山西进一步全面深化改革、实现资源型经济转型发展的又一次重大机遇。山西要抓住国发〔2017〕42号文件这一重大政策机遇，打出转型综改"组合拳"，开辟转型综改主战场，推进开发区整合改制扩区调规，成立转型综改示范区，批准新设15个省级开发区，在全国范围内率先实施企业投资项目承诺制改革试点，确立国企国资改革"1+N"政策体系，21项重大举措有效实施，省属国有企业公司制改革全面完成。

当前发展和改革高度融合，发展前进一步，就需要改革前进一步。要用好先行先试这个"尚方宝剑"，"补考""赶考"一起抓，积极推动山西一些基础性关键领域改革跻身全国"第一方阵"。深化开发区改革创新。2018年开发区改革的重点是"三制"改革全部到位，"三化"改革深入推进，努力在先行先试、招商引资、引领转型上有新的突破。加快推进重大项目开工建设，保障项目无障碍施工，确保如期建成达产达效。深化国企国资改革。优化国资布局，实施"腾笼换鸟"，促进国有资本向前瞻性、战略性、中高端、优势产业集中；引入战略投资，推进专业化重组，打造一批行业龙头企业；加快"僵尸企业"退出，摸清底数，制订退出计划；深化国有资产管理体制改革，推动"管资产"向"管资本"转变；推进市场化选人用人改革。深化电力体制改革。深化输配电价改革，有序扩大市场化交易电量规模，积极推进国家增量配电业务试点、局域电网项目建设。深化财税体制改革。坚持"紧日子、保基本、调结构、保战略"，调整优化财政支出结构，研究推进省以下财政事权和支出责任划分，完善支持转型升级的财政税收运行机制。健全地方税体系，落实减税降费政策。

资料来源：《深化关键领域改革 推动经济高质量发展——访全国人大代表、山西省委副书记、省长楼阳生》，《中国改革报》2018年3月14日。

（四）贯彻落实全国"两会"精神，重点抓好的改革事项

一是以推进"破、立、降"为重点深化供给侧结构性改革。要在进一

步降低实体经济成本上下功夫,落实国家扩大物流企业仓储用地税收优惠范围和降低一般工商业电价等政策,进一步清理规范行政事业性收费,调低部分政府性基金征收标准,让企业轻装上阵、加快转型。开展国家标准化综合改革试点,以质量标准改革助力产业提质升级。二是以增强竞争力为着力点深化国企国资改革。完善企业法人治理结构,开展专业化重组,实施一批"腾笼换鸟"项目,分层分类多模式推进混合所有制改革,推行市场化选人改革和契约化管理制度,深化企业内部三项制度改革,全面完成"三供一业"移交,加快"僵尸企业"退出,努力让国有企业走在高质量发展前列。三是以"三化三制"为核心深化开发区改革。积极探索"建管办分离",引导社会资本参与开发区建设,在具备条件的地方开展民营经济主导、公司制运作开发区的改革试点,整合归并开发区内设机构,突出经济管理和投资服务职能,在全省开发区复制推广转型综改示范区经验,加快开发区地方立法。开发区体制机制改革的落脚点是集聚先进生产要素,培育战略性新兴产业,发展产业集群。要实施集约式开发,以亩产论英雄,真正形成高质量发展的高地。四是以服务转型为方向深化财税体制改革。坚持"紧日子、保基本、调结构、保战略",改革省以下财政事权和支出责任划分,深化省直管县财政管理体制改革。加强财政预算绩效管理。完善地方税体系,开展水资源税改革试点。五是以乡村振兴为导向深化农村改革。巩固和完善农村基本经营制度,推进农村集体经营性建设用地入市、农村承包土地"三权分置"等改革,探索农村宅基地"三权分置"具体实现形式,完善农村集体经济实现形式和运行机制。六是以提高效率为取向深化要素市场化配置改革。积极引进培育各类金融机构,加快建设多层次资本市场,增强金融服务实体经济能力。加强知识产权保护,加快完善知识产权交易市场。深化耕地占补平衡管理改革,推动城乡建设用地增减挂钩结余指标在全省范围内流转交易。推进水资源全域化配置,实现"以水定域、以水定产",深化电力体制改革,变能源优势为发展优势。七是以打造"六最"营商环境为目标深化"放管服"改革。国务院《政府工作报告》提出"只进一扇门""最多跑一次""工程建设项目审批时间再压减一半"等更高要求。我们要以企业投资项目承诺制改革试点为牵引，全面施行"五统一"事项办理和事项容缺处置等配套制度；深化商事制度改革，推进"证照分离"，努力实现持照即可经营；深化相对集中行政许可权改革，推行"一颗印章"管审批；完善"双随机、一公开"，建立以信用为核心的监管模式；推行"互联网+政务服务"，实现入驻大厅的审批事项"全程网办"；适时开展营商环境第三方评估，努力打造"六最"营商环境。

资料来源：《楼阳生省长在贯彻落实全国"两会"精神会议上的讲话（摘要）》，山西省人民政府办公厅，2018年3月26日。

（五）发展全域旅游，促进山西向旅游强省华丽转身

黄河、长城、太行，是大美中国的亮丽名片、华夏文明的重要载体、中华民族的独特符号。2017年，山西提出在继续建设好五台山、云冈石窟、平遥古城等经典景区的基础上，着力锻造黄河长城太行三大旅游新品牌。要实现从点到线、由块到面，形成全域旅游发展大格局，促使山西从旅游大省向旅游强省华丽转身。

山西省委、省政府以习近平新时代中国特色社会主义思想为指导，以习近平总书记视察山西重要讲话为根本遵循，切实践行新发展理念，落实高质量发展根本要求，把文化旅游业作为转型发展的战略性支柱产业来打造，推动全省文化旅游业呈现强劲发展势头。近三年，山西省接待国内外旅游者人数年均增长23.3%，2017年达到5.6亿人次；旅游总收入年均增长23.5%，2017年达到5360亿元。

2018年山西要重点抓好八件事。一是启动建设黄河一号、长城一号、太行一号旅游专用公路，加快建设城景通、景景通的旅游公路网。二是在2017年完成149家重点景区"两权分离"改革的基础上，支持省文旅集团发力壮大，开展精准招商，引进一批战略投资者。三是围绕打造精品景区、精品线路，新建和续建旅游项目184个，完成年度投资380亿元。四是积极培育康养产业，以养心、养生、养老为主要内涵，开发全生命周期康养产品，打造"康养山西、夏养山西"品牌。五是大力发展乡村旅游，助力脱

贫攻坚，力争用3年时间打造300个旅游扶贫示范村。六是办好"2018山西旅发大会"，加强宣传推介，促进交流合作。七是围绕"安、顺、诚、特、需、愉"六字要诀，加强旅游综合监管，提升服务品质。八是进一步加大用地、金融、财税等方面的政策支持力度，促进文化旅游业加快发展。

资料来源：《楼阳生代表：全域旅游促山西向旅游强省华丽转身》，人民网，2018年3月10日。

B.15
附录2　专家学者建言山西高质量转型发展

步入新时代，着力破解制约山西高质量转型发展的结构性、体制性、素质性三大矛盾和问题，聚力推进"示范区""排头兵""新高地"建设，是山西需要深入思考和突破的重大课题。凝心汇智助转型，建言献策促发展，现将部分专家学者推动山西高质量转型发展建言精选记录于此，以飨读者。

推进新征程能源革命　构建新时代能源体系
中国工程院院士　谢克昌

到2050年全球将有90亿左右的人口，比现在多出25亿人，对能源的需求要比2000年翻一番。其中，30%的能源来自可再生能源，其余70%的能源还是要靠化石能源。中国能源业所面临的挑战是化石能源的储采比较低，煤炭、石油、天然气的储采比分别是世界平均水平的47%、35%和74%。煤炭、原油、天然气由于储采比低、需求量大，因此对外依存度较高，原油的对外依存度已经达到65%以上，天然气的对外依存度达到36.6%。落后的能源开采方式和利用方式是导致环境和生态恶化的主要原因。因此，推动能源生产和消费革命迫在眉睫。

当前全球正处于能源秩序的新一轮调整转型期，在全球应对气候变化的大背景下，世界能源体系向绿色、多元、安全、高效、低碳的可持续能源体系转型成为大势所趋。优先节能、统筹优化电力的"源网荷储用"、加快提升非化石能源占比、进行能源技术创新与革命、建立互联网能源网络等，都是推动能源革命的战略举措。

我们要建设适合中国国情的互联互通的大能源网络。要推进资源全面节约和消费利用，降低能耗；要加快发展清洁高效、安全多元的电力生产系统，做到煤、油等能源的生产控量和向清洁转型；要突破瓶颈，加快提升非化石能源占比；要抓住"互联网＋"快速发展的重要机遇，加快建成能源互联网，促使能源资源优化配置，迎接智慧能源时代的到来。

能源革命不是去革煤炭的命，但是煤炭作为一种主体能源一定要革命。要通过能源革命最终建成现代能源体系，而清洁、低碳、安全、高效正是新时代能源体系的四大要义。其中，"清洁"主要针对化石能源，"低碳"主要针对非化石能源，"安全""高效"是对二者的共同要求，实现煤炭清洁高效利用也是清洁能源。

能源技术革命在能源转型中起着关键作用，在很大程度上也是应对气候变化的重要举措，所以能源技术革命的实质是能源转换的革命。目前人类所有的活动和产业消耗的能量仅是太阳给予地球能量（包括化石能源）的万分之一，除此之外还有核能、风能、地热能、潮汐能等。能源技术革命的目标就是对这些能源进行有效驾驭和高效转换，颠覆性技术可以有效促进能源的低碳转型。山西要抓住国家资源型经济转型综合配套改革试验区的机遇，深入实施创新驱动发展战略，推动能源与信息技术的深度融合，打造能源革命排头兵。

资料来源：《站在世界高度促进能源转型——2017资源型地区能源转型发展论坛专家演讲摘要》，《山西经济日报》2017年12月5日，略作改动。

能源转型与煤炭清洁利用

中国工程院院士　倪维斗

以煤炭为主是符合我国资源禀赋的基本事实，从现在开始到2050年，中国能源消费仍然以煤炭为主，其他替代能源只能是辅助能源。因此，煤炭的低碳利用就是低碳能源的核心问题，大幅度减少温室气体排放主要还是依靠煤炭的清洁低碳利用。二氧化碳排放主要来自煤炭，少数来自石油、天然气。相比较而言，研究煤炭的清洁高效利用，比研究核能、石油、天然气、可再生能源的利用更为重要。山西作为中国重要的能源基地、煤炭大省，如果能在煤炭的清洁高效利用上创新引领全球技术，在深化能源体制改革和推进能源转型方面做出示范，就是对世界的巨大贡献。

煤炭的清洁高效转化，主要在于先进的燃煤发电技术、整体煤气化联合循环（IGCC）和煤基多联产能源系统技术，特别是煤基多联产能源系统技术不仅有助于缓解能源总量需求，而且有助于缓解液体燃料短缺，可以彻底解决燃煤污染问题。

煤基多联产能源系统技术也称电化共轨技术，就是把煤炭气化以后，将发电过程和化学反应过程结合起来，这样煤炭不仅作为一种燃料发热，而且作为一种物质不断地被利用，生产出好的化工产品，同时用热发电，这套系统技术的效率非常高。目前有关液体燃料如"煤变油"的研究已经有很多，但是如果把它们耦合起来可以大规模地生产甲醇，将来甲醇也可以用来生产汽油，彻底解决煤炭的污染问题。

资料来源：《站在世界高度促进能源转型——2017资源型地区能源转型发展论坛专家演讲摘要》，《山西经济日报》2017年12月5日，略作改动。

对山西省加快构建现代化经济体系的认识
——学习贯彻党的十九大精神

山西省政府发展研究中心（研究室）原主任　李劲民

以供给侧结构性改革为主线，提高供给体系质量，增强山西省经济质量优势。坚持"三去一降一补"，逐步将山西省生产率低的产业、产能出清。优化存量资源配置，扩大优质增量供给，实现供需动态平衡。把资源型经济转型综合配套改革试验区作为推动经济转型发展的抓手，以提高发展质量和效率为中心，全力推动山西省经济发展的动力结构、产业结构、要素结构和增长方式发生重大转变。深入实施"中国制造2025"，加快信息化与工业化深度融合，推进"两化"融合管理体系贯标试点建设。积极开展国家智能制造试点示范。开展大数据创新应用，推动大数据产业发展。创建智能制造创新中心以及铝镁合金、碳纤维等新材料创新中心。创新是引领发展的第一动力，是建设现代化经济体系的战略支撑。全面实施创新驱动发展战略，打通科技创新成果转化通道，完善创新服务体系，激活各类创新要素。在新能源、新材料、高端装备制造、现代煤化工、生物医药、煤层气、新一代信息技术、新能源汽车等领域，挖掘和培育一批重大科技成果在山西省转移转化。

以完善产权制度和要素市场化配置为重点，推动重点领域和关键环节改革取得突破。正确处理政府与市场的关系，着力构建市场机制有效、微观主体有活力、宏观调控有度的经济体制。深化投融资体制改革，深入推进"放管服"改革，全面实施市场准入负面清单制度，清理废除妨碍统一市场和公平竞争的各种规定与作风，加快要素价格市场化改革，完善市场监管体制。加快推进市场体制基础性改革，全面落实产权保护制度，激发和保护企业家精神，深化国有企业改革，发展混合所有制经济，深化财税金融体制改革。加快实施"互联网+"行动，为创新创业营造良好环境，着力降低全社会土地、能源、通信、物流、融资等成本，打通制约创新发展的堵点、痛点和难点。

以实施乡村振兴战略和促进城乡一体化为抓手，拓展发展空间。坚持农业农村先行发展，加快推进农业农村现代化。积极争取国家对老少边穷地区的政策支持。发展特色、精品农业，打造山西"农谷"综合性、专业性科创中心，鼓励山西杂粮生产大县争创特色农产品优势区。完善和推广有机旱作农业，将有机旱作农业打造成现代农业的重要品牌。建设优质杂粮产地交易市场和中药材交易中心。积极推进新型城镇化，加快形成以城市群为主体，构建大中小城市和小城镇协调发展的城镇格局，加快农业转移人口市民化。更加注重提高城镇规划建设水平，更加注重以人为核心推进新型城镇化，更加注重城乡基础设施建设，更加注重县域经济和农村改革发展，推进城乡融合发展，促进城乡共同繁荣。

以打造内陆地区开放新高地为目标，提升开放型经济发展水平。现代化经济体系，是在更大范围、更宽领域、更深层次上的开放经济体系，是内外联动、更好利用国内国际"两个市场、两种资源"、"引进来"和"走出去"并重的经济体系。扩大对内对外开放,是山西省建成现代化经济体系的重要内容。要抢抓国家"一带一路"建设、自贸区建设和京津冀一体化的重大机遇,深化与"一带一路"沿线国家和节点城市的交流合作,全力打造内陆地区对外开放的新高地。大力提高全社会特别是领导干部的开放意识、开放素质和开放能力,形成全方位、多领域的开放格局。倍加重视和切实支持民营经济发展壮大。按照"亲""清"原则,打造新型政商关系。实施晋商晋才"回乡"创业创新工程。

以加快绿色发展、低碳发展为引领,正确处理资源型经济发展同生态环境保护的关系。树立和践行"绿水青山就是金山银山"的理念,既要把绿色低碳发展作为价值引领和"硬约束",又要把绿色低碳发展作为商机和发展动力。通过科技创新和体制机制创新,优化产业结构,构建低碳能源体系,打造全国能源革命排头兵。煤炭开采和粗加工占工业增加值的比重不断降低,煤炭先进产能占比逐步提高到2/3,煤炭清洁高效开发利用水平大幅提高、供应能力不断增强,加快打造清洁能源供应升级版。战略性新兴产业增加值占地区生产总值的比重达到全国平均水平,研究与试验发展经费投入占地区生产总值的比重争取达到全国平均水平,初步建成国家新型能源基地、煤基科技创新成果转化基地、全国重要的现代制造业基地、国家全域旅游示范区。推进资源全面节约和循环利用,倡导简约适度、绿色低碳的生活方式。加强环境问题治理,持续推进大气、水、土壤、农村面源污染防治,继续实施退耕还林还草等重大生态工程,加强生态系统保护。完善主体功能区配套政策,建立市场化、多元化的生态补偿机制。

以解决人民最关心、最直接、最现实的利益问题为底线,着力保障改善民生。在幼有所育、学有所教、劳有所得、病有所医、老有所养、住有所居、弱有所扶上不断取得新进展。坚决打赢脱贫攻坚战,坚持精准扶贫、精准脱贫,聚焦深度贫困地区推进脱贫攻坚,做到脱真贫、真脱贫。大力促进就业创业,坚持就业优先战略和积极就业政策,鼓励创业带动就业,破除妨碍劳动力、人才社会性流动的体制机制弊端。加强社会事业建设,优先发展教育事业,实施健康山西战略,全面建成覆盖全民、城乡统筹、权责清晰、

保障适度、可持续的多层次社会保障体系，使人民获得感、幸福感、安全感更加充实、更有保障、更可持续。

资料来源：《对我省加快建设现代化经济体系的认识》，《前进》2017年第12期，略作改动。

全方位构建山西现代产业体系

山西省政府发展研究中心新兴产业处处长　陈国伟

党的十九大报告首次提出要建立现代化经济体系，就产业维度而言，就是要构建现代产业体系。这一高屋建瓴的论断，在2017年9月国务院出台的《关于支持山西省进一步深化改革促进资源型经济转型发展的意见》中有明确要求，即山西要在2030年基本形成多点支撑、多元优势互补、多级市场承载、内在竞争充分的产业体系，资源型经济转型任务基本完成，确保与全国同步进入全面小康社会。

以2030年为时间节点，从构建现代产业体系这个目标出发，我们要努力改变传统产业多新兴产业少、低端产业多高端产业少、资源型产业多高附加值产业少、劳动密集型产业多资本和科技密集型产业少的状况，特别要以支柱产业和主导产业为基准来构建其体系框架。

构建现代产业体系，应将山西置于历史观、发展观、竞争优势观、政策趋势观等多维空间中去考察，应确立纵向到底、横向到边的分析坐标。选择的标准，包括方向导向性、增长质量性、发展潜力性、关联带动性、技术适宜性等多个维度。选择的方法，要借助统计分析法静态梳理现有产业，通过情景分析法的背景叠加挖掘潜力产业，运用系统动力学原理探寻内部结构问题产生的根源，使用SWOT分析法分析战略环境，综合形成体系架构和战略决策。

以此为标准粗略估算，山西省在新型能源、高端制造、新能源汽车制造、冶金及新材料、现代煤化工、文化旅游、现代物流、中医药及健康养老、固废资源综合利用、通用航空等领域，有望构建起现代产业体系的

"四梁八柱",形成新兴产业快速成长、文旅产业成为支柱、装备制造业形成支撑、建筑业规模扩大、现代服务业成为重要增长极、新产品新业态新模式快速涌现、传统产业更具竞争力的现代产业格局。

即便是再科学的思路、标准、方法,分析出的结果也要适应市场,在培育和构建现代产业体系上找准痛点、难点、关键点,久久为功,解决重大问题。

一是紧跟全球产业发展新趋势,立足基础、超前布局。新时代新技术提供的新机遇,为内陆欠发达省份解决视野不大、眼光不远、自信心不强、在发达地区后亦步亦趋的问题提供了契机,必须提前谋划、超前布局。

二是在发挥政府作用的同时,重视市场与资本的力量。要在不断推进国有企业市场化的同时,有所为有所不为,统筹不同所有制布局,为民营资本腾出发展空间,发挥其在市场中灵活腾挪的优势和"鲇鱼效应",为经济发展增添活力。

三是善于"无中生有",引进迅速改变产业结构的大项目。产业发展根植于项目,功成于集群。必须重视引进重大特大项目,培育同业或产业链集群,形成"直道超车"大格局。

四是焕发创新动力,努力站在产业细分领域科技前沿。山西省的科技实力虽然较弱,但在一些细分领域的优势突出,"单兵突进"后形成关联带动,不失为适宜的发展模式。

五是重视产业"嫁接",促进新旧产业平稳接续。在传统的延长产业链发展模式上另辟蹊径,在现有产业中植入新体,强化衍生作用发展新产业、新模式,可以为山西现代产业体系的构建提供新思路。

资料来源:《全方位构建山西现代产业体系》,《山西日报》2018年4月24日,略作改动。

山西全力推动深入融入国家重大战略迈向更高层次

山西省发展改革委员会宏观研究院科研部部长　李　刚

《关于支持山西省进一步深化改革促进资源型经济转型发展的意见》

(以下简称《意见》)用"深度"二字明确了对山西融入国家重大战略的要求,并进一步从平台、通道、体制机制等方面明确了未来山西发展的方向。为此,我们要加快调整融入步伐,变主动融入、积极融入为深度融入,全力弥补"硬"的短板,努力破除"软"的制约因素。

加快建立与京津冀的合作机制。《意见》指出,要支持山西省与京津冀地区建立合作机制,实现联动发展。向东开放是未来山西对外开放的重点,与京津冀地区建立合作机制,既符合国家战略需要,又是山西的战略选择。目前,山西省已经与北京、天津、河北三地分别签订了战略合作协议,为建立与京津冀更深层次的合作机制创造了良好的基础条件和合作空间。应将建立区域环境污染联防联控机制、加强生态文明建设领域的合作放在重要位置,重点推进京津风沙源治理、三北防护林建设、太行山绿化等重点生态工程建设,做好太原、阳泉、长治、晋城四市京津冀大气污染传输通道建设,积极争取国家资金支持。应加快出台强力政策措施,促进资本、技术、人才等各种要素合理流动,推动建立基础设施互联互通、飞地经济更高水平的区域合作机制。

加快山西自贸区申建步伐。《意见》提出,要积极支持山西省复制推广自贸区等成熟改革试点经验。开展自贸区申报工作,是一项复杂的系统工程,也是山西营造"六最"营商环境、打造内陆地区对外开放新高地的重要举措。目前,山西省已向国务院申请建设中国(山西)自由贸易区,建设太原片区、大同片区、晋城片区、运城片区四个片区。下一步,关键是要以制度创新为核心,围绕创新投资管理登记制度、推进贸易便利化改革、推动金融开放创新、推进政府职能转变、推动国资国企改革和对接"一带一路"建设等,复制推广好国家自贸区试点经验,探索实践好符合山西实际的路子,推动内陆地区对外开放新高地建设再提速。

加快完善基础设施建设。《意见》指出,要支持在物流基地建设具有海关、检验检疫等功能的铁路口岸,推动大同、运城、五台山机场航空口岸开放,加快太原、大同、临汾无水港建设。虽然山西省的"铁公机"等传统基础设施不断完善,与京津冀等周边地区的互联互通水平显著提高,但

"岸港网"等更高层次的基础设施建设相对薄弱。下一步，要在加快打通更多出省口特别是东西向出省口的同时，重点建设一批"岸港网"等更高层次的基础设施，推进国际贸易"单一窗口"建设，实现投资贸易便利化水平不断提升，为深度融入"一带一路"建设奠定基础。

加快大型综合物流基地建设。《意见》指出，要完善物流基地、城市配送中心布局，打造一批具有多式联运功能的大型综合物流基地。现代物流是山西省的优势生产性服务业，完善物流基地布局，要充分考虑山西省综合交通运输网络布局特点和对外开放战略方向。要围绕发展临空经济的需要，支持太原枢纽中鼎物流园、太原武宿保税区等建设；围绕服务中心城市建设，布局一批现代物流配送中心；依托大型煤炭集团优势，培育壮大一批以煤炭物流为主体的现代物流企业集团；依托铁路、公路等交通轴线，结合全省生产力布局特点，建设北部、中部、南部三大现代物流业密集区。

加快综合交通枢纽建设。《意见》指出，要支持太原、大同建设全国性综合交通枢纽。太原、大同的经济发展具有一定的比较优势，综合交通枢纽建设要在推动各种运输方式有机衔接，满足"零距离换乘"、提高货物换装的安全性和便捷性、不断降低物流成本等基本要求的同时，重点围绕开放式、立体化的要求，着力强化国际人员往来、物流集散、中转服务等部分国际服务功能，不断提升通达全球、衔接高效、功能完善的交通枢纽功能。

资料来源：《深度融入国家重大战略　拓展山西转型升级新空间》，《山西日报》2017年12月26日，略作改动。

进一步深化改革促进资源型经济转型发展

山西省社会科学院能源经济研究所所长　韩东娥

能源革命的本质是主体能源的更替或其开发利用方式的根本性改变。能源革命的内涵丰富，具体包括：推动能源消费革命，抑制不合理能源消费；

推动能源供给革命，建立多元供应体系；推动能源技术革命，带动产业升级；推动能源体制革命，打通能源发展快车道；全方位加强国际合作，实现开放条件下的能源安全。

能源技术创新是应对当前能源、环境和气候变化挑战的重要途径，也是实现能源生产和消费革命的关键。能源革命应该有一个技术指标，它可以将能源系统的高效、智能和灵活，常规污染物和温室气体的近零排放，以及水资源消耗和污染的最小化作为主要技术指标。而研发是技术创新的源泉，应加大基础研发的投入，推动技术创新。山西省应加强能源数据的统计、共享，建设独立能源智库。山西是国家资源型经济转型综合配套改革试验区，应充分运用先行先试的政策优势。全省上下积极行动起来，敢行敢试、善行善试、快行快试，山西必将迎来凤凰涅槃，实现从"煤老大"到"全国能源革命排头兵"的历史性跨越。

资料来源：《进一步深化改革促进资源型经济转型发展——访省社会科学院能源经济研究所所长韩东娥》，《山西日报》2017年9月29日，略作改动。

建设"美丽山西"的路径选择

山西省社会科学院　刘　斌　韩雪娇

绿色发展，贯彻社会主义生态文明观。"生态文明建设功在当代、利在千秋。"理念是行动的先导，要从源头上防治环境污染，就要牢固树立社会主义生态文明观，在全社会弘扬绿色发展理念。一要把社会主义生态文明观作为山西生态文明建设的根本指针和行动指南。为了满足人民日益增长的优美生态环境需要，就必须把建设"美丽山西"作为新时代山西生态文明建设的总体目标，不忘初心，牢记使命。二要建立常态化宣传教育机制。加大生态文明理念的宣传力度，充分利用传统媒体和各种新媒体，针对不同受众，采取多层次、多形式的宣传教育方式，让社会主义生态文明观入脑入心。同时，要积极倡导和引导公众形成绿色消费、低碳节约、文明健康的生活生产方式。三要重视生态文明榜样的示范作用。2017年9月，右玉县获得了"第一批国家生态文明建设示范市县"的绿色荣誉,其经验和做法值得大力推广。

过程严管,建立生态环境保护长效管控机制。要在生态环境保护的制度建设上下功夫,坚持节约优先、保护优先、自然恢复为主的方针,向高能耗、高污染宣战。一要优化生态文明建设的总体设计。按照《山西省生态文明体制改革实施方案》,结合建设"资源型经济转型发展示范区"、打造"能源革命排头兵"、构建"内陆地区对外开放新高地"的三大目标定位,科学规划论证,优化国土空间开发格局,合理布局和整治生产空间、生活空间、生态空间。二要健全生态文明长效管控机制。完善国土、环保、水利等部门的联合执法程序;建立健全自然资源资产产权制度和管理体制,遏制对自然资源的过度开发和浪费行为;建立多元化生态补偿制度,全面客观地界定生态补偿的主体与客体以及生态补偿的标准、内容和方式等,完善第三方评估机制。三要创新生态保护手段,大力发展绿色金融。构建生态环境大数据平台,实时展示、监测、预警生态环境数据。建设绿色金融体系,利用创新性金融制度安排,引导和激励更多社会资本投入绿色产业。

铁腕治污,构建多层次环境治理体系。党的十九大报告明确指出:"要构建政府为主导、企业为主体、社会组织和公众共同参与的环境治理体系。"一是各级政府要抓好关键问题。加大环境污染综合治理力度,打响大气、水和土壤污染防治三大战役;打通政府与企业、公众的沟通渠道,营造绿色和谐的舆论氛围;建立领导干部任期生态文明建设责任制,科学设计生态环境绩效考核指标体系,提高生态保护在干部实绩考核中的比重,对造成资源环境生态严重破坏的责任人要实行终身追责制;改革生态环境监管体制,完善环境污染的追责机制,特别是一线环保监查监督机构,既要敢于执法又要阳光执法,保持严厉打击企业和个人环境违法行为的高压态势。二是企业作为市场主体要"责无旁贷",坚持贯彻绿色发展和创新发展理念。在享受各项优惠政策和公共服务的同时,主动承担社会责任和义务,切实把节能低碳理念和生态文明建设要求落实到企业发展

中。三是社会组织和公民要"身体力行",共同参与到生态文明建设行动中来;公民要常存生态环境保护意识,崇尚节约低碳的绿色生活方式,争做良好生态环境的保护者和建设者,形成全民共建共治共享的社会治理格局。

资料来源:《建设"美丽山西"的路径选择》,《山西日报》2017年12月19日,略作改动。

B.16
附录3 山西省国家资源型经济转型综合配套改革试验区建设大事记（2017年7月～2018年4月）

山西大学中国中部发展研究中心*

2017年

7月

7月11日 省政府与百度在线网络技术（北京）有限公司签署了《战略合作框架协议》。全省将大力实施创新驱动战略，在人工智能、云计算、大数据运用等方面与百度深化合作，推动经济转型发展。

7月14日 省长楼阳生主持召开省政府常务会议，会议部署安全生产制度，建立农村建档立卡贫困人口医疗保障帮扶制度，建立统一领导、分级负责的统计管理体制，完善养老服务体系和加快发展健身休闲产业。

7月17日 省长楼阳生在太原调研通用航空发展情况时指出，要高点谋划、大力推动山西省通用航空产业做大做强，加快建设通用航空强省，为转型升级注入强大动力。

7月19日 省委书记骆惠宁在运城调研时指出，要在实现"两个持久"上下功夫、见实效，不断开创"三农"工作新局面。

7月20日 省长楼阳生主持召开金融工作座谈会，强调要服务实体经

---

* 大事记由山西大学中国中部发展研究中心组织编写。

济，助推转型发展，加大金融对供给侧结构性改革、能源革命、开发区改革发展等的支持力度，加大金融扶贫力度，深入实施金融扶贫富民工程，深化地方金融改革，健全地方金融体系。

7月28日 省长楼阳生主持召开省政府常务会议，会议指出要加快培育新一代信息技术、新材料、新能源、新能源汽车、节能环保、生物医药等战略性新兴产业，加快发展文化旅游、金融等现代服务业。

8月

8月7日 省长楼阳生在太原调研铁路、公路、机场和口岸、无水港、信息网络等基础设施建设工作，指出要全面加强以"铁、公、机""案、港、网"为重点的基础设施建设，努力打造内陆地区对外开放新高地。

8月15日 省长楼阳生在全省城乡居民医疗保险制度改革工作电视会议上强调，要聚焦深度贫困，实施农村建档立卡贫困人口医疗保障帮扶，完善城乡居民医疗政策体系，实现"六统一"成果，实施"三保三助"，全力破解因病致贫、因病返贫难题。

8月16日 省长楼阳生在省国有企业深化改革座谈会上强调，要敲钟问响、敢试善成，全力打赢国企改革攻坚战，省国资国企改革"1+N"政策体系已经形成，并进入全面施工阶段。

8月18日 省长楼阳生主持召开省政府常务会议，会议指出要进一步激发社会领域的投资活力，推动大众创业、万众创新，促进中小微企业创新创业转型发展，加快推进"多证合一"改革，继续取消下放行政职权事项。

8月25日 省长楼阳生主持召开省政府常务会议，会议部署了生产领域改革发展、农村集体产权制度改革、控制温室气体排放、省级自然保护区管理、防灾减灾救灾等工作。

9月

9月4日 中共中央政治局常委、国务院总理李克强在山西考察时强调，要加快新旧动能转换，促进经济转型升级，着力脱贫攻坚，推动民生改善。

9月8日 省长楼阳生主持召开省政府常务会议，会议指出要运用信息化手段落实"13710"督办系统，研究部署脱贫攻坚工作。

9月9日 省委书记骆惠宁在山西大学、太原理工大学慰问教师并进行调研时强调，要加快高校改革发展步伐，建设特色鲜明、优势突出、高水平的大学。

9月14日 省长楼阳生主持召开省政府常务会议，会议研究落实了省委贯彻李克强总理在山西视察工作时重要讲话精神的重大举措，研究了秋冬季大气污染综合治理、大清河上游流域生态修复保护、推进"双创"深入发展、完善集体林权制度、促进建筑业持续健康发展等工作。

9月20日 省长楼阳生主持召开省政府常务会议，会议研究通过了支持科技创新若干政策，部署了推进新形势下优抚安置、开展质量提升行动等工作，会议同意设立河津经济技术开发区。

9月29日 省长楼阳生主持召开省政府常务会议，会议通过了山西省科技创新扶持政策24条具体措施，重点支持科技研发投入、科研成果转化、知识产权保护、创新服务体系建设、大众创业万众创新等，会议通过了《关于加快发展康复辅助器具产业的实施意见》，同意设立河津经济技术开发区。

10月

10月9日 省长楼阳生出席全省质量大会，会议部署了实施质量强省战略、开展质量提升行动等工作，大力创建国家标准化工作改革试点省，推动政府主导制定标准与市场自主制定标准协同发展，建立协调配套的新型标准体系，提高"山西标准"的竞争力和影响力。

10月11日 《2017年山西省深度贫困县建立建档立卡家庭学生教育扶贫个人资助账户实施方案》印发，山西率先在偏关县、宁武县、静乐县、兴县、临县、石楼县、永和县、大宁县、天镇县和广灵县试点实施。

11月

11月2日 省长楼阳生主持召开省政府常务会议，会议研究了加快有

机旱作农业发展、支持现代服务业发展、优化税收营商环境等事项。

11月10日 山西省制造业与互联网融合发展大会在太原举行，山西省将重点支持制造企业建设基于互联网的"双创"平台，组织实施"企业上云"工程。

11月17日 省长楼阳生主持召开省政府常务会议，会议研究部署了全民所有自然资源资产有偿使用制度改革、煤层气（天然气）体制改革、创业就业、学校安全风险防控等工作。

11月20日 省长楼阳生在太原会见浙江民营企业联合投资股份有限公司、正泰集团董事长南存辉带领的浙江知名企业家代表团，企业与山西省11市、省直相关部门和省属企业进行了项目对接，在文化旅游、节能环保、装备制造、城市交通等领域达成11个合作意向。

12月

12月1日 省长楼阳生主持召开省政府常务会议，会议研究了转型项目建设、企业投资项目承诺制改革试点、煤矿安全监管体制改革等，会议指出要加快建立以"政府服务承诺+企业信用承诺"为核心的企业投资项目审批管理模式。

12月4日 省委书记骆惠宁到省转型综改示范区调研，强调对标一流、增强活力、引领转型，推动开发区改革创新发展实现更大突破，出台《关于开发区改革创新发展的若干意见》，开发区二次创新创业的大幕由此拉开。

12月7日 省委书记骆惠宁在晋中市吉利汽车生产基地调研时强调，要弘扬企业家精神，打造优秀企业家队伍，形成推动经济转型发展的强大力量。

12月13日 省长楼阳生主持召开省政府常务会议，会议研究部署了节能减排、证照分离改革试点、侨务等工作，会议决定在山西转型综改示范区等5个国家级开发区开展证照分离改革试点，对24个部门的97项行政许可事项进行分类改革。

12月22日 山西省统一战线智库成立大会在太原召开，首批来自经济、社会法治、文化科技、生态环保、统战理论五个领域的80名专家学者被聘为智库专家，集聚党外高端智力资源，助力实现全省"三大目标"。

2018年

1月

1月1日 省人社厅、省财政厅出台《关于从事生产经营活动事业单位改革人员安置和社会保障的指导意见》，转制单位转为企业后，将按规定纳入企业职工基本养老保险范围，单位和个人缴费基数和比例、个人账户等执行全省统一的企业基本养老保险制度。

1月12日 省长楼阳生主持召开省政府第170次常务会议，研究部署了城乡建设用地增减挂钩、医疗保险支付方式改革、支持山西大学和太原理工大学率先发展等工作。

1月21日 国务院副总理刘延东在山西调研，考察了阳曲县人民医院、大盂乡中心卫生院、地处贫困农村的首邑学校、创新创业基地和科技型企业，强调要深入学习贯彻习近平新时代中国特色社会主义思想和党的十九大精神，践行全心全意为人民服务的根本宗旨，教育、科技、文化、卫生共同发力，扎实推进精准扶贫、精准脱贫各项工作，为决胜全面建成小康社会做出更大贡献。

1月27日 省长楼阳生参加省政协十二届一次会议科协科技组讨论时强调，要以习近平新时代中国特色社会主义思想为指导，切实发挥创新第一动力、人才第一资源的重要作用，加快质量变革、效率变革和动力变革，助推高质量转型发展。

2月

2月5日 省长楼阳生赴太谷县就贯彻中央1号文件、落实省"两会"

部署、加快农谷建设进行现场办公。他要求，全面贯彻党的十九大精神，以习近平新时代中国特色社会主义思想为指导，勇担服务乡村振兴战略的光荣使命，做好科技创新和深化改革两篇大文章，加快推动农谷建设取得突破性进展。

2月6日 省长楼阳生主持召开省政府第一次常务会议，研究实施乡村振兴战略、发展粮食产业经济、激发民间有效投资活力、加强政务诚信和个人诚信体系建设、金融支持小微企业发展等工作。

2月14日 省长楼阳生主持召开省脱贫攻坚领导小组会议，坚决落实习近平总书记脱真贫、真脱贫的重要指示要求，把贫困县脱贫摘帽的质量成色放在首位，把严实要求贯穿脱贫攻坚全过程、各环节，确保脱贫工作务实、脱贫过程扎实、脱贫结果真实，使脱贫攻坚成效经得起人民、实践和历史的检验。

2月22日 省委书记骆惠宁主持召开十一届省委第64次常委会议，审议通过《中共山西省委全面深化改革领导小组2018年工作要点及责任分工》《中共山西省委党建工作领导小组2018年工作要点》，听取全省扶贫领域不正之风和腐败问题专项治理工作情况汇报。

3月

3月2日 省长楼阳生主持召开省政府第2次常务会议，贯彻省委常委扩大会议精神，听取中央环保督察整改工作情况汇报，研究支持社会力量提供多层次多样化医疗服务、激发重点群体活力带动城乡居民增收等工作。

3月9日 全国人大代表、省委书记、省人大常委会主任骆惠宁就资源型经济转型发展接受《人民日报》记者的采访，提出从注重目标引领、强化以改促转、奋发干事创业三个方面全面贯彻落实党的十九大精神，推动转型综改试验区建设进入新境界。

3月13日 《人民日报》"两会·声音2018"专栏刊发了全国人大代表、省委书记、省人大常委会主任骆惠宁的署名文章《高举旗帜迈上山西新征程》，并在《两会特刊》中多次刊发山西代表委员的采访报道；中央电视台《新闻联播》《晚间新闻》等栏目多次刊播山西代表委员履职建言的报道。其中，全国人大代表、山西省质监局副局长李志强提出"高度关注和解决独生子女家庭的养老问题""建立扶贫资金大数据监管机制""以标准化改革助力山西转型综改示范区高质量发展，做好'标准化＋'工作""制定《质量促进法》""修订《计量法》""编制《中国国家质量基础设施2035》，加快推进我国新时代高质量发展""以标准引领支撑养老服务业健康发展""加快制定《电梯安全条例》"等20多件针对性和可操作性都较强的建议。

3月14日 全国人大代表、山西省委副书记、省长楼阳生接受记者采访时说，当前发展和改革高度融合，发展前进一步，就需要改革前进一步。要用好先行先试这个"尚方宝剑"，"补考""赶考"一起抓，深化开发区改革创新，深化国资国企改革，深化电力体制改革，深化财税体制改革，积极推动山西一些基础性关键领域改革跻身全国"第一方阵"。

3月15日 国务院正式批准山西省开展国家标准化综合改革试点工作，这标志着山西省标准化综合改革翻开新的一页，山西省综改示范区先行先试又增加了新项目。同一批被批准为国家标准化综合改革试点省的还有江苏、山东、广东三省。

4月

4月4日 在"转型项目建设年"工作推进中，山西省将全面落实并联审批机制、职能部门责任机制、项目化管理机制、协调调度机制、监督考核机制、三级联动机制六大机制，着力推动项目投资和建设。

4月9日 省委书记骆惠宁深入吕梁市临县、方山、岚县和太原市娄烦县等地调研，强调要抓好春耕生产，调整种植结构，深入推进农业供给侧结构性改革。强化质量导向，坚持综合施策，抓好易地扶贫搬迁，推进产业扶贫，坚决打好精准脱贫攻坚战。

4月10日 中共中央政治局委员、国务院副总理孙春兰在山西调研时强调，要精准施策，注重实效，做好健康扶贫、教育扶贫工作，要坚持以人

民为中心的发展思想，力戒形式主义、官僚主义，求真务实、真抓实干，推动惠民政策落地见效，提升群众获得感和幸福感。

4月11日 省经信委印发了《山西省现代煤化工产业发展2018年行动计划》，立足资源优势和产业基础，按照"企业、项目、产品、技术、园区（基地）"五位一体推进思路，积极实施现代煤化工示范工程，大力发展化工新材料和精细化工，实现由原料制造向材料制造转变，加快化肥、甲醇、氯碱等传统煤化工提质升级，推进煤炭资源清洁高效利用，通过产业高端化、产品差异化、生产集约化，构建山西特色煤化工产业体系。

4月17日 省委书记骆惠宁主持召开省综改领导小组会议，回顾总结全省转型综改工作，对进一步用改革开放打开转型综改试验区建设新局面进行安排部署。会议听取国发〔2017〕42号文件贯彻落实、开发区改革创新和转型项目建设、转型综改示范区招商引资和项目建设等情况汇报，同意三部门对有关工作态势的分析以及下一步工作意见。会议强调，要认真学习贯彻习近平总书记在博鳌亚洲论坛和在庆祝海南建省办经济特区30周年大会上的重要讲话精神，真正使改革开放成为山西转型发展的关键一招，真正使"以改革促转型"成为基本路径，使"以开放带转型"成为活力源泉，奏响新时代山西转型综改试验区建设的最强音。

4月24日 太原举行建设国家可持续发展议程创新示范区推进会，标志着太原市建设国家可持续发展议程创新示范区正式启动。太原市将按照建设推进期（2017~2020年）、持续提升期（2021~2025年）、发展巩固期（2026~2030年）三个阶段分步骤有序推进。重点针对水污染与大气污染两大瓶颈问题，探索解决方案，为全国及世界资源型经济体提供典型案例和实践经验。通过实施水环境重构、生活用能绿色改造等42项重点任务，履行示范区建设的承诺。同时，太原市出台了《关于科技创新推动转型升级的若干意见》，将通过多种奖励制度，在全市建立以企业为主体、市场为导向、产学研深度融合的技术创新体系。

B.17 后 记

放眼全球,当今世界正在经历新一轮大发展大变革大调整,人类面临的不稳定不确定因素依然很多。新一轮科技和产业革命给人类社会发展带来新的机遇,也提出前所未有的挑战。步入新时代,科学把握历史规律,准确认清世界大势,中国经济将在更加开放的条件下实现高质量发展。面对未来的时与势、艰与险,如何着力破解制约新时代山西高质量转型发展的结构性、体制性、素质性三大矛盾和问题,聚力推进"示范区""排头兵""新高地"建设,主动转型、创新转型、深度转型、全面转型,真正走出一条产业优、质量高、效益好、可持续的发展新路子,是山西需要深入思考和突破的重大课题。对资源型经济高质量转型发展问题的探究既需要严肃的科学精神,同时又极富严酷的现实性挑战。秉持"负重攀援,助力资源型经济转型发展理论与政策研究"理念,持续开展资源型经济结构均衡发展重大课题研究,探索新时代推动山西高质量转型发展的新思维、新动能、新机制、新路径和新举措。在社会各界人士的关怀和支持下,《山西资源型经济转型发展报告(2018)》由社会科学文献出版社出版面世。

《山西资源型经济转型发展报告》是全国第一部以"资源型经济转型发展"为主题,研究山西省国家资源型经济转型综合配套改革试验区建设的蓝皮书。2011年以来,继提出"山西'十二五'发展""转变发展方式·转型综改试验""创新驱动·转型综改""全面深化改革·转型综改试验""新常态下资源型经济结构均衡发展""'十三五'发展·创新转型""深化资源型经济转型改革与发展"七个年度研究主题之后,综合研判当今世界和平合作、开放融通、变革创新三大潮流,适应更加开放条件下未来中国经济的高质量发展,以"新时代高质量转型发展"为2018年度研究主题,适

时推出第八部《山西资源型经济转型发展报告》具有极为重要的现实意义。

历史，总是在一些特殊年份给予人们汲取智慧、继续前行的力量。谨以此书向中国改革开放40周年献礼，进一步彰显山西大学资源型经济转型发展协同创新团队的使命、责任和担当。《山西资源型经济转型发展报告（2018）》是一个阶段性研究成果，本书的出版将为资源型经济转型发展的理论研究与政策创新提供参考，期待能够继续引起社会各界的关注，受到广大读者的喜爱，引发各方对深化资源型经济高质量转型发展的探索，也期待广大读者对书中的疏漏和不足之处予以批评指正。

在山西省政协原主席薛延忠的关爱呵护下，在中共山西大学党委书记师帅、山西大学校长贾锁堂、山西财经大学校长刘维奇的关心支持下，主编李志强教授倾心带领研究团队，开放整合资源，倾力协同研究，多次讨论书稿内容、结构和风格，经过反复修改、加工和雕琢后完成书稿，最终审核定稿。

在本书付梓之际，谨向中共山西省委政策研究室（省委改革办、省转型综改办）、山西省人民政府发展研究中心（省政府研究室）、山西省政府决策咨询委员会办公室、山西省社会科学界联合会、山西省社会科学院等单位以及诸多领导的关心和支持表示衷心感谢。在主编李志强、副主编顾颖的指导下，编辑组组长张琴清，成员冯晓晓、李政、南楠、王群群承担了本书的前期编辑工作。山西大学焦晶承担了本书摘要和目录的翻译工作。社会科学文献出版社顾问周丽，经济与管理分社高雁副社长、冯咏梅编辑为本书的连续出版付出了辛勤的劳动，在此一并表示衷心感谢。

李志强

2018年4月22日于山西大学蕴华庄

社会科学文献出版社　　　　　　　　　　　　　　皮书系列

✤ 皮书起源 ✤

"皮书"起源于十七、十八世纪的英国，主要指官方或社会组织正式发表的重要文件或报告，多以"白皮书"命名。在中国，"皮书"这一概念被社会广泛接受，并被成功运作、发展成为一种全新的出版形态，则源于中国社会科学院社会科学文献出版社。

✤ 皮书定义 ✤

皮书是对中国与世界发展状况和热点问题进行年度监测，以专业的角度、专家的视野和实证研究方法，针对某一领域或区域现状与发展态势展开分析和预测，具备原创性、实证性、专业性、连续性、前沿性、时效性等特点的公开出版物，由一系列权威研究报告组成。

✤ 皮书作者 ✤

皮书系列的作者以中国社会科学院、著名高校、地方社会科学院的研究人员为主，多为国内一流研究机构的权威专家学者，他们的看法和观点代表了学界对中国与世界的现实和未来最高水平的解读与分析。

✤ 皮书荣誉 ✤

皮书系列已成为社会科学文献出版社的著名图书品牌和中国社会科学院的知名学术品牌。2016年，皮书系列正式列入"十三五"国家重点出版规划项目；2013~2018年，重点皮书列入中国社会科学院承担的国家哲学社会科学创新工程项目；2018年，59种院外皮书使用"中国社会科学院创新工程学术出版项目"标识。

权威报告·一手数据·特色资源

皮书数据库
ANNUAL REPORT(YEARBOOK) DATABASE

当代中国经济与社会发展高端智库平台

所获荣誉

- 2016年，入选"'十三五'国家重点电子出版物出版规划骨干工程"
- 2015年，荣获"搜索中国正能量 点赞2015""创新中国科技创新奖"
- 2013年，荣获"中国出版政府奖·网络出版物奖"提名奖
- 连续多年荣获中国数字出版博览会"数字出版·优秀品牌"奖

成为会员

通过网址www.pishu.com.cn访问皮书数据库网站或下载皮书数据库APP，进行手机号码验证或邮箱验证即可成为皮书数据库会员。

会员福利

- 使用手机号码首次注册的会员，账号自动充值100元体验金，可直接购买和查看数据库内容（仅限PC端）。
- 已注册用户购书后可免费获赠100元皮书数据库充值卡。刮开充值卡涂层获取充值密码，登录并进入"会员中心"—"在线充值"—"充值卡充值"，充值成功后即可购买和查看数据库内容（仅限PC端）。
- 会员福利最终解释权归社会科学文献出版社所有。

卡号：777898997118
密码：

数据库服务热线：400-008-6695
数据库服务QQ：2475522410
数据库服务邮箱：database@ssap.cn
图书销售热线：010-59367070/7028
图书服务QQ：1265056568
图书服务邮箱：duzhe@ssap.cn

S 基本子库
SUB DATABASE

中国社会发展数据库（下设 12 个子库）

全面整合国内外中国社会发展研究成果，汇聚独家统计数据、深度分析报告，涉及社会、人口、政治、教育、法律等 12 个领域，为了解中国社会发展动态、跟踪社会核心热点、分析社会发展趋势提供一站式资源搜索和数据分析与挖掘服务。

中国经济发展数据库（下设 12 个子库）

基于"皮书系列"中涉及中国经济发展的研究资料构建，内容涵盖宏观经济、农业经济、工业经济、产业经济等 12 个重点经济领域，为实时掌控经济运行态势、把握经济发展规律、洞察经济形势、进行经济决策提供参考和依据。

中国行业发展数据库（下设 17 个子库）

以中国国民经济行业分类为依据，覆盖金融业、旅游、医疗卫生、交通运输、能源矿产等 100 多个行业，跟踪分析国民经济相关行业市场运行状况和政策导向，汇集行业发展前沿资讯，为投资、从业及各种经济决策提供理论基础和实践指导。

中国区域发展数据库（下设 6 个子库）

对中国特定区域内的经济、社会、文化等领域现状与发展情况进行深度分析和预测，研究层级至县及县以下行政区，涉及地区、区域经济体、城市、农村等不同维度。为地方经济社会宏观态势研究、发展经验研究、案例分析提供数据服务。

中国文化传媒数据库（下设 18 个子库）

汇聚文化传媒领域专家观点、热点资讯，梳理国内外中国文化发展相关学术研究成果、一手统计数据，涵盖文化产业、新闻传播、电影娱乐、文学艺术、群众文化等 18 个重点研究领域。为文化传媒研究提供相关数据、研究报告和综合分析服务。

世界经济与国际关系数据库（下设 6 个子库）

立足"皮书系列"世界经济、国际关系相关学术资源，整合世界经济、国际政治、世界文化与科技、全球性问题、国际组织与国际法、区域研究 6 大领域研究成果，为世界经济与国际关系研究提供全方位数据分析，为决策和形势研判提供参考。

法律声明

"皮书系列"(含蓝皮书、绿皮书、黄皮书)之品牌由社会科学文献出版社最早使用并持续至今,现已被中国图书市场所熟知。"皮书系列"的相关商标已在中华人民共和国国家工商行政管理总局商标局注册,如LOGO( )、皮书、Pishu、经济蓝皮书、社会蓝皮书等。"皮书系列"图书的注册商标专用权及封面设计、版式设计的著作权均为社会科学文献出版社所有。未经社会科学文献出版社书面授权许可,任何使用与"皮书系列"图书注册商标、封面设计、版式设计相同或者近似的文字、图形或其组合的行为均系侵权行为。

经作者授权,本书的专有出版权及信息网络传播权等为社会科学文献出版社享有。未经社会科学文献出版社书面授权许可,任何就本书内容的复制、发行或以数字形式进行网络传播的行为均系侵权行为。

社会科学文献出版社将通过法律途径追究上述侵权行为的法律责任,维护自身合法权益。

欢迎社会各界人士对侵犯社会科学文献出版社上述权利的侵权行为进行举报。电话:010-59367121,电子邮箱:fawubu@ssap.cn。

社会科学文献出版社

皮书系列

2018年

智库成果出版与传播平台

社会科学文献出版社
SOCIAL SCIENCES ACADEMIC PRESS (CHINA)

社长致辞

蓦然回首，皮书的专业化历程已经走过了二十年。20年来从一个出版社的学术产品名称到媒体热词再到智库成果研创及传播平台，皮书以专业化为主线，进行了系列化、市场化、品牌化、数字化、国际化、平台化的运作，实现了跨越式的发展。特别是在党的十八大以后，以习近平总书记为核心的党中央高度重视新型智库建设，皮书也迎来了长足的发展，总品种达到600余种，经过专业评审机制、淘汰机制遴选，目前，每年稳定出版近400个品种。"皮书"已经成为中国新型智库建设的抓手，成为国际国内社会各界快速、便捷地了解真实中国的最佳窗口。

20年孜孜以求，"皮书"始终将自己的研究视野与经济社会发展中的前沿热点问题紧密相连。600个研究领域，3万多位分布于800余个研究机构的专家学者参与了研创写作。皮书数据库中共收录了15万篇专业报告，50余万张数据图表，合计30亿字，每年报告下载量近80万次。皮书为中国学术与社会发展实践的结合提供了一个激荡智力、传播思想的入口，皮书作者们用学术的话语、客观翔实的数据谱写出了中国故事壮丽的篇章。

20年跬步千里，"皮书"始终将自己的发展与时代赋予的使命与责任紧紧相连。每年百余场新闻发布会，10万余人次中外媒体报道，中、英、俄、日、韩等12个语种共同出版。皮书所具有的凝聚力正在形成一种无形的力量，吸引着社会各界关注中国的发展，参与中国的发展，它是我们向世界传递中国声音、总结中国经验、争取中国国际话语权最主要的平台。

皮书这一系列成就的取得，得益于中国改革开放的伟大时代，离不开来自中国社会科学院、新闻出版广电总局、全国哲学社会科学规划办公室等主管部门的大力支持和帮助，也离不开皮书研创者和出版者的共同努力。他们与皮书的故事创造了皮书的历史，他们对皮书的拳拳之心将继续谱写皮书的未来！

现在，"皮书"品牌已经进入了快速成长的青壮年时期。全方位进行规范化管理，树立中国的学术出版标准；不断提升皮书的内容质量和影响力，搭建起中国智库产品和智库建设的交流服务平台和国际传播平台；发布各类皮书指数，并使之成为中国指数，让中国智库的声音响彻世界舞台，为人类的发展做出中国的贡献——这是皮书未来发展的图景。作为"皮书"这个概念的提出者，"皮书"从一般图书到系列图书和品牌图书，最终成为智库研究和社会科学应用对策研究的知识服务和成果推广平台这整个过程的操盘者，我相信，这也是每一位皮书人执着追求的目标。

"当代中国正经历着我国历史上最为广泛而深刻的社会变革，也正在进行着人类历史上最为宏大而独特的实践创新。这种前无古人的伟大实践，必将给理论创造、学术繁荣提供强大动力和广阔空间。"

在这个需要思想而且一定能够产生思想的时代，皮书的研创出版一定能创造出新的更大的辉煌！

社会科学文献出版社社长
中国社会学会秘书长

2017年11月

社会科学文献出版社简介

社会科学文献出版社（以下简称"社科文献出版社"）成立于1985年，是直属于中国社会科学院的人文社会科学学术出版机构。成立至今，社科文献出版社始终依托中国社会科学院和国内外人文社会科学界丰厚的学术出版和专家学者资源，坚持"创社科经典，出传世文献"的出版理念、"权威、前沿、原创"的产品定位以及学术成果和智库成果出版的专业化、数字化、国际化、市场化的经营道路。

社科文献出版社是中国新闻出版业转型与文化体制改革的先行者。积极探索文化体制改革的先进方向和现代企业经营决策机制，社科文献出版社先后荣获"全国文化体制改革工作先进单位"、中国出版政府奖·先进出版单位奖、中国社会科学院先进集体、全国科普工作先进集体等荣誉称号。多人次荣获"第十届韬奋出版奖""全国新闻出版行业领军人才""数字出版先进人物""北京市新闻出版广电行业领军人才"等称号。

社科文献出版社是中国人文社会科学学术出版的大社名社，也是以皮书为代表的智库成果出版的专业强社。年出版图书2000余种，其中皮书400余种，出版新书字数5.5亿字，承印与发行中国社科院院属期刊72种，先后创立了皮书系列、列国志、中国史话、社科文献学术译库、社科文献学术文库、甲骨文书系等一大批既有学术影响又有市场价值的品牌，确立了在社会学、近代史、苏东问题研究等专业学科及领域出版的领先地位。图书多次荣获中国出版政府奖、"三个一百"原创图书出版工程、"五个'一'工程奖"、"大众喜爱的50种图书"等奖项，在中央国家机关"强素质·做表率"读书活动中，入选图书种数位居各大出版社之首。

社科文献出版社是中国学术出版规范与标准的倡议者与制定者，代表全国50多家出版社发起实施学术著作出版规范的倡议，承担学术著作规范国家标准的起草工作，率先撰写完成《皮书手册》对皮书品牌进行规范化管理，并在此基础上推出中国版芝加哥手册——《社科文献出版社学术出版手册》。

社科文献出版社是中国数字出版的引领者，拥有皮书数据库、列国志数据库、"一带一路"数据库、减贫数据库、集刊数据库等4大产品线11个数据库产品，机构用户达1300余家，海外用户百余家，荣获"数字出版转型示范单位""新闻出版标准化先进单位""专业数字内容资源知识服务模式试点企业标准化示范单位"等称号。

社科文献出版社是中国学术出版走出去的践行者。社科文献出版社海外图书出版与学术合作业务遍及全球40余个国家和地区，并于2016年成立俄罗斯分社，累计输出图书500余种，涉及近20个语种，累计获得国家社科基金中华学术外译项目资助76种、"丝路书香工程"项目资助60种、中国图书对外推广计划项目资助71种以及经典中国国际出版工程资助28种，被五部委联合认定为"2015~2016年度国家文化出口重点企业"。

如今，社科文献出版社完全靠自身积累拥有固定资产3.6亿元，年收入3亿元，设置了七大出版分社、六大专业部门，成立了皮书研究院和博士后科研工作站，培养了一支近400人的高素质与高效率的编辑、出版、营销和国际推广队伍，为未来成为学术出版的大社、名社、强社，成为文化体制改革与文化企业转型发展的排头兵奠定了坚实的基础。

皮书系列
重点推荐

宏观经济类

宏 观 经 济 类

经济蓝皮书
2018年中国经济形势分析与预测

李平/主编　2017年12月出版　定价：89.00元

◆ 本书为总理基金项目，由著名经济学家李扬领衔，联合中国社会科学院等数十家科研机构、国家部委和高等院校的专家共同撰写，系统分析了2017年的中国经济形势并预测2018年中国经济运行情况。

城市蓝皮书
中国城市发展报告 No.11

潘家华　单菁菁/主编　2018年9月出版　估价：99.00元

◆ 本书是由中国社会科学院城市发展与环境研究中心编著的，多角度、全方位地立体展示了中国城市的发展状况，并对中国城市的未来发展提出了许多建议。该书有强烈的时代感，对中国城市发展实践有重要的参考价值。

人口与劳动绿皮书
中国人口与劳动问题报告 No.19

张车伟/主编　2018年10月出版　估价：99.00元

◆ 本书为中国社会科学院人口与劳动经济研究所主编的年度报告，对当前中国人口与劳动形势做了比较全面和系统的深入讨论，为研究中国人口与劳动问题提供了一个专业性的视角。

皮书系列重点推荐　宏观经济类·区域经济类

中国省域竞争力蓝皮书
中国省域经济综合竞争力发展报告（2017～2018）

李建平　李闽榕　高燕京/主编　2018年5月出版　估价：198.00元

◆ 本书融多学科的理论为一体，深入追踪研究了省域经济发展与中国国家竞争力的内在关系，为提升中国省域经济综合竞争力提供有价值的决策依据。

金融蓝皮书
中国金融发展报告（2018）

王国刚/主编　2018年6月出版　估价：99.00元

◆ 本书由中国社会科学院金融研究所组织编写，概括和分析了2017年中国金融发展和运行中的各方面情况，研讨和评论了2017年发生的主要金融事件，有利于读者了解掌握2017年中国的金融状况，把握2018年中国金融的走势。

区域经济类

京津冀蓝皮书
京津冀发展报告（2018）

祝合良　叶堂林　张贵祥/等著　2018年6月出版　估价：99.00元

◆ 本书遵循问题导向与目标导向相结合、统计数据分析与大数据分析相结合、纵向分析和长期监测与结构分析和综合监测相结合等原则，对京津冀协同发展新形势与新进展进行测度与评价。

社会政法类

社会蓝皮书
2018年中国社会形势分析与预测

李培林　陈光金　张翼/主编　2017年12月出版　定价：89.00元

◆ 本书由中国社会科学院社会学研究所组织研究机构专家、高校学者和政府研究人员撰写，聚焦当下社会热点，对2017年中国社会发展的各个方面内容进行了权威解读，同时对2018年社会形势发展趋势进行了预测。

法治蓝皮书
中国法治发展报告No.16（2018）

李林　田禾/主编　2018年3月出版　定价：128.00元

◆ 本年度法治蓝皮书回顾总结了2017年度中国法治发展取得的成就和存在的不足，对中国政府、司法、检务透明度进行了跟踪调研，并对2018年中国法治发展形势进行了预测和展望。

教育蓝皮书
中国教育发展报告（2018）

杨东平/主编　2018年3月出版　定价：89.00元

◆ 本书重点关注了2017年教育领域的热点，资料翔实，分析有据，既有专题研究，又有实践案例，从多角度对2017年教育改革和实践进行了分析和研究。

社会政法类

社会体制蓝皮书
中国社会体制改革报告 No.6（2018）
龚维斌 / 主编　2018 年 3 月出版　定价：98.00 元

◆ 本书由国家行政学院社会治理研究中心和北京师范大学中国社会管理研究院共同组织编写，主要对 2017 年社会体制改革情况进行回顾和总结，对 2018 年的改革走向进行分析，提出相关政策建议。

社会心态蓝皮书
中国社会心态研究报告（2018）
王俊秀　杨宜音 / 主编　2018 年 12 月出版　估价：99.00 元

◆ 本书是中国社会科学院社会学研究所社会心理研究中心"社会心态蓝皮书课题组"的年度研究成果，运用社会心理学、社会学、经济学、传播学等多种学科的方法进行了调查和研究，对于目前中国社会心态状况有较广泛和深入的揭示。

华侨华人蓝皮书
华侨华人研究报告（2018）
贾益民 / 主编　2017 年 12 月出版　估价：139.00 元

◆ 本书关注华侨华人生产与生活的方方面面。华侨华人是中国建设 21 世纪海上丝绸之路的重要中介者、推动者和参与者。本书旨在全面调研华侨华人，提供最新涉侨动态、理论研究成果和政策建议。

民族发展蓝皮书
中国民族发展报告（2018）
王延中 / 主编　2018 年 10 月出版　估价：188.00 元

◆ 本书从民族学人类学视角，研究近年来少数民族和民族地区的发展情况，展示民族地区经济、政治、文化、社会和生态文明"五位一体"建设取得的辉煌成就和面临的困难挑战，为深刻理解中央民族工作会议精神、加快民族地区全面建成小康社会进程提供了实证材料。

产业经济类 · 行业及其他类　皮书系列 重点推荐

产业经济类

房地产蓝皮书
中国房地产发展报告 No.15（2018）

李春华　王业强 / 主编　2018年5月出版　估价：99.00元

◆ 2018年《房地产蓝皮书》持续追踪中国房地产市场最新动态，深度剖析市场热点，展望2018年发展趋势，积极谋划应对策略。对2017年房地产市场的发展态势进行全面、综合的分析。

新能源汽车蓝皮书
中国新能源汽车产业发展报告（2018）

中国汽车技术研究中心　日产（中国）投资有限公司
东风汽车有限公司 / 编著　2018年8月出版　估价：99.00元

◆ 本书对中国2017年新能源汽车产业发展进行了全面系统的分析，并介绍了国外的发展经验。有助于相关机构、行业和社会公众等了解中国新能源汽车产业发展的最新动态，为政府部门出台新能源汽车产业相关政策法规、企业制定相关战略规划，提供必要的借鉴和参考。

行业及其他类

旅游绿皮书
2017~2018年中国旅游发展分析与预测

中国社会科学院旅游研究中心 / 编　2018年1月出版　定价：99.00元

◆ 本书从政策、产业、市场、社会等多个角度勾画出2017年中国旅游发展全貌，剖析了其中的热点和核心问题，并就未来发展作出预测。

皮书系列重点推荐

行业及其他类

民营医院蓝皮书
中国民营医院发展报告（2018）

薛晓林 / 主编　2018年11月出版　估价：99.00元

◆ 本书在梳理国家对社会办医的各种利好政策的前提下，对我国民营医疗发展现状、我国民营医院竞争力进行了分析，并结合我国医疗体制改革对民营医院的发展趋势、发展策略、战略规划等方面进行了预估。

会展蓝皮书
中外会展业动态评估研究报告（2018）

张敏 / 主编　2018年12月出版　估价：99.00元

◆ 本书回顾了2017年的会展业发展动态，结合"供给侧改革"、"互联网+"、"绿色经济"的新形势分析了我国展会的行业现状，并介绍了国外的发展经验，有助于行业和社会了解最新的展会业动态。

中国上市公司蓝皮书
中国上市公司发展报告（2018）

张平　王宏淼 / 主编　2018年9月出版　估价：99.00元

◆ 本书由中国社会科学院上市公司研究中心组织编写的，着力于全面、真实、客观反映当前中国上市公司财务状况和价值评估的综合性年度报告。本书详尽分析了2017年中国上市公司情况，特别是现实中暴露出的制度性、基础性问题，并对资本市场改革进行了探讨。

工业和信息化蓝皮书
人工智能发展报告（2017~2018）

尹丽波 / 主编　2018年6月出版　估价：99.00元

◆ 本书国家工业信息安全发展研究中心在对2017年全球人工智能技术和产业进行全面跟踪研究基础上形成的研究报告。该报告内容翔实、视角独特，具有较强的产业发展前瞻性和预测性，可为相关主管部门、行业协会、企业等全面了解人工智能发展形势以及进行科学决策提供参考。

国际问题与全球治理类

世界经济黄皮书

2018年世界经济形势分析与预测

张宇燕 / 主编　2018年1月出版　定价：99.00元

◆ 本书由中国社会科学院世界经济与政治研究所的研究团队撰写，分总论、国别与地区、专题、热点、世界经济统计与预测等五个部分，对2018年世界经济形势进行了分析。

国际城市蓝皮书

国际城市发展报告（2018）

屠启宇 / 主编　2018年2月出版　定价：89.00元

◆ 本书作者以上海社会科学院从事国际城市研究的学者团队为核心，汇集同济大学、华东师范大学、复旦大学、上海交通大学、南京大学、浙江大学相关城市研究专业学者。立足动态跟踪介绍国际城市发展时间中，最新出现的重大战略、重大理念、重大项目、重大报告和最佳案例。

非洲黄皮书

非洲发展报告No.20（2017~2018）

张宏明 / 主编　2018年7月出版　估价：99.00元

◆ 本书是由中国社会科学院西亚非洲研究所组织编撰的非洲形势年度报告，比较全面、系统地分析了2017年非洲政治形势和热点问题，探讨了非洲经济形势和市场走向，剖析了大国对非洲关系的新动向；此外，还介绍了国内非洲研究的新成果。

皮书系列重点推荐　国别类

国别类

美国蓝皮书
美国研究报告（2018）

郑秉文　黄平 / 主编　2018年5月出版　估价：99.00元

◆ 本书是由中国社会科学院美国研究所主持完成的研究成果，它回顾了美国2017年的经济、政治形势与外交战略，对美国内政外交发生的重大事件及重要政策进行了较为全面的回顾和梳理。

德国蓝皮书
德国发展报告（2018）

郑春荣 / 主编　2018年6月出版　估价：99.00元

◆ 本报告由同济大学德国研究所组织编撰，由该领域的专家学者对德国的政治、经济、社会文化、外交等方面的形势发展情况，进行全面的阐述与分析。

俄罗斯黄皮书
俄罗斯发展报告（2018）

李永全 / 编著　2018年6月出版　估价：99.00元

◆ 本书系统介绍了2017年俄罗斯经济政治情况，并对2016年该地区发生的焦点、热点问题进行了分析与回顾；在此基础上，对该地区2018年的发展前景进行了预测。

文化传媒类

新媒体蓝皮书

中国新媒体发展报告 No.9（2018）

唐绪军 / 主编　2018 年 6 月出版　估价：99.00 元

◆ 本书是由中国社会科学院新闻与传播研究所组织编写的关于新媒体发展的最新年度报告，旨在全面分析中国新媒体的发展现状，解读新媒体的发展趋势，探析新媒体的深刻影响。

移动互联网蓝皮书

中国移动互联网发展报告（2018）

余清楚 / 主编　2018 年 6 月出版　估价：99.00 元

◆ 本书着眼于对 2017 年度中国移动互联网的发展情况做深入解析，对未来发展趋势进行预测，力求从不同视角、不同层面全面剖析中国移动互联网发展的现状、年度突破及热点趋势等。

文化蓝皮书

中国文化消费需求景气评价报告（2018）

王亚南 / 主编　2018 年 3 月出版　定价：99.00 元

◆ 本书首创全国文化发展量化检测评价体系，也是至今全国唯一的文化民生量化检测评价体系，对于检验全国及各地"以人民为中心"的文化发展具有首创意义。

地方发展类

北京蓝皮书

北京经济发展报告（2017~2018）

杨松 / 主编　2018年6月出版　估价：99.00元

◆ 本书对2017年北京市经济发展的整体形势进行了系统性的分析与回顾，并对2018年经济形势走势进行了预测与研判，聚焦北京市经济社会发展中的全局性、战略性和关键领域的重点问题，运用定量和定性分析相结合的方法，对北京市经济社会发展的现状、问题、成因进行了深入分析，提出了可操作性的对策建议。

温州蓝皮书

2018年温州经济社会形势分析与预测

蒋儒标　王春光　金浩 / 主编　2018年6月出版　估价：99.00元

◆ 本书是中共温州市委党校和中国社会科学院社会学研究所合作推出的第十一本温州蓝皮书，由来自党校、政府部门、科研机构、高校的专家、学者共同撰写的2017年温州区域发展形势的最新研究成果。

黑龙江蓝皮书

黑龙江社会发展报告（2018）

王爱丽 / 主编　2018年1月出版　定价：89.00元

◆ 本书以千份随机抽样问卷调查和专题研究为依据，运用社会学理论框架和分析方法，从专家和学者的独特视角，对2017年黑龙江省关系民生的问题进行广泛的调研与分析，并对2017年黑龙江省诸多社会热点和焦点问题进行了有益的探索。这些研究不仅可以为政府部门更加全面深入了解省情、科学制定决策提供智力支持，同时也可以为广大读者认识、了解、关注黑龙江社会发展提供理性思考。

宏观经济类

皮书系列 2018全品种

宏观经济类

城市蓝皮书
中国城市发展报告（No.11）
著（编）者：潘家华 单菁菁
2018年9月出版 / 估价：99.00元
PSN B-2007-091-1/1

城乡一体化蓝皮书
中国城乡一体化发展报告（2018）
著（编）者：付崇兰
2018年9月出版 / 估价：99.00元
PSN B-2011-226-1/2

城镇化蓝皮书
中国新型城镇化健康发展报告（2018）
著（编）者：张占斌
2018年8月出版 / 估价：99.00元
PSN B-2014-396-1/1

创新蓝皮书
创新型国家建设报告（2018~2019）
著（编）者：詹正茂
2018年12月出版 / 估价：99.00元
PSN B-2009-140-1/1

低碳发展蓝皮书
中国低碳发展报告（2018）
著（编）者：张希良 齐晔
2018年6月出版 / 估价：99.00元
PSN B-2011-223-1/1

低碳经济蓝皮书
中国低碳经济发展报告（2018）
著（编）者：薛进军 赵忠秀
2018年11月出版 / 估价：99.00元
PSN B-2011-194-1/1

发展和改革蓝皮书
中国经济发展和体制改革报告No.9
著（编）者：邹东涛 王再文
2018年1月出版 / 估价：99.00元
PSN B-2008-122-1/1

国家创新蓝皮书
中国创新发展报告（2017）
著（编）者：陈劲 2018年5月出版 / 估价：99.00元
PSN B-2014-370-1/1

金融蓝皮书
中国金融发展报告（2018）
著（编）者：王国刚
2018年6月出版 / 估价：99.00元
PSN B-2004-031-1/7

经济蓝皮书
2018年中国经济形势分析与预测
著（编）者：李平 2017年12月出版 / 定价：89.00元
PSN B-1996-001-1/1

经济蓝皮书春季号
2018年中国经济前景分析
著（编）者：李扬 2018年5月出版 / 估价：99.00元
PSN B-1999-008-1/1

经济蓝皮书夏季号
中国经济增长报告（2017~2018）
著（编）者：李扬 2018年9月出版 / 估价：99.00元
PSN B-2010-176-1/1

农村绿皮书
中国农村经济形势分析与预测（2017~2018）
著（编）者：魏后凯 黄秉信
2018年4月出版 / 定价：99.00元
PSN G-1998-003-1/1

人口与劳动绿皮书
中国人口与劳动问题报告No.19
著（编）者：张车伟 2018年11月出版 / 估价：99.00元
PSN G-2000-012-1/1

新型城镇化蓝皮书
新型城镇化发展报告（2017）
著（编）者：李伟 宋敏
2018年3月出版 / 定价：98.00元
PSN B-2005-038-1/1

中国省域竞争力蓝皮书
中国省域经济综合竞争力发展报告（2016~2017）
著（编）者：李建平 李闽榕
2018年2月出版 / 定价：198.00元
PSN B-2007-088-1/1

中小城市绿皮书
中国中小城市发展报告（2018）
著（编）者：中国城市经济学会中小城市经济发展委员会
中国城镇化促进会中小城市发展委员会
《中国中小城市发展报告》编纂委员会
中小城市发展战略研究院
2018年11月出版 / 估价：128.00元
PSN G-2010-161-1/1

13

皮书系列 2018全品种 　区域经济类・社会政法类

区域经济类

东北蓝皮书
中国东北地区发展报告（2018）
著（编）者：姜晓秋　2018年11月出版 / 估价：99.00元
PSN B-2006-067-1/1

金融蓝皮书
中国金融中心发展报告（2017～2018）
著（编）者：王力 黄育华　2018年11月出版 / 估价：99.00元
PSN B-2011-186-6/7

京津冀蓝皮书
京津冀发展报告（2018）
著（编）者：祝合良 叶堂林 张贵祥
2018年6月出版 / 估价：99.00元
PSN B-2012-262-1/1

西北蓝皮书
中国西北发展报告（2018）
著（编）者：王福生 马廷旭 董秋生
2018年1月出版 / 定价：99.00元
PSN B-2012-261-1/1

西部蓝皮书
中国西部发展报告（2018）
著（编）者：璋勇 任保平　2018年8月出版 / 估价：99.00元
PSN B-2005-039-1/1

长江经济带产业蓝皮书
长江经济带产业发展报告（2018）
著（编）者：吴传清　2018年11月出版 / 估价：128.00元
PSN B-2017-666-1/1

长江经济带蓝皮书
长江经济带发展报告（2017～2018）
著（编）者：王振　2018年11月出版 / 估价：99.00元
PSN B-2016-575-1/1

长江中游城市群蓝皮书
长江中游城市群新型城镇化与产业协同发展报告（2018）
著（编）者：杨刚强　2018年11月出版 / 估价：99.00元
PSN B-2016-578-1/1

长三角蓝皮书
2017年创新融合发展的长三角
著（编）者：刘飞跃　2018年5月出版 / 估价：99.00元
PSN B-2005-038-1/1

长株潭城市群蓝皮书
长株潭城市群发展报告（2017）
著（编）者：张萍 朱有志　2018年6月出版 / 估价：99.00元
PSN B-2008-109-1/1

特色小镇蓝皮书
特色小镇智慧运营报告（2018）：顶层设计与智慧架构
著（编）者：陈劲　2018年1月出版 / 定价：79.00元
PSN B-2011-692-1/1

中部竞争力蓝皮书
中国中部经济社会竞争力报告（2018）
著（编）者：教育部人文社会科学重点研究基地南昌大学中国中部经济社会发展研究中心
2018年12月出版 / 估价：99.00元
PSN B-2012-276-1/1

中部蓝皮书
中国中部地区发展报告（2018）
著（编）者：宋亚平　2018年12月出版 / 估价：99.00元
PSN B-2007-089-1/1

区域蓝皮书
中国区域经济发展报告（2017～2018）
著（编）者：赵弘　2018年5月出版 / 估价：99.00元
PSN B-2004-034-1/1

中三角蓝皮书
长江中游城市群发展报告（2018）
著（编）者：秦尊文　2018年9月出版 / 估价：99.00元
PSN B-2014-417-1/1

中原蓝皮书
中原经济区发展报告（2018）
著（编）者：李英杰　2018年6月出版 / 估价：99.00元
PSN B-2011-192-1/1

珠三角流通蓝皮书
珠三角商圈发展研究报告（2018）
著（编）者：王先庆 林至颖　2018年7月出版 / 估价：99.00元
PSN B-2012-292-1/1

社会政法类

北京蓝皮书
中国社区发展报告（2017～2018）
著（编）者：于燕燕　2018年9月出版 / 估价：99.00元
PSN B-2007-083-5/8

殡葬绿皮书
中国殡葬事业发展报告（2017～2018）
著（编）者：李伯森　2018年6月出版 / 估价：158.00元
PSN G-2010-180-1/1

城市管理蓝皮书
中国城市管理报告（2017-2018）
著（编）者：刘林 刘承水　2018年5月出版 / 估价：158.00元
PSN B-2013-336-1/1

城市生活质量蓝皮书
中国城市生活质量报告（2017）
著（编）者：张连城 张平 杨春学 郎丽华
2017年12月出版 / 定价：89.00元
PSN B-2013-326-1/1

14　权威・前沿・原创

社会政法类

皮书系列 2018全品种

城市政府能力蓝皮书
中国城市政府公共服务能力评估报告（2018）
著（编）者：何艳玲　2018年5月出版 / 估价：99.00元
PSN B-2013-338-1/1

创业蓝皮书
中国创业发展研究报告（2017～2018）
著（编）者：黄群慧　赵卫星　钟宏武
2018年11月出版 / 估价：99.00元
PSN B-2016-577-1/1

慈善蓝皮书
中国慈善发展报告（2018）
著（编）者：杨团　2018年6月出版 / 估价：99.00元
PSN B-2009-142-1/1

党建蓝皮书
党的建设研究报告No.2（2018）
著（编）者：崔建民　陈东平　2018年6月出版 / 估价：99.00元
PSN B-2016-523-1/1

地方法治蓝皮书
中国地方法治发展报告No.3（2018）
著（编）者：李林　田禾　2018年6月出版 / 估价：118.00元
PSN B-2015-442-1/1

电子政务蓝皮书
中国电子政务发展报告（2018）
著（编）者：李季　2018年8月出版 / 估价：99.00元
PSN B-2003-022-1/1

儿童蓝皮书
中国儿童参与状况报告（2017）
著（编）者：苑立新　2017年12月出版 / 定价：89.00元
PSN B-2017-682-1/1

法治蓝皮书
中国法治发展报告No.16（2018）
著（编）者：李林　田禾　2018年3月出版 / 定价：128.00元
PSN B-2004-027-1/3

法治蓝皮书
中国法院信息化发展报告No.2（2018）
著（编）者：李林　田禾　2018年2月出版 / 定价：118.00元
PSN B-2017-604-3/3

法治政府蓝皮书
中国法治政府发展报告（2017）
著（编）者：中国政法大学法治政府研究院
2018年3月出版 / 定价：158.00元
PSN B-2015-502-1/2

法治政府蓝皮书
中国法治政府评估报告（2018）
著（编）者：中国政法大学法治政府研究院
2018年9月出版 / 估价：168.00元
PSN B-2016-576-2/2

反腐倡廉蓝皮书
中国反腐倡廉建设报告No.8
著（编）者：张英伟　2018年12月出版 / 估价：99.00元
PSN B-2012-259-1/1

扶贫蓝皮书
中国扶贫开发报告（2018）
著（编）者：李培林　魏后凯　2018年12月出版 / 估价：128.00元
PSN B-2016-599-1/1

妇女发展蓝皮书
中国妇女发展报告No.6
著（编）者：王金玲　2018年9月出版 / 估价：158.00元
PSN B-2006-069-1/1

妇女教育蓝皮书
中国妇女教育发展报告No.3
著（编）者：张李玺　2018年10月出版 / 估价：99.00元
PSN B-2008-121-1/1

妇女绿皮书
2018年：中国性别平等与妇女发展报告
著（编）者：谭琳　2018年12月出版 / 估价：99.00元
PSN G-2006-073-1/1

公共安全蓝皮书
中国城市公共安全发展报告（2017～2018）
著（编）者：黄育华　杨文明　赵建辉
2018年6月出版 / 估价：99.00元
PSN B-2017-628-1/1

公共服务蓝皮书
中国城市基本公共服务力评价（2018）
著（编）者：钟君　刘志昌　吴正杲
2018年12月出版 / 估价：99.00元
PSN B-2011-214-1/1

公民科学素质蓝皮书
中国公民科学素质报告（2017～2018）
著（编）者：李群　陈雄　马宗文
2017年12月出版 / 估价：89.00元
PSN B-2014-379-1/1

公益蓝皮书
中国公益慈善发展报告（2016）
著（编）者：朱健刚　胡小军　2018年6月出版 / 估价：99.00元
PSN B-2012-283-1/1

国际人才蓝皮书
中国国际移民报告（2018）
著（编）者：王辉耀　2018年6月出版 / 估价：99.00元
PSN B-2012-304-3/4

国际人才蓝皮书
中国留学发展报告（2018）No.7
著（编）者：王辉耀　苗绿　2018年12月出版 / 估价：99.00元
PSN B-2012-244-2/4

海洋社会蓝皮书
中国海洋社会发展报告（2017）
著（编）者：崔凤　宋宁而　2018年3月出版 / 定价：99.00元
PSN B-2015-478-1/1

行政改革蓝皮书
中国行政体制改革报告No.7（2018）
著（编）者：魏礼群　2018年6月出版 / 估价：99.00元
PSN B-2011-231-1/1

皮书系列 2018全品种

社会政法类

华侨华人蓝皮书
华侨华人研究报告（2017）
著（编）者：张禹东 庄国土　2017年12月出版 / 定价：148.00元
PSN B-2011-204-1/1

互联网与国家治理蓝皮书
互联网与国家治理发展报告（2017）
著（编）者：张志安　2018年1月出版 / 定价：98.00元
PSN B-2017-671-1/1

环境管理蓝皮书
中国环境管理发展报告（2017）
著（编）者：李金惠　2017年12月出版 / 定价：98.00元
PSN B-2017-678-1/1

环境竞争力绿皮书
中国省域环境竞争力发展报告（2018）
著（编）者：李建平 李闽榕 王金南
2018年11月出版 / 估价：198.00元
PSN G-2010-165-1/1

环境绿皮书
中国环境发展报告（2017~2018）
著（编）者：李波　2018年6月出版 / 估价：99.00元
PSN G-2006-048-1/1

家庭蓝皮书
中国"创建幸福家庭活动"评估报告（2018）
著（编）者：国务院发展研究中心"创建幸福家庭活动评估"课题组
2018年12月出版 / 估价：99.00元
PSN B-2015-508-1/1

健康城市蓝皮书
中国健康城市建设研究报告（2018）
著（编）者：王鸿春 盛继洪　2018年12月出版 / 估价：99.00元
PSN B-2016-564-2/2

健康中国蓝皮书
社区首诊与健康中国分析报告（2018）
著（编）者：高和荣 杨叔禹 姜杰
2018年6月出版 / 估价：99.00元
PSN B-2017-611-1/1

教师蓝皮书
中国中小学教师发展报告（2017）
著（编）者：曾晓东 鱼霞
2018年6月出版 / 定价：99.00元
PSN B-2012-289-1/1

教育扶贫蓝皮书
中国教育扶贫报告（2018）
著（编）者：司树杰 王文静 李兴洲
2018年12月出版 / 估价：99.00元
PSN B-2016-590-1/1

教育蓝皮书
中国教育发展报告（2018）
著（编）者：杨东平　2018年3月出版 / 定价：89.00元
PSN B-2006-047-1/1

金融法治建设蓝皮书
中国金融法治建设年度报告（2015~2016）
著（编）者：朱小黄　2018年6月出版 / 估价：99.00元
PSN B-2017-633-1/1

京津冀教育蓝皮书
京津冀教育发展研究报告（2017~2018）
著（编）者：方中雄　2018年6月出版 / 估价：99.00元
PSN B-2017-608-1/1

就业蓝皮书
2018年中国本科生就业报告
著（编）者：麦可思研究院　2018年6月出版 / 估价：99.00元
PSN B-2009-146-1/2

就业蓝皮书
2018年中国高职高专生就业报告
著（编）者：麦可思研究院　2018年6月出版 / 估价：99.00元
PSN B-2015-472-2/2

科学教育蓝皮书
中国科学教育发展报告（2018）
著（编）者：王康友　2018年10月出版 / 估价：99.00元
PSN B-2015-487-1/1

劳动保障蓝皮书
中国劳动保障发展报告（2018）
著（编）者：刘燕斌　2018年9月出版 / 估价：158.00元
PSN B-2014-415-1/1

老龄蓝皮书
中国老年宜居环境发展报告（2017）
著（编）者：党俊武 周燕珉　2018年6月出版 / 估价：99.00元
PSN B-2013-320-1/1

连片特困区蓝皮书
中国连片特困区发展报告（2017~2018）
著（编）者：游俊 冷志明 丁建军
2018年6月出版 / 估价：99.00元
PSN B-2013-321-1/1

流动儿童蓝皮书
中国流动儿童教育发展报告（2017）
著（编）者：杨东平　2018年6月出版 / 估价：99.00元
PSN B-2017-600-1/1

民调蓝皮书
中国民生调查报告（2018）
著（编）者：谢耘耕　2018年12月出版 / 估价：99.00元
PSN B-2014-398-1/1

民族发展蓝皮书
中国民族发展报告（2018）
著（编）者：王延中　2018年10月出版 / 估价：188.00元
PSN B-2006-070-1/1

女性生活蓝皮书
中国女性生活状况报告No.12（2018）
著（编）者：高博燕　2018年7月出版 / 估价：99.00元
PSN B-2006-071-1/1

社会政法类 — 皮书系列 2018全品种

汽车社会蓝皮书
中国汽车社会发展报告（2017~2018）
著(编)者：王俊秀　2018年6月出版 / 估价：99.00元
PSN B-2011-224-1/1

青年蓝皮书
中国青年发展报告（2018）No.3
著(编)者：廉思　2018年6月出版 / 估价：99.00元
PSN B-2013-333-1/1

青少年蓝皮书
中国未成年人互联网运用报告（2017~2018）
著(编)者：李为民　李文革　沈杰
2018年11月出版 / 估价：99.00元
PSN B-2010-156-1/1

人权蓝皮书
中国人权事业发展报告No.8（2018）
著(编)者：李君如　2018年9月出版 / 估价：99.00元
PSN B-2011-215-1/1

社会保障绿皮书
中国社会保障发展报告No.9（2018）
著(编)者：王延中　2018年6月出版 / 估价：99.00元
PSN G-2001-014-1/1

社会风险评估蓝皮书
风险评估与危机预警报告（2017~2018）
著(编)者：唐钧　2018年8月出版 / 估价：99.00元
PSN B-2012-293-1/1

社会工作蓝皮书
中国社会工作发展报告（2016~2017）
著(编)者：民政部社会工作研究中心
2018年8月出版 / 估价：99.00元
PSN B-2009-141-1/1

社会管理蓝皮书
中国社会管理创新报告No.6
著(编)者：连玉明　2018年11月出版 / 估价：99.00元
PSN B-2012-300-1/1

社会蓝皮书
2018年中国社会形势分析与预测
著(编)者：李培林　陈光金　张翼
2017年12月出版 / 定价：89.00元
PSN B-1998-002-1/1

社会体制蓝皮书
中国社会体制改革报告No.6（2018）
著(编)者：龚维斌　2018年3月出版 / 定价：98.00元
PSN B-2013-330-1/1

社会心态蓝皮书
中国社会心态研究报告（2018）
著(编)者：王俊秀　2018年12月出版 / 估价：99.00元
PSN B-2011-199-1/1

社会组织蓝皮书
中国社会组织报告（2017-2018）
著(编)者：黄晓勇　2018年6月出版 / 估价：99.00元
PSN B-2008-118-1/2

社会组织蓝皮书
中国社会组织评估发展报告（2018）
著(编)者：徐家良　2018年12月出版 / 估价：99.00元
PSN B-2013-366-2/2

生态城市绿皮书
中国生态城市建设发展报告（2018）
著(编)者：刘举科　孙伟平　胡文臻
2018年9月出版 / 估价：158.00元
PSN G-2012-269-1/1

生态文明绿皮书
中国省域生态文明建设评价报告（ECI 2018）
著(编)者：严耕　2018年12月出版 / 估价：99.00元
PSN G-2010-170-1/1

退休生活蓝皮书
中国城市居民退休生活质量指数报告（2017）
著(编)者：杨一帆　2018年6月出版 / 估价：99.00元
PSN B-2017-618-1/1

危机管理蓝皮书
中国危机管理报告（2018）
著(编)者：文学国　范正青
2018年8月出版 / 估价：99.00元
PSN B-2010-171-1/1

学会蓝皮书
2018年中国学会发展报告
著(编)者：麦可思研究院　2018年12月出版 / 估价：99.00元
PSN B-2016-597-1/1

医改蓝皮书
中国医药卫生体制改革报告（2017~2018）
著(编)者：文学国　房志武
2018年11月出版 / 估价：99.00元
PSN B-2014-432-1/1

应急管理蓝皮书
中国应急管理报告（2018）
著(编)者：宋英华　2018年9月出版 / 估价：99.00元
PSN B-2016-562-1/1

政府绩效评估蓝皮书
中国地方政府绩效评估报告 No.2
著(编)者：贠杰　2018年12月出版 / 估价：99.00元
PSN B-2017-672-1/1

政治参与蓝皮书
中国政治参与报告（2018）
著(编)者：房宁　2018年8月出版 / 估价：128.00元
PSN B-2011-200-1/1

政治文化蓝皮书
中国政治文化报告（2018）
著(编)者：邢瓦敏　魏大鹏　莲克
2018年8月出版 / 估价：128.00元
PSN B-2017-615-1/1

中国传统村落蓝皮书
中国传统村落保护现状报告（2018）
著(编)者：胡彬彬　李向军　王晓波
2018年12月出版 / 估价：99.00元
PSN B-2017-663-1/1

皮书系列 2018全品种

社会政法类·产业经济类

中国农村妇女发展蓝皮书
农村流动女性城市生活发展报告（2018）
著(编)者：谢丽华　2018年12月出版 / 估价：99.00元
PSN B-2014-434-1/1

宗教蓝皮书
中国宗教报告（2017）
著(编)者：邱永辉　2018年8月出版 / 估价：99.00元
PSN B-2008-117-1/1

产业经济类

保健蓝皮书
中国保健服务产业发展报告 No.2
著(编)者：中国保健协会　中共中央党校
2018年7月出版 / 估价：198.00元
PSN B-2012-272-3/3

保健蓝皮书
中国保健食品产业发展报告 No.2
著(编)者：中国保健协会
　　　　　中国社会科学院食品药品产业发展与监管研究中心
2018年8月出版 / 估价：198.00元
PSN B-2012-271-2/3

保健蓝皮书
中国保健用品产业发展报告 No.2
著(编)者：中国保健协会
　　　　　国务院国有资产监督管理委员会研究中心
2018年6月出版 / 估价：198.00元
PSN B-2012-270-1/3

保险蓝皮书
中国保险业竞争力报告（2018）
著(编)者：保监会　2018年12月出版 / 估价：99.00元
PSN B-2013-311-1/1

冰雪蓝皮书
中国冰上运动产业发展报告（2018）
著(编)者：孙承华 杨占武 刘戈 张鸿俊
2018年9月出版 / 估价：99.00元
PSN B-2017-648-3/3

冰雪蓝皮书
中国滑雪产业发展报告（2018）
著(编)者：孙承华 伍斌 魏庆华 张鸿俊
2018年9月出版 / 估价：99.00元
PSN B-2016-559-1/3

餐饮产业蓝皮书
中国餐饮产业发展报告（2018）
著(编)者：邢颖
2018年6月出版 / 估价：99.00元
PSN B-2009-151-1/1

茶业蓝皮书
中国茶产业发展报告（2018）
著(编)者：杨江帆 李闽榕
2018年10月出版 / 估价：99.00元
PSN B-2010-164-1/1

产业安全蓝皮书
中国文化产业安全报告（2018）
著(编)者：北京印刷学院文化产业安全研究院
2018年12月出版 / 估价：99.00元
PSN B-2014-378-12/14

产业安全蓝皮书
中国新媒体产业安全报告（2016~2017）
著(编)者：肖丽　2018年6月出版 / 估价：99.00元
PSN B-2015-500-14/14

产业安全蓝皮书
中国出版传媒产业安全报告（2017~2018）
著(编)者：北京印刷学院文化产业安全研究院
2018年6月出版 / 估价：99.00元
PSN B-2014-384-13/14

产业蓝皮书
中国产业竞争力报告（2018）No.8
著(编)者：张其仔　2018年12月出版 / 估价：168.00元
PSN B-2010-175-1/1

动力电池蓝皮书
中国新能源汽车动力电池产业发展报告（2018）
著(编)者：中国汽车技术研究中心
2018年8月出版 / 估价：99.00元
PSN B-2017-639-1/1

杜仲产业绿皮书
中国杜仲橡胶资源与产业发展报告（2017~2018）
著(编)者：杜红岩 胡文臻 俞锐
2018年6月出版 / 估价：99.00元
PSN G-2013-350-1/1

房地产蓝皮书
中国房地产发展报告No.15（2018）
著(编)者：李春华 王业强
2018年5月出版 / 估价：99.00元
PSN B-2004-028-1/1

服务外包蓝皮书
中国服务外包产业发展报告（2017~2018）
著(编)者：王晓红 刘德军
2018年6月出版 / 估价：99.00元
PSN B-2013-331-2/2

服务外包蓝皮书
中国服务外包竞争力报告（2017~2018）
著(编)者：刘春生 王力 黄育华
2018年12月出版 / 估价：99.00元
PSN B-2011-216-1/2

产业经济类

皮书系列 2018全品种

工业和信息化蓝皮书
世界信息技术产业发展报告（2017~2018）
著（编）者：尹丽波　2018年6月出版／估价：99.00元
PSN B-2015-449-2/6

工业和信息化蓝皮书
战略性新兴产业发展报告（2017~2018）
著（编）者：尹丽波　2018年6月出版／估价：99.00元
PSN B-2015-450-3/6

海洋经济蓝皮书
中国海洋经济发展报告（2015~2018）
著（编）者：殷克东　高金田　方胜民
2018年3月出版／定价：128.00元
PSN B-2018-697-1/1

康养蓝皮书
中国康养产业发展报告（2017）
著（编）者：何莽　2017年12月出版／定价：88.00元
PSN B-2017-685-1/1

客车蓝皮书
中国客车产业发展报告（2017~2018）
著（编）者：姚蔚　2018年10月出版／估价：99.00元
PSN B-2013-361-1/1

流通蓝皮书
中国商业发展报告（2018~2019）
著（编）者：王雪峰　林诗慧
2018年7月出版／估价：99.00元
PSN B-2009-152-1/2

能源蓝皮书
中国能源发展报告（2018）
著（编）者：崔民选　王军生　陈义和
2018年12月出版／估价：99.00元
PSN B-2006-049-1/1

农产品流通蓝皮书
中国农产品流通产业发展报告（2017）
著（编）者：贾敬敦　张东科　张玉玺　张鹏毅　周伟
2018年6月出版／估价：99.00元
PSN B-2012-288-1/1

汽车工业蓝皮书
中国汽车工业发展年度报告（2018）
著（编）者：中国汽车工业协会
　　　　　　中国汽车技术研究中心
　　　　　　丰田汽车公司
2018年5月出版／估价：168.00元
PSN B-2015-463-1/2

汽车工业蓝皮书
中国汽车零部件产业发展报告（2017~2018）
著（编）者：中国汽车工业协会
　　　　　　中国汽车工程研究院深圳市沃特玛电池有限公司
2018年9月出版／估价：99.00元
PSN B-2016-515-2/2

汽车蓝皮书
中国汽车产业发展报告（2018）
著（编）者：中国汽车工程学会
　　　　　　大众汽车集团（中国）
2018年11月出版／估价：99.00元
PSN B-2008-124-1/1

世界茶业蓝皮书
世界茶业发展报告（2018）
著（编）者：李闽榕　冯廷佺
2018年5月出版／估价：168.00元
PSN B-2017-619-1/1

世界能源蓝皮书
世界能源发展报告（2018）
著（编）者：黄晓勇　2018年6月出版／估价：168.00元
PSN B-2013-349-1/1

石油蓝皮书
中国石油产业发展报告（2018）
著（编）者：中国石油化工集团公司经济技术研究院
　　　　　　中国国际石油化工联合有限责任公司
　　　　　　中国社会科学院数量经济与技术经济研究所
2018年2月出版／定价：98.00元
PSN B-2018-690-1/1

体育蓝皮书
国家体育产业基地发展报告（2016~2017）
著（编）者：李颖川　2018年6月出版／估价：168.00元
PSN B-2017-609-5/5

体育蓝皮书
中国体育产业发展报告（2018）
著（编）者：阮伟　钟秉枢
2018年12月出版／估价：99.00元
PSN B-2010-179-1/5

文化金融蓝皮书
中国文化金融发展报告（2018）
著（编）者：杨涛　金巍
2018年6月出版／估价：99.00元
PSN B-2017-610-1/1

新能源汽车蓝皮书
中国新能源汽车产业发展报告（2018）
著（编）者：中国汽车技术研究中心
　　　　　　日产（中国）投资有限公司
　　　　　　东风汽车有限公司
2018年8月出版／估价：99.00元
PSN B-2013-347-1/1

薏仁米产业蓝皮书
中国薏仁米产业发展报告No.2（2018）
著（编）者：李发耀　石明　秦礼康
2018年8月出版／估价：99.00元
PSN B-2017-645-1/1

邮轮绿皮书
中国邮轮产业发展报告（2018）
著（编）者：汪泓　2018年10月出版／估价：99.00元
PSN G-2014-419-1/1

智能养老蓝皮书
中国智能养老产业发展报告（2018）
著（编）者：朱勇　2018年10月出版／估价：99.00元
PSN B-2015-488-1/1

中国节能汽车蓝皮书
中国节能汽车发展报告（2017~2018）
著（编）者：中国汽车工程研究院股份有限公司
2018年9月出版／估价：99.00元
PSN B-2016-565-1/1

皮书系列 2018全品种　　产业经济类·行业及其他类

中国陶瓷产业蓝皮书
中国陶瓷产业发展报告（2018）
著(编)者：左和平 黄速建
2018年10月出版 / 估价：99.00元
PSN B-2016-573-1/1

装备制造业蓝皮书
中国装备制造业发展报告（2018）
著(编)者：徐东华
2018年12月出版 / 估价：118.00元
PSN B-2015-505-1/1

行业及其他类

"三农"互联网金融蓝皮书
中国"三农"互联网金融发展报告（2018）
著(编)者：李勇坚 王弢
2018年8月出版 / 估价：99.00元
PSN B-2016-560-1/1

SUV蓝皮书
中国SUV市场发展报告（2017~2018）
著(编)者：靳军　2018年9月出版 / 估价：99.00元
PSN B-2016-571-1/1

冰雪蓝皮书
中国冬季奥运会发展报告（2018）
著(编)者：孙承华 伍斌 魏庆华 张鸿俊
2018年9月出版 / 估价：99.00元
PSN B-2017-647-2/3

彩票蓝皮书
中国彩票发展报告（2018）
著(编)者：益彩基金　2018年6月出版 / 估价：99.00元
PSN B-2015-462-1/1

测绘地理信息蓝皮书
测绘地理信息供给侧结构性改革研究报告（2018）
著(编)者：库热西·买合苏提
2018年12月出版 / 估价：168.00元
PSN B-2009-145-1/1

产权市场蓝皮书
中国产权市场发展报告（2017）
著(编)者：曹和平
2018年5月出版 / 估价：99.00元
PSN B-2009-147-1/1

城投蓝皮书
中国城投行业发展报告（2018）
著(编)者：华景斌
2018年11月出版 / 估价：300.00元
PSN B-2016-514-1/1

城市轨道交通蓝皮书
中国城市轨道交通运营发展报告（2017~2018）
著(编)者：崔学忠 贾文峥
2018年3月出版 / 定价：89.00元
PSN B-2018-694-1/1

大数据蓝皮书
中国大数据发展报告（No.2）
著(编)者：连玉明　2018年5月出版 / 估价：99.00元
PSN B-2017-620-1/1

大数据应用蓝皮书
中国大数据应用发展报告No.2（2018）
著(编)者：陈军君　2018年8月出版 / 估价：99.00元
PSN B-2017-644-1/1

对外投资与风险蓝皮书
中国对外直接投资与国家风险报告（2018）
著(编)者：中债资信评估有限责任公司
　　　　　中国社会科学院世界经济与政治研究所
2018年6月出版 / 估价：189.00元
PSN B-2017-606-1/1

工业和信息化蓝皮书
人工智能发展报告（2017~2018）
著(编)者：尹丽波　2018年6月出版 / 估价：99.00元
PSN B-2015-448-1/6

工业和信息化蓝皮书
世界智慧城市发展报告（2017~2018）
著(编)者：尹丽波　2018年6月出版 / 估价：99.00元
PSN B-2017-624-6/6

工业和信息化蓝皮书
世界网络安全发展报告（2017~2018）
著(编)者：尹丽波　2018年6月出版 / 估价：99.00元
PSN B-2015-452-5/6

工业和信息化蓝皮书
世界信息化发展报告（2017~2018）
著(编)者：尹丽波　2018年6月出版 / 估价：99.00元
PSN B-2015-451-4/6

工业设计蓝皮书
中国工业设计发展报告（2018）
著(编)者：王晓红 于炜 张立群　2018年9月出版 / 估价：168.00
PSN B-2014-420-1/1

公共关系蓝皮书
中国公共关系发展报告（2017）
著(编)者：柳斌杰　2018年1月出版 / 定价：89.00元
PSN B-2016-579-1/1

20　权威·前沿·原创

行业及其他类 | 皮书系列 2018全品种

公共关系蓝皮书
中国公共关系发展报告（2018）
著（编）者：柳斌杰　2018年11月出版／估价：99.00元
PSN B-2016-579-1/1

管理蓝皮书
中国管理发展报告（2018）
著（编）者：张晓东　2018年10月出版／估价：99.00元
PSN B-2014-416-1/1

轨道交通蓝皮书
中国轨道交通行业发展报告（2017）
著（编）者：仲建华　李闽榕
2017年12月出版／估价：98.00元
PSN B-2017-674-1/1

海关发展蓝皮书
中国海关发展前沿报告（2018）
著（编）者：干春晖　2018年6月出版／估价：99.00元
PSN B-2017-616-1/1

互联网医疗蓝皮书
中国互联网健康医疗发展报告（2018）
著（编）者：芮晓武　2018年6月出版／估价：99.00元
PSN B-2016-567-1/1

黄金市场蓝皮书
中国商业银行黄金业务发展报告（2017~2018）
著（编）者：平安银行　2018年6月出版／估价：99.00元
PSN B-2016-524-1/1

会展蓝皮书
中外会展业动态评估研究报告（2018）
著（编）者：张敏　任中峰　聂鑫焱　牛盼强
2018年12月出版／估价：99.00元
PSN B-2013-327-1/1

基金会蓝皮书
中国基金会发展报告（2017~2018）
著（编）者：中国基金会发展报告课题组
2018年6月出版／估价：99.00元
PSN B-2013-368-1/1

基金会绿皮书
中国基金会发展独立研究报告（2018）
著（编）者：基金会中心网　中央民族大学基金会研究中心
2018年6月出版／估价：99.00元
PSN G-2011-213-1/1

基金会透明度蓝皮书
中国基金会透明度发展研究报告（2018）
著（编）者：基金会中心网
　　　　　　清华大学廉政与治理研究中心
2018年9月出版／估价：99.00元
PSN B-2013-339-1/1

建筑装饰蓝皮书
中国建筑装饰行业发展报告（2018）
著（编）者：葛道顺　刘晓一
2018年10月出版／估价：198.00元
PSN B-2016-553-1/1

金融监管蓝皮书
中国金融监管报告（2018）
著（编）者：胡滨　2018年3月出版／定价：98.00元
PSN B-2012-281-1/1

金融蓝皮书
中国互联网金融行业分析与评估（2018~2019）
著（编）者：黄国平　伍旭川　2018年12月出版／估价：99.00元
PSN B-2016-585-7/7

金融科技蓝皮书
中国金融科技发展报告（2018）
著（编）者：李扬　孙国峰　2018年10月出版／估价：99.00元
PSN B-2014-374-1/1

金融信息服务蓝皮书
中国金融信息服务发展报告（2018）
著（编）者：李平　2018年5月出版／估价：99.00元
PSN B-2017-621-1/1

金蜜蜂企业社会责任蓝皮书
金蜜蜂中国企业社会责任报告研究（2017）
著（编）者：殷格非　于志宏　管竹笋
2018年1月出版／定价：99.00元
PSN B-2018-693-1/1

京津冀金融蓝皮书
京津冀金融发展报告（2018）
著（编）者：王爱俭　王璟怡　2018年10月出版／估价：99.00元
PSN B-2016-527-1/1

科普蓝皮书
国家科普能力发展报告（2018）
著（编）者：王康友　2018年5月出版／估价：138.00元
PSN B-2017-632-4/4

科普蓝皮书
中国基层科普发展报告（2017~2018）
著（编）者：赵立新　陈玲　2018年9月出版／估价：99.00元
PSN B-2016-568-3/4

科普蓝皮书
中国科普基础设施发展报告（2017~2018）
著（编）者：任福君　2018年6月出版／估价：99.00元
PSN B-2010-174-1/3

科普蓝皮书
中国科普人才发展报告（2017~2018）
著（编）者：郑念　任嵘嵘　2018年7月出版／估价：99.00元
PSN B-2016-512-2/4

科普能力蓝皮书
中国科普能力评价报告（2018~2019）
著（编）者：李富强　李群　2018年8月出版／估价：99.00元
PSN B-2016-555-1/1

临空经济蓝皮书
中国临空经济发展报告（2018）
著（编）者：连玉明　2018年9月出版／估价：99.00元
PSN B-2014-421-1/1

皮书系列 2018全品种
行业及其他类

旅游安全蓝皮书
中国旅游安全报告(2018)
著(编)者：郑向敏 谢朝武　2018年5月出版 / 估价：158.00元
PSN B-2012-280-1/1

旅游绿皮书
2017~2018年中国旅游发展分析与预测
著(编)者：宋瑞　2018年1月出版 / 定价：99.00元
PSN G-2002-018-1/1

煤炭蓝皮书
中国煤炭工业发展报告(2018)
著(编)者：岳福斌　2018年12月出版 / 估价：99.00元
PSN B-2008-123-1/1

民营企业社会责任蓝皮书
中国民营企业社会责任报告(2018)
著(编)者：中华全国工商业联合会
2018年12月出版 / 估价：99.00元
PSN B-2015-510-1/1

民营医院蓝皮书
中国民营医院发展报告(2017)
著(编)者：薛晓林　2017年12月出版 / 定价：89.00元
PSN B-2012-299-1/1

闽商蓝皮书
闽商发展报告(2018)
著(编)者：李闽榕 王日根 林琛
2018年12月出版 / 估价：99.00元
PSN B-2012-298-1/1

农业应对气候变化蓝皮书
中国农业气象灾害及其灾损评估报告(No.3)
著(编)者：矫梅燕　2018年6月出版 / 估价：118.00元
PSN B-2014-413-1/1

品牌蓝皮书
中国品牌战略发展报告(2018)
著(编)者：汪同三　2018年10月出版 / 估价：99.00元
PSN B-2016-580-1/1

企业扶贫蓝皮书
中国企业扶贫研究报告(2018)
著(编)者：钟宏武　2018年12月出版 / 估价：99.00元
PSN B-2016-593-1/1

企业公益蓝皮书
中国企业公益研究报告(2018)
著(编)者：钟宏武 汪杰 黄晓娟
2018年12月出版 / 估价：99.00元
PSN B-2015-501-1/1

企业国际化蓝皮书
中国企业全球化报告(2018)
著(编)者：王辉耀 苗绿　2018年11月出版 / 估价：99.00元
PSN B-2014-427-1/1

企业蓝皮书
中国企业绿色发展报告No.2(2018)
著(编)者：李红玉 朱光辉
2018年8月出版 / 估价：99.00元
PSN B-2015-481-2/2

企业社会责任蓝皮书
中资企业海外社会责任研究报告(2017~2018)
著(编)者：钟宏武 叶柳红 张蒽
2018年6月出版 / 估价：99.00元
PSN B-2017-603-2/2

企业社会责任蓝皮书
中国企业社会责任研究报告(2018)
著(编)者：黄群慧 钟宏武 张蒽 汪杰
2018年11月出版 / 估价：99.00元
PSN B-2009-149-1/2

汽车安全蓝皮书
中国汽车安全发展报告(2018)
著(编)者：中国汽车技术研究中心
2018年8月出版 / 估价：99.00元
PSN B-2014-385-1/1

汽车电子商务蓝皮书
中国汽车电子商务发展报告(2018)
著(编)者：中华全国工商业联合会汽车经销商商会
　　　　　北方工业大学
　　　　　北京易观智库网络科技有限公司
2018年10月出版 / 估价：158.00元
PSN B-2015-485-1/1

汽车知识产权蓝皮书
中国汽车产业知识产权发展报告(2018)
著(编)者：中国汽车工程研究院股份有限公司
　　　　　中国汽车工程学会
　　　　　重庆长安汽车股份有限公司
2018年12月出版 / 估价：99.00元
PSN B-2016-594-1/1

青少年体育蓝皮书
中国青少年体育发展报告(2017)
著(编)者：刘扶民 杨桦　2018年6月出版 / 估价：99.00元
PSN B-2015-482-1/1

区块链蓝皮书
中国区块链发展报告(2018)
著(编)者：李伟　2018年9月出版 / 估价：99.00元
PSN B-2017-649-1/1

群众体育蓝皮书
中国群众体育发展报告(2017)
著(编)者：刘国永 戴健　2018年5月出版 / 估价：99.00元
PSN B-2014-411-1/3

群众体育蓝皮书
中国社会体育指导员发展报告(2018)
著(编)者：刘国永 王欢　2018年6月出版 / 估价：99.00元
PSN B-2016-520-3/3

人力资源蓝皮书
中国人力资源发展报告(2018)
著(编)者：余兴安　2018年11月出版 / 估价：99.00元
PSN B-2012-287-1/1

融资租赁蓝皮书
中国融资租赁业发展报告(2017~2018)
著(编)者：李光荣 王力　2018年8月出版 / 估价：99.00元
PSN B-2015-443-1/1

行业及其他类

皮书系列 2018全品种

商会蓝皮书
中国商会发展报告No.5（2017）
著(编)者：王钦敏　　2018年7月出版／估价：99.00元
PSN B-2008-125-1/1

商务中心区蓝皮书
中国商务中心区发展报告No.4（2017~2018）
著(编)者：李国红　单菁菁　　2018年9月出版／估价：99.00元
PSN B-2015-444-1/1

设计产业蓝皮书
中国创新设计发展报告（2018）
著(编)者：王晓红　张立群　于炜
2018年11月出版／估价：99.00元
PSN B-2016-581-2/2

社会责任管理蓝皮书
中国上市公司社会责任能力成熟度报告No.4（2018）
著(编)者：肖红军　王晓光　李伟阳
2018年12月出版／估价：99.00元
PSN B-2015-507-2/2

社会责任管理蓝皮书
中国企业公众透明度报告No.4（2017~2018）
著(编)者：黄速建　熊梦　王晓光　肖红军
2018年6月出版／估价：99.00元
PSN B-2015-440-1/2

食品药品蓝皮书
食品药品安全与监管政策研究报告（2016~2017）
著(编)者：唐民皓　　2018年6月出版／估价：99.00元
PSN B-2009-129-1/1

输血服务蓝皮书
中国输血行业发展报告（2018）
著(编)者：孙俊　　2018年12月出版／估价：99.00元
PSN B-2016-582-1/1

水利风景区蓝皮书
中国水利风景区发展报告（2018）
著(编)者：董建文　兰思仁
2018年10月出版／估价：99.00元
PSN B-2015-480-1/1

数字经济蓝皮书
全球数字经济竞争力发展报告（2017）
著(编)者：王振　　2017年12月出版／定价：79.00元
PSN B-2017-673-1/1

私募市场蓝皮书
中国私募股权市场发展报告（2017~2018）
著(编)者：曹和平　　2018年12月出版／估价：99.00元
PSN B-2010-162-1/1

碳排放权交易蓝皮书
中国碳排放权交易报告（2018）
著(编)者：孙永平　　2018年11月出版／估价：99.00元
PSN B-2017-652-1/1

碳市场蓝皮书
中国碳市场报告（2018）
著(编)者：定金彪　　2018年11月出版／估价：99.00元
PSN B-2014-430-1/1

体育蓝皮书
中国公共体育服务发展报告（2018）
著(编)者：戴健　　2018年12月出版／估价：99.00元
PSN B-2013-367-2/5

土地市场蓝皮书
中国农村土地市场发展报告（2017~2018）
著(编)者：李光荣　　2018年6月出版／估价：99.00元
PSN B-2016-526-1/1

土地整治蓝皮书
中国土地整治发展研究报告（No.5）
著(编)者：国土资源部土地整治中心
2018年7月出版／估价：99.00元
PSN B-2014-401-1/1

土地政策蓝皮书
中国土地政策研究报告（2018）
著(编)者：高延利　张建平　吴次芳
2018年1月出版／定价：98.00元
PSN B-2015-506-1/1

网络空间安全蓝皮书
中国网络空间安全发展报告（2018）
著(编)者：惠志斌　覃庆玲
2018年11月出版／估价：99.00元
PSN B-2015-466-1/1

文化志愿服务蓝皮书
中国文化志愿服务发展报告（2018）
著(编)者：张永新　良警宇　　2018年11月出版／估价：128.00元
PSN B-2016-596-1/1

西部金融蓝皮书
中国西部金融发展报告（2017~2018）
著(编)者：李忠民　　2018年8月出版／估价：99.00元
PSN B-2010-160-1/1

协会商会蓝皮书
中国行业协会商会发展报告（2017）
著(编)者：景朝阳　李勇　　2018年6月出版／估价：99.00元
PSN B-2015-461-1/1

新三板蓝皮书
中国新三板市场发展报告（2018）
著(编)者：王力　　2018年8月出版／估价：99.00元
PSN B-2016-533-1/1

信托市场蓝皮书
中国信托业市场报告（2017~2018）
著(编)者：用益金融信托研究院
2018年6月出版／估价：198.00元
PSN B-2014-371-1/1

信息化蓝皮书
中国信息化形势分析与预测（2017~2018）
著(编)者：周宏仁　　2018年8月出版／估价：99.00元
PSN B-2010-168-1/1

信用蓝皮书
中国信用发展报告（2017~2018）
著(编)者：章政　田侃　　2018年6月出版／估价：99.00元
PSN B-2013-328-1/1

皮书系列 2018全品种
行业及其他类

休闲绿皮书
2017~2018年中国休闲发展报告
著(编)者：宋瑞　2018年7月出版／估价：99.00元
PSN G-2010-158-1/1

休闲体育蓝皮书
中国休闲体育发展报告（2017~2018）
著(编)者：李相如　钟秉枢
2018年10月出版／估价：99.00元
PSN B-2016-516-1/1

养老金融蓝皮书
中国养老金融发展报告（2018）
著(编)者：董克用　姚余栋
2018年9月出版／估价：99.00元
PSN B-2016-583-1/1

遥感监测绿皮书
中国可持续发展遥感监测报告（2017）
著(编)者：顾行发　汪克强　潘教峰　李闽榕　徐东华　王琦安
2018年6月出版／估价：298.00元
PSN B-2017-629-1/1

药品流通蓝皮书
中国药品流通行业发展报告（2018）
著(编)者：佘鲁林　温再兴
2018年7月出版／估价：198.00元
PSN B-2014-429-1/1

医疗器械蓝皮书
中国医疗器械行业发展报告（2018）
著(编)者：王宝亭　耿鸿武
2018年10月出版／估价：99.00元
PSN B-2017-661-1/1

医院蓝皮书
中国医院竞争力报告（2017~2018）
著(编)者：庄一强　2018年3月出版／定价：108.00元
PSN B-2016-528-1/1

瑜伽蓝皮书
中国瑜伽业发展报告（2017~2018）
著(编)者：张永建　徐华锋　朱泰余
2018年6月出版／估价：198.00元
PSN B-2017-625-1/1

债券市场蓝皮书
中国债券市场发展报告（2017~2018）
著(编)者：杨农　2018年10月出版／估价：99.00元
PSN B-2016-572-1/1

志愿服务蓝皮书
中国志愿服务发展报告（2018）
著(编)者：中国志愿服务联合会
2018年11月出版／估价：99.00元
PSN B-2017-664-1/1

中国上市公司蓝皮书
中国上市公司发展报告（2018）
著(编)者：张鹏　张平　黄胤英
2018年9月出版／估价：99.00元
PSN B-2014-414-1/1

中国新三板蓝皮书
中国新三板创新与发展报告（2018）
著(编)者：刘平安　闻召林
2018年8月出版／估价：158.00元
PSN B-2017-638-1/1

中国汽车品牌蓝皮书
中国乘用车品牌发展报告（2017）
著(编)者：《中国汽车报》社有限公司
博世（中国）投资有限公司
中国汽车技术研究中心数据资源中心
2018年1月出版／定价：89.00元
PSN B-2017-679-1/1

中医文化蓝皮书
北京中医药文化传播发展报告（2018）
著(编)者：毛嘉陵　2018年6月出版／估价：99.00元
PSN B-2015-468-1/2

中医文化蓝皮书
中国中医药文化传播发展报告（2018）
著(编)者：毛嘉陵　2018年7月出版／估价：99.00元
PSN B-2016-584-2/2

中医药蓝皮书
北京中医药知识产权发展报告No.2
著(编)者：汪洪　屠志涛　2018年6月出版／估价：168.00元
PSN B-2017-602-1/1

资本市场蓝皮书
中国场外交易市场发展报告（2016~2017）
著(编)者：高峦　2018年6月出版／估价：99.00元
PSN B-2009-153-1/1

资产管理蓝皮书
中国资产管理行业发展报告（2018）
著(编)者：郑智　2018年7月出版／估价：99.00元
PSN B-2014-407-2/2

资产证券化蓝皮书
中国资产证券化发展报告（2018）
著(编)者：沈炳熙　曹彤　李哲平
2018年4月出版／定价：98.00元
PSN B-2017-660-1/1

自贸区蓝皮书
中国自贸区发展报告（2018）
著(编)者：于力　黄育华
2018年6月出版／估价：99.00元
PSN B-2016-558-1/1

权威・前沿・原创

国际问题与全球治理类

"一带一路"跨境通道蓝皮书
"一带一路"跨境通道建设研究报（2017~2018）
著（编）者：余鑫 张秋生   2018年1月出版 / 定价：89.00元
PSN B-2016-557-1/1

"一带一路"蓝皮书
"一带一路"建设发展报告（2018）
著（编）者：李永全   2018年3月出版 / 定价：98.00元
PSN B-2016-552-1/1

"一带一路"投资安全蓝皮书
中国"一带一路"投资与安全研究报告（2018）
著（编）者：邹统钎 梁昊光   2018年4月出版 / 定价：98.00元
PSN B-2017-612-1/1

"一带一路"文化交流蓝皮书
中阿文化交流发展报告（2017）
著（编）者：王辉   2017年12月出版 / 定价：89.00元
PSN B-2017-655-1/1

G20国家创新竞争力黄皮书
二十国集团（G20）国家创新竞争力发展报告（2017~2018）
著（编）者：李建平 李闽榕 赵新力 周天勇
2018年7月出版 / 估价：168.00元
PSN Y-2011-229-1/1

阿拉伯黄皮书
阿拉伯发展报告（2016~2017）
著（编）者：罗林   2018年6月出版 / 估价：99.00元
PSN Y-2014-381-1/1

北部湾蓝皮书
泛北部湾合作发展报告（2017~2018）
著（编）者：吕余生   2018年12月出版 / 估价：99.00元
PSN B-2008-114-1/1

北极蓝皮书
北极地区发展报告（2017）
著（编）者：刘惠荣   2018年7月出版 / 估价：99.00元
PSN B-2017-634-1/1

大洋洲蓝皮书
大洋洲发展报告（2017~2018）
著（编）者：喻常森   2018年10月出版 / 估价：99.00元
PSN B-2013-341-1/1

东北亚区域合作蓝皮书
2017年"一带一路"倡议与东北亚区域合作
著（编）者：刘亚政 金美花
2018年5月出版 / 估价：99.00元
PSN B-2017-631-1/1

东盟黄皮书
东盟发展报告（2017）
著（编）者：杨静林 庄昊土   2018年6月出版 / 估价：99.00元
PSN Y-2012-303-1/1

东南亚蓝皮书
东南亚地区发展报告（2017~2018）
著（编）者：王勤   2018年12月出版 / 估价：99.00元
PSN B-2012-240-1/1

非洲黄皮书
非洲发展报告No.20（2017~2018）
著（编）者：张宏明   2018年7月出版 / 估价：99.00元
PSN Y-2012-239-1/1

非传统安全蓝皮书
中国非传统安全研究报告（2017~2018）
著（编）者：潇枫 罗中枢   2018年8月出版 / 估价：99.00元
PSN B-2012-273-1/1

国际安全蓝皮书
中国国际安全研究报告（2018）
著（编）者：刘慧   2018年7月出版 / 估价：99.00元
PSN B-2016-521-1/1

国际城市蓝皮书
国际城市发展报告（2018）
著（编）者：屠启宇   2018年2月出版 / 定价：89.00元
PSN B-2012-260-1/1

国际形势黄皮书
全球政治与安全报告（2018）
著（编）者：张宇燕   2018年1月出版 / 定价：99.00元
PSN Y-2001-016-1/1

公共外交蓝皮书
中国公共外交发展报告（2018）
著（编）者：赵启正 雷蔚真   2018年6月出版 / 估价：99.00元
PSN B-2015-457-1/1

海丝蓝皮书
21世纪海上丝绸之路研究报告（2017）
著（编）者：华侨大学海上丝绸之路研究院
2017年12月出版 / 定价：89.00元
PSN B-2017-684-1/1

金砖国家黄皮书
金砖国家综合创新竞争力发展报告（2018）
著（编）者：赵新力 李闽榕 黄茂兴
2018年8月出版 / 估价：128.00元
PSN Y-2017-643-1/1

拉美黄皮书
拉丁美洲和加勒比发展报告（2017~2018）
著（编）者：袁东振   2018年6月出版 / 估价：99.00元
PSN Y-1999-007-1/1

澜湄合作蓝皮书
澜沧江-湄公河合作发展报告（2018）
著（编）者：刘稚   2018年9月出版 / 估价：99.00元
PSN B-2011-196-1/1

皮书系列 2018全品种 — 国际问题与全球治理类

欧洲蓝皮书
欧洲发展报告（2017~2018）
著（编）者：黄平 周弘 程卫东
2018年6月出版 / 估价：99.00元
PSN B-1999-009-1/1

葡语国家蓝皮书
葡语国家发展报告（2016~2017）
著（编）者：王成安 张敏 刘金兰
2018年6月出版 / 估价：99.00元
PSN B-2015-503-1/2

葡语国家蓝皮书
中国与葡语国家关系发展报告·巴西（2016）
著（编）者：张曙光
2018年8月出版 / 估价：99.00元
PSN B-2016-563-2/2

气候变化绿皮书
应对气候变化报告（2018）
著（编）者：王伟光 郑国光
2018年11月出版 / 估价：99.00元
PSN G-2009-144-1/1

全球环境竞争力绿皮书
全球环境竞争力报告（2018）
著（编）者：李建平 李闽榕 王金南
2018年12月出版 / 估价：198.00元
PSN G-2013-363-1/1

全球信息社会蓝皮书
全球信息社会发展报告（2018）
著（编）者：丁波涛 唐涛 2018年10月出版 / 估价：99.00元
PSN B-2017-665-1/1

日本经济蓝皮书
日本经济与中日经贸关系研究报告（2018）
著（编）者：张季风 2018年6月出版 / 估价：99.00元
PSN B-2008-102-1/1

上海合作组织黄皮书
上海合作组织发展报告（2018）
著（编）者：李进峰 2018年6月出版 / 估价：99.00元
PSN Y-2009-130-1/1

世界创新竞争力黄皮书
世界创新竞争力发展报告（2017）
著（编）者：李建平 李闽榕 赵新力
2018年6月出版 / 估价：168.00元
PSN Y-2013-318-1/1

世界经济黄皮书
2018年世界经济形势分析与预测
著（编）者：张宇燕 2018年1月出版 / 估价：99.00元
PSN Y-1999-006-1/1

世界能源互联互通蓝皮书
世界能源清洁发展与互联互通评估报告（2017）：欧洲
著（编）者：国网能源研究院
2018年1月出版 / 定价：128.00元
PSN B-2018-695-1/1

丝绸之路蓝皮书
丝绸之路经济带发展报告（2018）
著（编）者：任宗哲 白宽犁 谷孟宾
2018年1月出版 / 定价：89.00元
PSN B-2014-410-1/1

新兴经济体蓝皮书
金砖国家发展报告（2018）
著（编）者：林跃勤 周文
2018年8月出版 / 估价：99.00元
PSN B-2011-195-1/1

亚太蓝皮书
亚太地区发展报告（2018）
著（编）者：李向阳 2018年5月出版 / 估价：99.00元
PSN B-2001-015-1/1

印度洋地区蓝皮书
印度洋地区发展报告（2018）
著（编）者：汪戎 2018年6月出版 / 估价：99.00元
PSN B-2013-334-1/1

印度尼西亚经济蓝皮书
印度尼西亚经济发展报告（2017）：增长与机会
著（编）者：左志刚 2017年11月出版 / 定价：89.00元
PSN B-2017-675-1/1

渝新欧蓝皮书
渝新欧沿线国家发展报告（2018）
著（编）者：杨柏 黄森
2018年6月出版 / 估价：99.00元
PSN B-2017-626-1/1

中阿蓝皮书
中国-阿拉伯国家经贸发展报告（2018）
著（编）者：张廉 段庆林 王林聪 杨巧红
2018年12月出版 / 估价：99.00元
PSN B-2016-598-1/1

中东黄皮书
中东发展报告No.20（2017~2018）
著（编）者：杨光 2018年10月出版 / 估价：99.00元
PSN Y-1998-004-1/1

中亚黄皮书
中亚国家发展报告（2018）
著（编）者：孙力
2018年3月出版 / 定价：98.00元
PSN Y-2012-238-1/1

国别类

澳大利亚蓝皮书
澳大利亚发展报告（2017-2018）
著(编)者：孙有中 韩锋　2018年12月出版 / 估价：99.00元
PSN B-2016-587-1/1

巴西黄皮书
巴西发展报告（2017）
著(编)者：刘国枝　2018年5月出版 / 估价：99.00元
PSN Y-2017-614-1/1

德国蓝皮书
德国发展报告（2018）
著(编)者：郑春荣　2018年6月出版 / 估价：99.00元
PSN B-2012-278-1/1

俄罗斯黄皮书
俄罗斯发展报告（2018）
著(编)者：李永全　2018年6月出版 / 估价：99.00元
PSN Y-2006-061-1/1

韩国蓝皮书
韩国发展报告（2017）
著(编)者：牛林杰 刘宝全　2018年6月出版 / 估价：99.00元
PSN B-2010-155-1/1

加拿大蓝皮书
加拿大发展报告（2018）
著(编)者：唐小松　2018年9月出版 / 估价：99.00元
PSN B-2014-389-1/1

美国蓝皮书
美国研究报告（2018）
著(编)者：郑秉文 黄平　2018年5月出版 / 估价：99.00元
PSN B-2011-210-1/1

缅甸蓝皮书
缅甸国情报告（2017）
著(编)者：祝湘辉
2017年11月出版 / 定价：98.00元
PSN B-2013-343-1/1

日本蓝皮书
日本研究报告（2018）
著(编)者：杨伯江　2018年4月出版 / 定价：99.00元
PSN B-2002-020-1/1

土耳其蓝皮书
土耳其发展报告（2018）
著(编)者：郭长刚 刘义　2018年9月出版 / 估价：99.00元
PSN B-2014-412-1/1

伊朗蓝皮书
伊朗发展报告（2017~2018）
著(编)者：冀开运　2018年10月 / 估价：99.00元
PSN B-2016-574-1/1

以色列蓝皮书
以色列发展报告（2018）
著(编)者：张倩红　2018年8月出版 / 估价：99.00元
PSN B-2015-483-1/1

印度蓝皮书
印度国情报告（2017）
著(编)者：吕昭义　2018年6月出版 / 估价：99.00元
PSN B-2012-241-1/1

英国蓝皮书
英国发展报告（2017~2018）
著(编)者：王展鹏　2018年12月出版 / 估价：99.00元
PSN B-2015-486-1/1

越南蓝皮书
越南国情报告（2018）
著(编)者：谢林城　2018年11月出版 / 估价：99.00元
PSN B-2006-056-1/1

泰国蓝皮书
泰国研究报告（2018）
著(编)者：庄国土 张禹东 刘文正
2018年10月出版 / 估价：99.00元
PSN B-2016-556-1/1

文化传媒类

"三农"舆情蓝皮书
中国"三农"网络舆情报告（2017~2018）
著(编)者：农业部信息中心
2018年6月出版 / 估价：99.00元
PSN B-2017-640-1/1

传媒竞争力蓝皮书
中国传媒国际竞争力研究报告（2018）
著(编)者：李本乾 刘强 王大可
2018年8月出版 / 估价：99.00元
PSN B-2013-356-1/1

传媒蓝皮书
中国传媒产业发展报告（2018）
著(编)者：崔保国
2018年5月出版 / 估价：99.00元
PSN B-2005-035-1/1

传媒投资蓝皮书
中国传媒投资发展报告（2018）
著(编)者：张向东 谭云明
2018年6月出版 / 估价：148.00元
PSN B-2015-474-1/1

皮书系列 2018全品种

文化传媒类

非物质文化遗产蓝皮书
中国非物质文化遗产发展报告（2018）
著(编)者：陈平　2018年6月出版　估价：128.00元
PSN B-2015-469-1/2

非物质文化遗产蓝皮书
中国非物质文化遗产保护发展报告（2018）
著(编)者：宋俊华　2018年10月出版　估价：128.00元
PSN B-2016-586-2/2

广电蓝皮书
中国广播电影电视发展报告（2018）
著(编)者：国家新闻出版广电总局发展研究中心
2018年7月出版　估价：99.00元
PSN B-2006-072-1/1

广告主蓝皮书
中国广告主营销传播趋势报告No.9
著(编)者：黄升民　杜国清　邵华冬 等
2018年10月出版　估价：158.00元
PSN B-2005-041-1/1

国际传播蓝皮书
中国国际传播发展报告（2018）
著(编)者：胡正荣　李继东　姬德强
2018年12月出版　估价：99.00元
PSN B-2014-408-1/1

国家形象蓝皮书
中国国家形象传播报告（2017）
著(编)者：张昆　2018年6月出版　估价：128.00元
PSN B-2017-605-1/1

互联网治理蓝皮书
中国网络社会治理研究报告（2018）
著(编)者：罗昕　支庭荣
2018年9月出版　估价：118.00元
PSN B-2017-653-1/1

纪录片蓝皮书
中国纪录片发展报告（2018）
著(编)者：何苏六　2018年10月出版　估价：99.00元
PSN B-2011-222-1/1

科学传播蓝皮书
中国科学传播报告（2016~2017）
著(编)者：詹正茂　2018年6月出版　估价：99.00元
PSN B-2008-120-1/1

两岸创意经济蓝皮书
两岸创意经济研究报告（2018）
著(编)者：罗昌智　董泽平
2018年10月出版　估价：99.00元
PSN B-2014-437-1/1

媒介与女性蓝皮书
中国媒介与女性发展报告（2017~2018）
著(编)者：刘利群　2018年5月出版　估价：99.00元
PSN B-2013-345-1/1

媒体融合蓝皮书
中国媒体融合发展报告（2017~2018）
著(编)者：梅宁华　支庭荣
2017年12月出版　定价：98.00元
PSN B-2015-479-1/1

全球传媒蓝皮书
全球传媒发展报告（2017~2018）
著(编)者：胡正荣　李继东　2018年6月出版　估价：99.00元
PSN B-2012-237-1/1

少数民族非遗蓝皮书
中国少数民族非物质文化遗产发展报告（2018）
著(编)者：肖вали平（彝）　柴立（满）
2018年10月出版　估价：118.00元
PSN B-2015-467-1/1

视听新媒体蓝皮书
中国视听新媒体发展报告（2018）
著(编)者：国家新闻出版广电总局发展研究中心
2018年7月出版　估价：118.00元
PSN B-2011-184-1/1

数字娱乐产业蓝皮书
中国动画产业发展报告（2018）
著(编)者：孙立军　孙平　牛兴侦
2018年10月出版　估价：99.00元
PSN B-2011-198-1/2

数字娱乐产业蓝皮书
中国游戏产业发展报告（2018）
著(编)者：孙立军　刘跃军　2018年10月出版　估价：99.00元
PSN B-2017-662-2/2

网络视听蓝皮书
中国互联网视听行业发展报告（2018）
著(编)者：陈鹏　2018年2月出版　定价：148.00元
PSN B-2018-688-1/1

文化创新蓝皮书
中国文化创新报告（2017·No.8）
著(编)者：傅才武　2018年6月出版　估价：99.00元
PSN B-2009-143-1/1

文化建设蓝皮书
中国文化发展报告（2018）
著(编)者：江畅　孙伟平　戴茂堂
2018年5月出版　估价：99.00元
PSN B-2014-392-1/1

文化科技蓝皮书
文化科技创新发展报告（2018）
著(编)者：于平　李凤亮　2018年10月出版　估价：99.00元
PSN B-2013-342-1/1

文化蓝皮书
中国公共文化服务发展报告（2017~2018）
著(编)者：刘新成　张永新　张旭
2018年12月出版　估价：99.00元
PSN B-2007-093-2/10

文化蓝皮书
中国少数民族文化发展报告（2017~2018）
著(编)者：武翠英　张晓明　任乌晶
2018年9月出版　估价：99.00元
PSN B-2013-369-9/10

文化蓝皮书
中国文化产业供需协调检测报告（2018）
著(编)者：王亚南　2018年3月出版　估价：99.00元
PSN B-2013-323-8/10

皮书系列 2018全品种

文化传媒类 · 地方发展类-经济

文化蓝皮书
中国文化消费需求景气评价报告（2018）
著（编）者：王亚南　2018年3月出版／定价：99.00元
PSN B-2011-236-4/10

文化蓝皮书
中国公共文化投入增长测评报告（2018）
著（编）者：王亚南　2018年3月出版／定价：99.00元
PSN B-2014-435-10/10

文化品牌蓝皮书
中国文化品牌发展报告（2018）
著（编）者：欧阳友权　2018年5月出版／估价：99.00元
PSN B-2012-277-1/1

文化遗产蓝皮书
中国文化遗产事业发展报告（2017~2018）
著（编）者：苏杨　张颖岚　卓杰　白海峰　陈晨　陈叙图
2018年8月出版／估价：99.00元
PSN B-2008-119-1/1

文学蓝皮书
中国文情报告（2017~2018）
著（编）者：白烨　2018年5月出版／估价：99.00元
PSN B-2011-221-1/1

新媒体蓝皮书
中国新媒体发展报告No.9（2018）
著（编）者：唐绪军　2018年7月出版／估价：99.00元
PSN B-2010-169-1/1

新媒体社会责任蓝皮书
中国新媒体社会责任研究报告（2018）
著（编）者：钟瑛　2018年12月出版／估价：99.00元
PSN B-2014-423-1/1

移动互联网蓝皮书
中国移动互联网发展报告（2018）
著（编）者：余清楚　2018年6月出版／估价：99.00元
PSN B-2012-282-1/1

影视蓝皮书
中国影视产业发展报告（2018）
著（编）者：司若　陈鹏　陈锐
2018年6月出版／估价：99.00元
PSN B-2016-529-1/1

舆情蓝皮书
中国社会舆情与危机管理报告（2018）
著（编）者：谢耘耕
2018年9月出版／估价：138.00元
PSN B-2011-235-1/1

中国大运河蓝皮书
中国大运河发展报告（2018）
著（编）者：吴欣　2018年2月出版／估价：128.00元
PSN B-2018-691-1/1

地方发展类-经济

澳门蓝皮书
澳门经济社会发展报告（2017~2018）
著（编）者：吴志良　郝雨凡
2018年7月出版／估价：99.00元
PSN B-2009-138-1/1

澳门绿皮书
澳门旅游休闲发展报告（2017~2018）
著（编）者：郝雨凡　林广志
2018年5月出版／估价：99.00元
PSN G-2017-617-1/1

北京蓝皮书
北京经济发展报告（2017~2018）
著（编）者：杨松　2018年6月出版／估价：99.00元
PSN B-2006-054-2/8

北京旅游绿皮书
北京旅游发展报告（2018）
著（编）者：北京旅游学会
2018年7月出版／估价：99.00元
PSN G-2012-301-1/1

北京体育蓝皮书
北京体育产业发展报告（2017~2018）
著（编）者：钟秉枢　陈杰　杨铁黎
2018年9月出版／估价：99.00元
PSN B-2015-475-1/1

滨海金融蓝皮书
滨海新区金融发展报告（2017）
著（编）者：王爱俭　李向前　2018年4月出版／估价：99.00元
PSN B-2014-424-1/1

城乡一体化蓝皮书
北京城乡一体化发展报告（2017~2018）
著（编）者：吴宝新　张宝秀　黄序
2018年5月出版／估价：99.00元
PSN B-2012-258-2/2

非公有制企业社会责任蓝皮书
北京非公有制企业社会责任报告（2018）
著（编）者：宋贵伦　冯培
2018年6月出版／估价：99.00元
PSN B-2017-613-1/1

29

皮书系列 2018全品种 — 地方发展类-经济

福建旅游蓝皮书
福建省旅游产业发展现状研究（2017~2018）
著（编）者：陈敏华 黄远水　2018年12月出版／估价：128.00元
PSN B-2016-591-1/1

福建自贸区蓝皮书
中国（福建）自由贸易试验区发展报告（2017~2018）
著（编）者：黄茂兴　2018年6月出版／估价：118.00元
PSN B-2016-531-1/1

甘肃蓝皮书
甘肃经济发展分析与预测（2018）
著（编）者：安文华 罗哲　2018年1月出版／定价：99.00元
PSN B-2013-312-1/6

甘肃蓝皮书
甘肃商贸流通发展报告（2018）
著（编）者：张应华 王福生 王晓芳
2018年1月出版／定价：99.00元
PSN B-2016-522-6/6

甘肃蓝皮书
甘肃县域和农村发展报告（2018）
著（编）者：包东红 朱智文 王建兵
2018年1月出版／定价：99.00元
PSN B-2013-316-5/6

甘肃农业科技绿皮书
甘肃农业科技发展研究报告（2018）
著（编）者：魏胜文 乔德华 张东伟
2018年12月出版／估价：198.00元
PSN B-2016-592-1/1

甘肃气象保障蓝皮书
甘肃农业对气候变化的适应与风险评估报告（No.1）
著（编）者：鲍文中 周广胜
2017年12月出版／定价：108.00元
PSN B-2017-677-1/1

巩义蓝皮书
巩义经济社会发展报告（2018）
著（编）者：丁同民 朱军　2018年6月出版／估价：99.00元
PSN B-2016-532-1/1

广东外经贸蓝皮书
广东对外经济贸易发展研究报告（2017~2018）
著（编）者：陈万灵　2018年6月出版／估价：99.00元
PSN B-2012-286-1/1

广西北部湾经济区蓝皮书
广西北部湾经济区开放开发报告（2017~2018）
著（编）者：广西壮族自治区北部湾经济区和东盟开放合作办公室
　　　　　广西社会科学院
　　　　　广西北部湾发展研究院
2018年5月出版／估价：99.00元
PSN B-2010-181-1/1

广州蓝皮书
广州城市国际化发展报告（2018）
著（编）者：张跃国　2018年8月出版／估价：99.00元
PSN B-2012-246-11/14

广州蓝皮书
中国广州城市建设与管理发展报告（2018）
著（编）者：张其У 陈小钢 王宏伟　2018年8月出版／估价：99.00元
PSN B-2007-087-4/14

广州蓝皮书
广州创新型城市发展报告（2018）
著（编）者：尹涛　2018年6月出版／估价：99.00元
PSN B-2012-247-12/14

广州蓝皮书
广州经济发展报告（2018）
著（编）者：张跃国 尹涛　2018年7月出版／估价：99.00元
PSN B-2005-040-1/14

广州蓝皮书
2018年中国广州经济形势分析与预测
著（编）者：魏明海 谢博能 李华
2018年6月出版／估价：99.00元
PSN B-2011-185-9/14

广州蓝皮书
中国广州科技创新发展报告（2018）
著（编）者：于欣伟 陈爽 邓佑满　2018年8月出版／估价：99.00元
PSN B-2006-065-2/14

广州蓝皮书
广州农村发展报告（2018）
著（编）者：朱名宏　2018年7月出版／估价：99.00元
PSN B-2010-167-8/14

广州蓝皮书
广州汽车产业发展报告（2018）
著（编）者：杨再高 冯兴亚　2018年7月出版／估价：99.00元
PSN B-2006-066-3/14

广州蓝皮书
广州商贸业发展报告（2018）
著（编）者：张跃国 陈杰 荀振英
2018年7月出版／估价：99.00元
PSN B-2012-245-10/14

贵阳蓝皮书
贵阳城市创新发展报告No.3（白云篇）
著（编）者：连玉明　2018年5月出版／估价：99.00元
PSN B-2015-491-3/10

贵阳蓝皮书
贵阳城市创新发展报告No.3（观山湖篇）
著（编）者：连玉明　2018年5月出版／估价：99.00元
PSN B-2015-497-9/10

贵阳蓝皮书
贵阳城市创新发展报告No.3（花溪篇）
著（编）者：连玉明　2018年5月出版／估价：99.00元
PSN B-2015-490-2/10

贵阳蓝皮书
贵阳城市创新发展报告No.3（开阳篇）
著（编）者：连玉明　2018年5月出版／估价：99.00元
PSN B-2015-492-4/10

贵阳蓝皮书
贵阳城市创新发展报告No.3（南明篇）
著（编）者：连玉明　2018年5月出版／估价：99.00元
PSN B-2015-496-8/10

贵阳蓝皮书
贵阳城市创新发展报告No.3（清镇篇）
著（编）者：连玉明　2018年5月出版／估价：99.00元
PSN B-2015-489-1/10

地方发展类-经济　　皮书系列 2018全品种

贵阳蓝皮书
贵阳城市创新发展报告No.3（乌当篇）
著(编)者：连玉明　　2018年5月出版／估价：99.00元
PSN B-2015-495-7/10

贵阳蓝皮书
贵阳城市创新发展报告No.3（息烽篇）
著(编)者：连玉明　　2018年5月出版／估价：99.00元
PSN B-2015-493-5/10

贵阳蓝皮书
贵阳城市创新发展报告No.3（修文篇）
著(编)者：连玉明　　2018年5月出版／估价：99.00元
PSN B-2015-494-6/10

贵阳蓝皮书
贵阳城市创新发展报告No.3（云岩篇）
著(编)者：连玉明　　2018年5月出版／估价：99.00元
PSN B-2015-498-10/10

贵州房地产蓝皮书
贵州房地产发展报告No.5（2018）
著(编)者：武廷方　　2018年7月出版／估价：99.00元
PSN B-2014-426-1/1

贵州蓝皮书
贵州册亨经济社会发展报告（2018）
著(编)者：黄德林　　2018年6月出版／估价：99.00元
PSN B-2016-525-8/9

贵州蓝皮书
贵州地理标志产业发展报告（2018）
著(编)者：李发耀　黄其松　　2018年8月出版／估价：99.00元
PSN B-2017-646-10/10

贵州蓝皮书
贵安新区发展报告（2017~2018）
著(编)者：马长青　吴大华　　2018年6月出版／估价：99.00元
PSN B-2015-459-4/10

贵州蓝皮书
贵州国家级开放创新平台发展报告（2017~2018）
著(编)者：申晓庆　吴大华　李泓
2018年11月出版／估价：99.00元
PSN B-2016-518-7/10

贵州蓝皮书
贵州国有企业社会责任发展报告（2017~2018）
著(编)者：郭丽　　2018年12月出版／估价：99.00元
PSN B-2015-511-6/10

贵州蓝皮书
贵州民航业发展报告（2017）
著(编)者：申振东　吴大华　　2018年6月出版／估价：99.00元
PSN B-2015-471-5/10

贵州蓝皮书
贵州民营经济发展报告（2017）
著(编)者：杨静　吴大华　　2018年6月出版／估价：99.00元
PSN B-2016-530-9/9

杭州都市圈蓝皮书
杭州都市圈发展报告（2018）
著(编)者：洪庆华　沈翔　　2018年4月出版／定价：98.00元
PSN B-2012-302-1/1

河北经济蓝皮书
河北省经济发展报告（2018）
著(编)者：马树强　金浩　张贵　　2018年6月出版／估价：99.00元
PSN B-2014-380-1/1

河北蓝皮书
河北经济社会发展报告（2018）
著(编)者：康振海　　2018年1月出版／定价：99.00元
PSN B-2014-372-1/3

河北蓝皮书
京津冀协同发展报告（2018）
著(编)者：陈璐　　2017年12月出版／定价：79.00元
PSN B-2017-601-2/3

河南经济蓝皮书
2018年河南经济形势分析与预测
著(编)者：王世炎　　2018年3月出版／定价：89.00元
PSN B-2007-086-1/1

河南蓝皮书
河南城市发展报告（2018）
著(编)者：张占仓　王建国　　2018年5月出版／估价：99.00元
PSN B-2009-131-3/9

河南蓝皮书
河南工业发展报告（2018）
著(编)者：张占仓　　2018年5月出版／估价：99.00元
PSN B-2013-317-5/9

河南蓝皮书
河南金融发展报告（2018）
著(编)者：喻新安　谷建全
2018年6月出版／估价：99.00元
PSN B-2014-390-7/9

河南蓝皮书
河南经济发展报告（2018）
著(编)者：张占仓　完世伟
2018年6月出版／估价：99.00元
PSN B-2010-157-4/9

河南蓝皮书
河南能源发展报告（2018）
著(编)者：国网河南省电力公司经济技术研究院
　　　　　河南省社会科学院
2018年6月出版／估价：99.00元
PSN B-2017-607-9/9

河南商务蓝皮书
河南商务发展报告（2018）
著(编)者：焦锦淼　穆荣国　　2018年5月出版／估价：99.00元
PSN B-2014-399-1/1

河南双创蓝皮书
河南创新创业发展报告（2018）
著(编)者：喻新安　杨雪梅
2018年8月出版／估价：99.00元
PSN B-2017-641-1/1

黑龙江蓝皮书
黑龙江经济发展报告（2018）
著(编)者：朱宇　　2018年1月出版／定价：89.00元
PSN B-2011-190-2/2

31

皮书系列 2018全品种 — 地方发展类-经济

湖南城市蓝皮书
区域城市群整合
著(编)者：童中贤 韩未名　2018年12月出版 / 估价：99.00元
PSN B-2006-064-1/1

湖南蓝皮书
湖南城乡一体化发展报告（2018）
著(编)者：陈文胜 王文强 陆福兴
2018年8月出版 / 估价：99.00元
PSN B-2015-477-8/8

湖南蓝皮书
2018年湖南电子政务发展报告
著(编)者：梁志峰　2018年5月出版 / 估价：128.00元
PSN B-2014-394-6/8

湖南蓝皮书
2018年湖南经济发展报告
著(编)者：卞鹰　2018年5月出版 / 估价：128.00元
PSN B-2011-207-2/8

湖南蓝皮书
2016年湖南经济展望
著(编)者：梁志峰　2018年5月出版 / 估价：128.00元
PSN B-2011-206-1/8

湖南蓝皮书
2018年湖南县域经济社会发展报告
著(编)者：梁志峰　2018年5月出版 / 估价：128.00元
PSN B-2014-395-7/8

湖南县域绿皮书
湖南县域发展报告（No.5）
著(编)者：袁准 周小毛 黎仁寅
2018年6月出版 / 估价：99.00元
PSN G-2012-274-1/1

沪港蓝皮书
沪港发展报告（2018）
著(编)者：尤安山　2018年9月出版 / 估价：99.00元
PSN B-2013-362-1/1

吉林蓝皮书
2018年吉林经济社会形势分析与预测
著(编)者：邵汉明　2017年12月出版 / 定价：89.00元
PSN B-2013-319-1/1

吉林省城市竞争力蓝皮书
吉林省城市竞争力报告（2017~2018）
著(编)者：崔岳春 张磊
2018年3月出版 / 定价：89.00元
PSN B-2016-513-1/1

济源蓝皮书
济源经济社会发展报告（2018）
著(编)者：喻新安　2018年6月出版 / 估价：99.00元
PSN B-2014-387-1/1

江苏蓝皮书
2018年江苏经济发展分析与展望
著(编)者：王庆五 吴先满
2018年7月出版 / 估价：128.00元
PSN B-2017-635-1/3

江西蓝皮书
江西经济社会发展报告（2018）
著(编)者：陈石俊 龚建文　2018年10月出版 / 估价：128.00元
PSN B-2015-484-1/2

江西蓝皮书
江西设区市发展报告（2018）
著(编)者：姜玮 梁勇
2018年10月出版 / 估价：99.00元
PSN B-2016-517-2/2

经济特区蓝皮书
中国经济特区发展报告（2017）
著(编)者：陶一桃　2018年1月出版 / 估价：99.00元
PSN B-2009-139-1/1

辽宁蓝皮书
2018年辽宁经济社会形势分析与预测
著(编)者：梁启东 魏红江　2018年6月出版 / 估价：99.00元
PSN B-2006-053-1/1

民族经济蓝皮书
中国民族地区经济发展报告（2018）
著(编)者：李曦辉　2018年7月出版 / 估价：99.00元
PSN B-2017-630-1/1

南宁蓝皮书
南宁经济发展报告（2018）
著(编)者：胡建华　2018年9月出版 / 估价：99.00元
PSN B-2016-569-2/3

内蒙古蓝皮书
内蒙古精准扶贫研究报告（2018）
著(编)者：张志华　2018年1月出版 / 定价：89.00元
PSN B-2017-681-2/2

浦东新区蓝皮书
上海浦东经济发展报告（2018）
著(编)者：周小平 徐美芳
2018年1月出版 / 定价：89.00元
PSN B-2011-225-1/1

青海蓝皮书
2018年青海经济社会形势分析与预测
著(编)者：陈玮　2018年1月出版 / 定价：98.00元
PSN B-2012-275-1/2

青海科技绿皮书
青海科技发展报告（2017）
著(编)者：青海省科学技术信息研究所
2018年3月出版 / 定价：98.00元
PSN G-2018-701-1/1

山东蓝皮书
山东经济形势分析与预测（2018）
著(编)者：李广杰　2018年7月出版 / 估价：99.00元
PSN B-2014-404-1/5

山东蓝皮书
山东省普惠金融发展报告（2018）
著(编)者：齐鲁财富网
2018年9月出版 / 估价：99.00元
PSN B2017-676-5/5

地方发展类-经济

皮书系列 2018全品种

山西蓝皮书
山西资源型经济转型发展报告（2018）
著(编)者：李志强　2018年7月出版／估价：99.00元
PSN B-2011-197-1/1

陕西蓝皮书
陕西经济发展报告（2018）
著(编)者：任宗哲　白宽犁　裴成荣
2018年1月出版／定价：89.00元
PSN B-2009-135-1/6

陕西蓝皮书
陕西精准脱贫研究报告（2018）
著(编)者：任宗哲　白宽犁　王建康
2018年4月出版／定价：89.00元
PSN B-2017-623-6/6

上海蓝皮书
上海经济发展报告（2018）
著(编)者：沈开艳　2018年2月出版／定价：89.00元
PSN B-2006-057-1/7

上海蓝皮书
上海资源环境发展报告（2018）
著(编)者：周冯琦　胡静　2018年2月出版／定价：89.00元
PSN B-2006-060-4/7

上海蓝皮书
上海奉贤经济发展分析与研判（2017～2018）
著(编)者：张兆安　朱平芳　2018年3月出版／定价：99.00元
PSN B-2018-698-8/8

上饶蓝皮书
上饶发展报告（2016～2017）
著(编)者：廖其志　2018年6月出版／估价：128.00元
PSN B-2014-377-1/1

深圳蓝皮书
深圳经济发展报告（2018）
著(编)者：张晓儒　2018年6月出版／估价：99.00元
PSN B-2008-112-3/7

四川蓝皮书
四川城镇化发展报告（2018）
著(编)者：侯水平　陈炜　2018年6月出版／估价：99.00元
PSN B-2015-456-7/7

四川蓝皮书
2018年四川经济形势分析与预测
著(编)者：杨钢　2018年1月出版／定价：158.00元
PSN B-2007-098-2/7

四川蓝皮书
四川企业社会责任研究报告（2017～2018）
著(编)者：侯水平　盛毅　2018年5月出版／估价：99.00元
PSN B-2014-386-4/7

四川蓝皮书
四川生态建设报告（2018）
著(编)者：李晟之　2018年5月出版／估价：99.00元
PSN B-2015-455-6/7

四川蓝皮书
四川特色小镇发展报告（2017）
著(编)者：吴志强　2017年11月出版／定价：89.00元
PSN B-2017-670-8/8

体育蓝皮书
上海体育产业发展报告（2017~2018）
著(编)者：张林　黄海燕
2018年10月出版／估价：99.00元
PSN B-2015-454-4/5

体育蓝皮书
长三角地区体育产业发展报（2017～2018）
著(编)者：张林　2018年6月出版／估价：99.00元
PSN B-2015-453-3/5

天津金融蓝皮书
天津金融发展报告（2018）
著(编)者：王爱俭　孔德昌
2018年5月出版／估价：99.00元
PSN B-2014-418-1/1

图们江区域合作蓝皮书
图们江区域合作发展报告（2018）
著(编)者：李铁　2018年6月出版／估价：99.00元
PSN B-2015-464-1/1

温州蓝皮书
2018年温州经济社会形势分析与预测
著(编)者：蒋儒标　王春光　金浩
2018年6月出版／估价：99.00元
PSN B-2008-105-1/1

西咸新区蓝皮书
西咸新区发展报告（2018）
著(编)者：李扬　王军
2018年6月出版／估价：99.00元
PSN B-2016-534-1/1

修武蓝皮书
修武经济社会发展报告（2018）
著(编)者：张占仓　袁凯声
2018年10月出版／估价：99.00元
PSN B-2017-651-1/1

偃师蓝皮书
偃师经济社会发展报告（2018）
著(编)者：张占仓　袁凯声　何武周
2018年7月出版／估价：99.00元
PSN B-2017-627-1/1

扬州蓝皮书
扬州经济社会发展报告（2018）
著(编)者：陈扬
2018年12月出版／估价：108.00元
PSN B-2011-191-1/1

长垣蓝皮书
长垣经济社会发展报告（2018）
著(编)者：张占仓　袁凯声　秦保建
2018年10月出版／估价：99.00元
PSN B-2017-654-1/1

遵义蓝皮书
遵义发展报告（2018）
著(编)者：邓彦　曾征　龚永育
2018年9月出版／估价：99.00元
PSN B-2014-433-1/1

地方发展类-社会

安徽蓝皮书
安徽社会发展报告（2018）
著(编)者：程桦　2018年6月出版 / 估价：99.00元
PSN B-2013-325-1/1

安徽社会建设蓝皮书
安徽社会建设分析报告（2017～2018）
著(编)者：黄家海　蔡宪
2018年11月出版 / 估价：99.00元
PSN B-2013-322-1/1

北京蓝皮书
北京公共服务发展报告（2017～2018）
著(编)者：施昌奎　2018年6月出版 / 估价：99.00元
PSN B-2008-103-7/8

北京蓝皮书
北京社会发展报告（2017～2018）
著(编)者：李伟东
2018年7月出版 / 估价：99.00元
PSN B-2006-055-3/8

北京蓝皮书
北京社会治理发展报告（2017～2018）
著(编)者：殷星辰　2018年7月出版 / 估价：99.00元
PSN B-2014-391-8/8

北京律师蓝皮书
北京律师发展报告No.4（2018）
著(编)者：王隽　2018年12月出版 / 估价：99.00元
PSN B-2011-217-1/1

北京人才蓝皮书
北京人才发展报告（2018）
著(编)者：敏华　2018年12月出版 / 估价：128.00元
PSN B-2011-201-1/1

北京社会心态蓝皮书
北京社会心态分析报告（2017～2018）
北京市社会心理服务促进中心
2018年10月出版 / 估价：99.00元
PSN B-2014-422-1/1

北京社会组织管理蓝皮书
北京社会组织发展与管理（2018）
著(编)者：黄江松
2018年6月出版 / 估价：99.00元
PSN B-2015-446-1/1

北京养老产业蓝皮书
北京居家养老发展报告（2018）
著(编)者：陆杰华　周明明
2018年8月出版 / 估价：99.00元
PSN B-2015-465-1/1

法治蓝皮书
四川依法治省年度报告No.4（2018）
著(编)者：李林　杨天宗　田禾
2018年3月出版 / 定价：118.00元
PSN B-2015-447-2/3

福建妇女发展蓝皮书
福建省妇女发展报告（2018）
著(编)者：刘群英　2018年11月出版 / 估价：99.00元
PSN B-2011-220-1/1

甘肃蓝皮书
甘肃社会发展分析与预测（2018）
著(编)者：安文华　谢增虎　包晓霞
2018年1月出版 / 定价：99.00元
PSN B-2013-313-2/6

广东蓝皮书
广东全面深化改革研究报告（2018）
著(编)者：周林生　涂成林
2018年12月出版 / 估价：99.00元
PSN B-2015-504-3/3

广东蓝皮书
广东社会工作发展报告（2018）
著(编)者：罗观翠　2018年6月出版 / 估价：99.00元
PSN B-2014-402-2/3

广州蓝皮书
广州青年发展报告（2018）
著(编)者：徐柳　张强
2018年8月出版 / 估价：99.00元
PSN B-2013-352-13/14

广州蓝皮书
广州社会保障发展报告（2018）
著(编)者：张跃国　2018年8月出版 / 估价：99.00元
PSN B-2014-425-14/14

广州蓝皮书
2018年中国广州社会形势分析与预测
著(编)者：张强　郭志勇　何镜清
2018年6月出版 / 估价：99.00元
PSN B-2008-110-5/14

贵州蓝皮书
贵州法治发展报告（2018）
著(编)者：吴大华　2018年5月出版 / 估价：99.00元
PSN B-2012-254-2/10

贵州蓝皮书
贵州人才发展报告（2017）
著(编)者：于杰　吴大华
2018年9月出版 / 估价：99.00元
PSN B-2014-382-3/10

贵州蓝皮书
贵州社会发展报告（2018）
著(编)者：王兴骥　2018年6月出版 / 估价：99.00元
PSN B-2010-166-1/10

杭州蓝皮书
杭州妇女发展报告（2018）
著(编)者：魏颖
2018年10月出版 / 估价：99.00元
PSN B-2014-403-1/1

皮书系列
2018全品种

地方发展类-社会

河北蓝皮书
河北法治发展报告（2018）
著(编)者：康振海　2018年6月出版／估价：99.00元
PSN B-2017-622-3/3

河北食品药品安全蓝皮书
河北食品药品安全研究报告（2018）
著(编)者：丁锦霞
2018年10月出版／估价：99.00元
PSN B-2015-473-1/1

河南蓝皮书
河南法治发展报告（2018）
著(编)者：张林海　2018年7月出版／估价：99.00元
PSN B-2014-376-6/9

河南蓝皮书
2018年河南社会形势分析与预测
著(编)者：牛苏林　2018年5月出版／估价：99.00元
PSN B-2005-043-1/9

河南民办教育蓝皮书
河南民办教育发展报告（2018）
著(编)者：胡大白　2018年9月出版／估价：99.00元
PSN B-2017-642-1/1

黑龙江蓝皮书
黑龙江社会发展报告（2018）
著(编)者：王爱丽　2018年1月出版／定价：89.00元
PSN B-2011-189-1/2

湖南蓝皮书
2018年湖南两型社会与生态文明建设报告
著(编)者：卞鹰　2018年5月出版／估价：128.00元
PSN B-2011-208-3/8

湖南蓝皮书
2018年湖南社会发展报告
著(编)者：卞鹰　2018年5月出版／估价：128.00元
PSN B-2014-393-5/8

健康城市蓝皮书
北京健康城市建设研究报告（2018）
著(编)者：王鸿春　盛继洪
2018年9月出版／估价：99.00元
PSN B-2015-460-1/2

江苏法治蓝皮书
江苏法治发展报告No.6（2017）
著(编)者：蔡道通　龚廷泰
2018年8月出版／估价：99.00元
PSN B-2012-290-1/1

江苏蓝皮书
2018年江苏社会发展分析与展望
著(编)者：王庆五　刘旺洪
2018年8月出版／估价：128.00元
PSN B-2017-636-2/3

民族教育蓝皮书
中国民族教育发展报告（2017·内蒙古卷）
著(编)者：陈中永
2017年12月出版／定价：198.00元
PSN B-2017-669-1/1

南宁蓝皮书
南宁法治发展报告（2018）
著(编)者：杨维超　2018年12月出版／估价：99.00元
PSN B-2015-509-1/3

南宁蓝皮书
南宁社会发展报告（2018）
著(编)者：胡建华　2018年10月出版／估价：99.00元
PSN B-2016-570-3/3

内蒙古蓝皮书
内蒙古反腐倡廉建设报告No.2
著(编)者：张志华　2018年6月出版／估价：99.00元
PSN B-2013-365-1/1

青海蓝皮书
2018年青海人才发展报告
著(编)者：王宇燕　2018年9月出版／估价：99.00元
PSN B-2017-650-2/2

青海生态文明建设蓝皮书
青海生态文明建设报告（2018）
著(编)者：张西明　高华　2018年12月出版／估价：99.00元
PSN B-2016-595-1/1

人口与健康蓝皮书
深圳人口与健康发展报告（2018）
著(编)者：陆杰华　傅崇辉
2018年11月出版／估价：99.00元
PSN B-2011-228-1/1

山东蓝皮书
山东社会形势分析与预测（2018）
著(编)者：李善峰　2018年6月出版／估价：99.00元
PSN B-2014-405-2/5

陕西蓝皮书
陕西社会发展报告（2018）
著(编)者：任宗哲　白宽犁　牛昉
2018年1月出版／定价：89.00元
PSN B-2009-136-2/6

上海蓝皮书
上海法治发展报告（2018）
著(编)者：叶必丰　2018年9月出版／估价：99.00元
PSN B-2012-296-6/7

上海蓝皮书
上海社会发展报告（2018）
著(编)者：杨雄　周海旺
2018年2月出版／定价：89.00元
PSN B-2006-058-2/7

皮书系列 2018全品种　地方发展类-社会 · 地方发展类-文化

社会建设蓝皮书
2018年北京社会建设分析报告
著(编)者：宋贵伦 冯虹　2018年9月出版 / 估价：99.00元
PSN B-2010-173-1/1

深圳蓝皮书
深圳法治发展报告（2018）
著(编)者：张晓儒　2018年6月出版 / 估价：99.00元
PSN B-2015-470-6/7

深圳蓝皮书
深圳劳动关系发展报告（2018）
著(编)者：汤庭芬　2018年8月出版 / 估价：99.00元
PSN B-2007-097-2/7

深圳蓝皮书
深圳社会治理与发展报告（2018）
著(编)者：张晓儒　2018年6月出版 / 估价：99.00元
PSN B-2008-113-4/7

生态安全绿皮书
甘肃国家生态安全屏障建设发展报告（2018）
著(编)者：刘举科 嘉文华
2018年10月出版 / 估价：99.00元
PSN G-2017-659-1/1

顺义社会建设蓝皮书
北京市顺义区社会建设发展报告（2018）
著(编)者：王学武　2018年9月出版 / 估价：99.00元
PSN B-2017-658-1/1

四川蓝皮书
四川法治发展报告（2018）
著(编)者：郑泰安　2018年6月出版 / 估价：99.00元
PSN B-2015-441-5/7

四川蓝皮书
四川社会发展报告（2018）
著(编)者：李羚　2018年6月出版 / 估价：99.00元
PSN B-2008-127-3/7

四川社会工作与管理蓝皮书
四川省社会工作人力资源发展报告（2017）
著(编)者：边慧敏　2017年12月出版 / 定价：89.00元
PSN B-2017-683-1/1

云南社会治理蓝皮书
云南社会治理年度报告（2017）
著(编)者：晏雄 韩全芳
2018年5月出版 / 估价：99.00元
PSN B-2017-667-1/1

地方发展类-文化

北京传媒蓝皮书
北京新闻出版广电发展报告（2017~2018）
著(编)者：王志　2018年11月出版 / 估价：99.00元
PSN B-2016-588-1/1

北京蓝皮书
北京文化发展报告（2017~2018）
著(编)者：李建盛　2018年5月出版 / 估价：99.00元
PSN B-2007-082-4/8

创意城市蓝皮书
北京文化创意产业发展报告（2018）
著(编)者：郭万超 张京成　2018年12月出版 / 估价：99.00元
PSN B-2012-263-1/7

创意城市蓝皮书
天津文化创意产业发展报告（2017~2018）
著(编)者：谢思全　2018年6月出版 / 估价：99.00元
PSN B-2016-536-7/7

创意城市蓝皮书
武汉文化创意产业发展报告（2018）
著(编)者：黄永林 陈汉桥　2018年12月出版 / 估价：99.00元
PSN B-2013-354-4/7

创意上海蓝皮书
上海文化创意产业发展报告（2017~2018）
著(编)者：王慧敏 王兴全　2018年8月出版 / 估价：99.00元
PSN B-2016-561-1/1

非物质文化遗产蓝皮书
广州市非物质文化遗产保护发展报告（2018）
著(编)者：宋俊华　2018年12月出版 / 估价：99.00元
PSN B-2016-589-1/1

甘肃蓝皮书
甘肃文化发展分析与预测（2018）
著(编)者：马廷旭 戚晓萍　2018年1月出版 / 定价：99.00元
PSN B-2013-314-3/6

甘肃蓝皮书
甘肃舆情分析与预测（2018）
著(编)者：王俊莲 张谦元　2018年1月出版 / 估价：99.00元
PSN B-2013-315-4/6

广州蓝皮书
中国广州文化发展报告（2018）
著(编)者：屈哨兵 陆志强　2018年6月出版 / 估价：99.00元
PSN B-2009-134-7/14

广州蓝皮书
广州文化创意产业发展报告（2018）
著(编)者：徐咏虹　2018年7月出版 / 估价：99.00元
PSN B-2008-111-6/14

海淀蓝皮书
海淀区文化和科技融合发展报告（2018）
著(编)者：陈名杰 孟景伟　2018年5月出版 / 估价：99.00元
PSN B-2013-329-1/1

地方发展类-文化

**皮书系列
2018全品种**

河南蓝皮书
河南文化发展报告（2018）
著(编)者：卫绍生　2018年7月出版 / 估价：99.00元
PSN B-2008-106-2/9

湖北文化产业蓝皮书
湖北省文化产业发展报告（2018）
著(编)者：黄晓华　2018年9月出版 / 估价：99.00元
PSN B-2017-656-1/1

湖北文化蓝皮书
湖北文化发展报告（2017~2018）
著(编)者：湖北大学高等人文研究院
　　　　　中华文化发展湖北省协同创新中心
2018年10月出版 / 估价：99.00元
PSN B-2016-566-1/1

江苏蓝皮书
2018年江苏文化发展分析与展望
著(编)者：王庆五 樊和平　2018年9月出版 / 估价：128.00元
PSN B-2017-637-3/3

江西文化蓝皮书
江西非物质文化遗产发展报告（2018）
著(编)者：张圣才 傅安平　2018年12月出版 / 估价：128.00元
PSN B-2015-499-1/1

洛阳蓝皮书
洛阳文化发展报告（2018）
著(编)者：刘福兴 陈启明　2018年7月出版 / 估价：99.00元
PSN B-2015-4/6-1/1

南京蓝皮书
南京文化发展报告（2018）
著(编)者：中共南京市委宣传部
2018年12月出版 / 估价：99.00元
PSN B-2014-439-1/1

宁波文化蓝皮书
宁波"一人一艺"全民艺术普及发展报告（2017）
著(编)者：张爱琴　2018年11月出版 / 估价：128.00元
PSN B-2017-668-1/1

山东蓝皮书
山东文化发展报告（2018）
著(编)者：涂可国　2018年5月出版 / 估价：99.00元
PSN B-2014-406-3/5

陕西蓝皮书
陕西文化发展报告（2018）
著(编)者：任宗哲 白宽犁 王长寿
2018年1月出版 / 定价：89.00元
PSN B-2009-137-3/6

上海蓝皮书
上海传媒发展报告（2018）
著(编)者：强荧 焦雨虹　2018年2月出版 / 定价：89.00元
PSN B-2012-295-5/7

上海蓝皮书
上海文学发展报告（2018）
著(编)者：陈圣来　2018年6月出版 / 估价：99.00元
PSN B-2012-297-7/7

上海蓝皮书
上海文化发展报告（2018）
著(编)者：荣跃明　2018年6月出版 / 估价：99.00元
PSN B-2006-059-3/7

深圳蓝皮书
深圳文化发展报告（2018）
著(编)者：张骁儒　2018年7月出版 / 估价：99.00元
PSN B-2016-554-7/7

四川蓝皮书
四川文化产业发展报告（2018）
著(编)者：向宝云 张立伟　2018年6月出版 / 估价：99.00元
PSN B-2006-074-1/7

郑州蓝皮书
2018年郑州文化发展报告
著(编)者：王哲　2018年9月出版 / 估价：99.00元
PSN B-2008-107-1/1

社会科学文献出版社　　　皮书系列

❖ 皮书起源 ❖

"皮书"起源于十七、十八世纪的英国，主要指官方或社会组织正式发表的重要文件或报告，多以"白皮书"命名。在中国，"皮书"这一概念被社会广泛接受，并被成功运作、发展成为一种全新的出版形态，则源于中国社会科学院社会科学文献出版社。

❖ 皮书定义 ❖

皮书是对中国与世界发展状况和热点问题进行年度监测，以专业的角度、专家的视野和实证研究方法，针对某一领域或区域现状与发展态势展开分析和预测，具备原创性、实证性、专业性、连续性、前沿性、时效性等特点的公开出版物，由一系列权威研究报告组成。

❖ 皮书作者 ❖

皮书系列的作者以中国社会科学院、著名高校、地方社会科学院的研究人员为主，多为国内一流研究机构的权威专家学者，他们的看法和观点代表了学界对中国与世界的现实和未来最高水平的解读与分析。

❖ 皮书荣誉 ❖

皮书系列已成为社会科学文献出版社的著名图书品牌和中国社会科学院的知名学术品牌。2016年，皮书系列正式列入"十三五"国家重点出版规划项目；2013~2018年，重点皮书列入中国社会科学院承担的国家哲学社会科学创新工程项目；2018年，59种院外皮书使用"中国社会科学院创新工程学术出版项目"标识。

中国皮书网

（网址：www.pishu.cn）

发布皮书研创资讯，传播皮书精彩内容
引领皮书出版潮流，打造皮书服务平台

栏目设置

关于皮书：何谓皮书、皮书分类、皮书大事记、皮书荣誉、
皮书出版第一人、皮书编辑部
最新资讯：通知公告、新闻动态、媒体聚焦、网站专题、视频直播、下载专区
皮书研创：皮书规范、皮书选题、皮书出版、皮书研究、研创团队
皮书评奖评价：指标体系、皮书评价、皮书评奖
互动专区：皮书说、社科数托邦、皮书微博、留言板

所获荣誉

2008年、2011年，中国皮书网均在全国新闻出版业网站荣誉评选中获得"最具商业价值网站"称号；

2012年，获得"出版业网站百强"称号。

网库合一

2014年，中国皮书网与皮书数据库端口合一，实现资源共享。

权威报告·一手数据·特色资源

皮书数据库
ANNUAL REPORT(YEARBOOK) DATABASE

当代中国经济与社会发展高端智库平台

所获荣誉

- 2016年，入选"'十三五'国家重点电子出版物出版规划骨干工程"
- 2015年，荣获"搜索中国正能量 点赞2015""创新中国科技创新奖"
- 2013年，荣获"中国出版政府奖·网络出版物奖"提名奖
- 连续多年荣获中国数字出版博览会"数字出版·优秀品牌"奖

成为会员

通过网址www.pishu.com.cn或使用手机扫描二维码进入皮书数据库网站，进行手机号码验证或邮箱验证即可成为皮书数据库会员（建议通过手机号码快速验证注册）。

会员福利

- 使用手机号码首次注册的会员，账号自动充值100元体验金，可直接购买和查看数据库内容（仅限使用手机号码快速注册）。
- 已注册用户购书后可免费获赠100元皮书数据库充值卡。刮开充值卡涂层获取充值密码，登录并进入"会员中心"—"在线充值"—"充值卡充值"，充值成功后即可购买和查看数据库内容。

数据库服务热线：400-008-6695　　　　　图书销售热线：010-59367070/7028
数据库服务QQ：2475522410　　　　　　　图书服务QQ：1265056568
数据库服务邮箱：database@ssap.cn　　　　图书服务邮箱：duzhe@ssap.cn